21世纪高等院校“十二五”系列规划教材·旅游与酒店管理类

旅游公共关系学

（第二版）

主 编 李祝舜 侯志强

副主编 任焕琴 姜红莹

华中科技大学出版社

http://www.hustp.com

中国·武汉

内容简介

本书以三大基本要素和三大基本活动架构了旅游公共关系学的内容体系，全书共分八章，包括绪论，旅游公共关系主体、客体和传播媒介，旅游公关礼仪、旅游公关专题活动和旅游公关危机应对处理，以及旅游公共关系语言等。

本书适合作高等院校本科旅游类专业学生的教材，也可用作高等职业教育、自学考试的专业教材，还可用作旅游行业中高级管理人员、公共关系人员的培训教材。

目　　录

第一章　旅游公共关系概述

课前导读与体验

一概而论谈公关

公关事业发展，可谓一日千里，一则以喜，一则以惧，喜者，一传十，十传百，九州大地“公关”已成一时之秀；惧者，一传虚，万传实，一顾倾城者竟成一时之选。真是一无所知。一些人将公关说成一举成名、一鸣惊人之举，指望借此一步登天，甚至为此不惜一掷千金，这是对公关的一知半解。

公关讲信誉，一诺千金；公关重行动，非一纸空文。公关既非一蹴而就，也非一劳永逸。公关危机，一波三折，一波未平，一波又起。非常事件，一触即发，不可一误再误。一个组织难免一差二错，有时一着不慎，满盘皆输，一失足成千古恨。公关人若一筹莫展，企业就会一蹶不振；一息尚存，就要一柱擎天。

公关沟通，一字一句，信息里面做文章；公关协调，一张一弛，进退有度方为好；公关策略，一招一式勤思考；公关技巧，一来一往多推敲；公关细节，一颦一笑要恰当；公关预测，一叶知秋很重要。

公关讲奉献，不可一毛不拔；公关有目标，绝非一无所求；公关求效益，一无所成不要搞，搞了也白搞，而且浪费钞票。

把公关说得一无是处，一无所能，一无所取，把公关人说得一无长处，无疑是一叶障目；一反常态，把公关说成一本万利，一辞莫赞，把公关界说成一尘不染，这也只能是一厢情愿。一些对公关一窍不通的人却对公关一见钟情，仅凭一面之交，就一五一十地干起了“公关”，直把公关的脸抹得一塌糊涂、一团漆黑。个别人一不做，二不休，以“公关”反公关，虽为一抔黄土，实是一之为甚，一薰一莸，危及公关前途。庸俗关系，一股浊流，一干一方，给公关造成一虎难敌众犬之势。在此一死一生的紧要关头，公关同仁不可亦步亦趋，一团和气，要一鼓作气，与之一刀两断，一以当十，与之一决雌雄。

前进的道路不是一帆风顺的，表面看来，公关一唱百和；回眸专业，仅为一成一旅。公关世界也是一龙九种，面对行业发展的一时受阻，指望一路福星、一马平川者乘兴而来，败兴而去；面对十羊九牧的公关市场，多少“英雄好汉”一腔热情顿作一场春梦，“壮士”一去不复返。创业难啊，创业难！有人一唱三叹神凄楚，有人一步一回头。

确实，公关人若仅凭专业上的一日之长，哪怕你一身是胆也难占一席之地。当然，也有人一马当先，冲入专业纵深地带，领一路风光，成一代风流。但一丝不线，单木不林，一手一足难成气候。公关行业，一木难支。

初创之中国公关，与西方公关一脉相承，而今，美国公关不再一枝独秀，仅公关之定义，也很难一定不易。公关研究要不要一改故辙，仍然一致百虑。公关界虽无一呼百诺之弊，却也有一国三公之虑，公关界还是一盘散沙。团结一致、一轨同风、一心一德、一匡天下，实为当务之急。

公关领先，组织发展一岁三迁，公关失道，企业户口一笔勾掉！请记住，这是一个公关人的忠告。

中国公关，祝你一路平安！

作者：张雷，《公共关系》1997 年第 4 期旅游活动早在古代就已经产生,不过当时的社会生产力水平低下,旅游只表现为一种社会文化活动,显不出其经济性质。19 世纪,铁路和蒸汽轮船的问世,使旅游业的规模和性质发生了很大的变化,但直到 20 世纪下半叶才真正进入了大众旅游时代。

无独有偶,早在古代也已经产生了一些被现代人称之为"公共关系"的活动,这些活动大都局限于政治领域,是些零星个别的、原始性的活动。19 世纪末 20 世纪初科学技术的进步带来商品经济的繁荣,促使公共关系作为一种职业开始在美国兴起;到 20 世纪 50 年代,公共关系的实践和理论研究进入了一个现代发展时期。

同为科学技术发展、商品经济繁荣的现代社会的产物,公共关系的发展必然要渗透到旅游经济活动中;旅游业的兴旺也必然要导入公共关系,一门新兴的学科——旅游公共关系学应运而生了。

第一节　旅游业与公共关系

一、旅游公共关系学的含义

旅游公共关系学以旅游经济活动中的公共关系为具体的研究对象,是专门研究旅游公共关系状态、活动及其基本规律和一般方法的科学。旅游公共关系是普通公共关系学在旅游业中的具体应用,要学习和掌握旅游公共关系学,首先应该对公共关系学有一个基本的认识。

(一)公共关系学的含义

"公共关系学"一词译自于英文 public relations,简写为 PR。public 一词,既可作形容词,译为"公共的",也可作为名词,译为"公众"。public relations 一词应当译为"公众关系"更为贴切,因为该词的含义就是:组织机构必须与它的各种内外公众建立良好的关系。由于"公共关系"一词已广为流传并成为约定俗成的概念,因此也就作为固定的译名沿用下来。public relations 在英文原意中有多种含义,即公共关系状态、公共关系活动、公共关系思想(意识)和公共关系学科等。纯粹从汉语字面看,"公共关系"与"公共关系学"是两个含义不同的词;但作为这一专门领域的学术名称,"公共关系学"是研究公共关系的客观现象和规律的学科,而"公共关系"这一概念也可以指公共关系学科,两者也与其英文原意一样,具有完全相同的可替代的含义,即"公共关系"就是"公共关系学"。

【补充阅读】

1882 年，美国律师、文官制度倡导者多尔曼·伊顿在耶鲁大学法学院发表题为《公共关系与法律职业的责任》的演讲。在这篇演讲中，伊顿首次使用了“公共关系”这一概念。

1888 年，美国总统竞选时，共和党和民主党的候选人都以选民的代言人自居，有计划地开展一系列活动，以争取公众支持，获取更多的选票。以后，每逢美国总统竞选，候选人都会组建一个庞大的竞选班子，制订计划，开展系列活动，树立自己的良好形象，以拉得更多的选票，于是形成了早期的公共关系。

罗斯福年轻时一身花花公子打扮，玩世不恭。1910 年，他为了竞选州参议员，一改往日装束，以朴素、勤劳的形象出现在农村的选民面前。为了获得更多选民的支持，他驾着那辆既无顶篷又无玻璃的汽车，在丘陵旷野和乡村泥泞小道上奔波不止。经常是一身雨水，满身灰尘。在车子坏了之后，他又步行了约两千英里，走遍了各个村庄店铺，走访每个村落。罗斯福的形象终于感动了农村村民。他的第一次竞选也因此而大获全胜。

公共关系从 20 世纪初在美国开展研究至今的一百多年来，已有过上千条定义。下面几种是对公共关系发展产生过重要影响的具有代表性的定义表述。

1. 管理职能论

国际公共关系协会认为：公共关系是一项经营管理的功能，属于一种经常性和计划性的工作，不论公私机构或组织，均通过它来保持与其相关的公众之了解、同情和支持，即借助对舆论的估价，使本组织的政策与措施尽量与之配合，再运用大量的资料，争取建设性的合作，而获得共同利益。

2. 传播沟通论

英国学者弗兰克·杰夫金斯认为：公共关系是达到与相互理解有关的特定目标而进行的各种有计划的沟通联络所组成的，这种沟通联络处于组织与公众之间，既是向内的，也是向外的。

3. 社会关系论

英国公共关系协会的定义是：公共关系是一种积极的有计划的以及持久的努力，以建立和维护一个组织与公众之间的相互了解。

4. 现象描述论

美国公共关系协会征询了两千名专家，精选了四种定义，其中有：公共关系是企业管理机构经过自我检讨与改进后，将其态度公诸社会、借以获得顾客、员工及社会的好感和了解的经常不断的工作。

5. 表征综合论

1978 年墨西哥城世界公共关系协会大会达成共识：公共关系是一门艺术和社会科学；公共关系的实施是分析趋势、预测后果、向组织领导人提供意见，履行一系列既有利于组织，又有利于公众的计划行动。

各种定义视角不同，各有长短。我们需要一个言简意赅的定义：公共关系是一个社会组织有目的地运用传播手段，使自己与公众相互了解和相互适应、塑造自身良好形象的一种管理活动或管理职能。这一表述，指出了公共关系的五个本质特征：公共关系是一种“公众”关系；公共关系的行为主体是社会组织；公共关系是一种传播活动；这种传播是双向的信息交流；公共关系是一种致力于塑造组织良好形象的管理职能。

(二)公共关系的含义分析

对公共关系定义作了介绍，我们便可以对其含义作进一步科学的分析，从其静态和动态两个角度来加深认识。

1. 静态的公共关系

从静态角度讲，就是指一种公共关系状态。这种公共关系状态是组织与公众之间某种关系的程度的反映。静态的公共关系是一种公共关系的自然状态，即指一个组织在社会活动中自然而然形成的组织形象，以及公众对组织是持理解、信任和支持态度，还是不知道、不了解，或是怀疑、反对态度。这种公共关系状态是客观存在的，不在于一个组织是否进行公共关系活动，也不在于这个组织的成员是否意识到。

2. 动态的公共关系

动态的公共关系是指一个组织主动、自觉地追求良好的公共关系状态而进行的能动的活动。动态的公共关系又可分为日常性的活动和专门性的活动。

(1)日常性的公共关系活动是组织中的每个成员为使组织有一个良好的公共关系状态而产生的行为举止，又被称为全员公关。在旅游组织中，全员公关有更重要的意义。

(2)专门性的公共关系活动是由公共关系专业人员进行的活动，这些专业人员可以是组织内部的，也可以是组织外部受委托的人士。专门性的公共关系活动是本书研究的重点。

在静态和动态的两种公共关系中，动态的公共关系一般总是占主导地位，社会组织总是致力于谋求良好的公共关系状态；静态的公共关系是相对的“静”，组织一旦对其公共关系状态有了认识，公共关系的自然状态就结束了，组织从而也就开始了动态的公共关系。

(三)现代公共关系的兴起和发展

公共关系作为一种专门化的社会职业,形成一门较为系统的科学体系,至今只有百来年的时间。追溯公共关系的源流,剖析公共关系兴起的社会历史条件和公共关系的发展及发展阶段的代表思想,对于科学地学习和研究旅游公共关系有重要意义。

1.现代公共关系产生的社会历史条件

现代意义上的公共关系产生于20世纪初的美国,这是社会生产力的进步及经济、政治、科学技术等社会历史条件发展到一定阶段的必然产物。究其根本原因,主要有以下三个方面。

(1)商品经济的高度发展是公共关系产生发展的现实土壤。古代社会虽然有了商品经济萌芽,但在自然经济条件下,人们自产自用、自给自足,公共关系既无产生的基础,更无发展的需要。在资本主义初期,商品交换也是小规模、不确定的。随着资本主义商品经济的迅猛发展,生产出现了明确的专业性分工,交换关系变得越来越重要。20世纪初,美国已由自由资本主义向垄断资本主义发展,美国经济的"托拉斯化",标志着其经济活动已从以生产为中心转到以市场为中心,消费者有了越来越多的选择自由。在这种情况下,公共关系也就在商品经济领域这个广阔的天地里大显身手了。

(2)科学技术的长足进步是公共关系产生发展的必要条件。20世纪初,西方工业迅速发展,尤其是美国,由于南北战争对军火、钢铁、交通运输、纺织等的需要剧增,引起了"工业革命",使生产技术迅猛提高,美国一跃成为世界上工业技术最发达的国家。科学技术日新月异,从而促进了交通工具和信息传播的迅猛发展。火车、飞机大大缩短了人们之间的空间距离,人际交往、组织往来更频繁了;书报杂志及印刷品成本低廉,大量发行,开阔了人们的视野,加大了社会信息的传播流动;而电报、电话、无线电、电视的发展和普及更使信息传播速度空前提高,并遍及全球每一角落。这些都是现代公共关系产生、发展不可缺少的物质条件。

另一方面,随着科学技术不断发展,生产技术水平不断提高,人们在生产中的地位越来越高,企业主或管理人员的传统管理方法显然已经不能适用。科学管理、行为科学等管理思想理论先后问世,企业从不重视人的管理转到以人为中心的管理,这为组织注重公众、协调与公众的关系等公关意识的建立奠定了思想基础。

(3)社会政治生活的民主化是公共关系产生发展的政治背景。封建社会的政治生活是以专制为特征的,"刑不上大夫,礼不下庶民",人与人之间没有平等的权利，根本谈不上公共关系。资产阶级民主否定了封建社会的专制，是一个历史性的进步。资产阶级民主政治否认“君权神授”，强调政府的合法性必须建立在民众承认的基础上，从而使得政府不得不注意自己形象的塑造，争取社会民众的理解、信任和支持。因此，公关文献认为，最早的公共关系活动可以追溯到1888年的美国总统竞选活动。当时的共和党和民主党的候选人都以反托拉斯为口号展开竞争，双方都力图树立公众利益代言人的形象以争得选票。

2. 现代公共关系产生和发展的四个阶段

19世纪末20世纪初，发端于美国的现代公共关系，从其思想体系的形成看，经过了孕育期、产生期、发展期和成熟期四个发展阶段，每个阶段的代表人物和代表性公关思想对于旅游公共关系的理论和实务都有重大意义。

(1)孕育期。19世纪30年代，以“便士报”运动为标志的美国大众传播事业发展迅速。“便士报”运动，即报纸以低廉的价格和通俗化、大众化的内容争取读者。报刊的大众化促进了报刊的商业化，一些公司和财团就雇佣了专门人员，利用媒介进行“免费宣传”。这种报刊宣传活动，在孕育公共关系、促进公共关系成为一种有组织的职业化活动方面具有积极意义。在这个意义上说，美国的公共关系职业是从新闻界中分化出来的。

但是报刊宣传活动为宣传而宣传，为了追求宣传效果甚至不择手段、编造虚假消息、愚弄公众。巴纳姆(Phines T. Barnum)是这方面的典型人物。他是一个马戏团的老板，利用报纸为自己的马戏团制造过不少神话。如，马戏团里的一位女黑奴，曾在100年前养育过总统华盛顿；马戏团里的矮小将军汤姆，曾率领一群侏儒，赶着矮种马拉车，去觐见维多利亚女皇，等等。巴纳姆无耻地认为“凡宣传都是好事”。这种不择手段欺骗公众、愚弄公众的伎俩，毫无职业道德可言，从根本上与公共关系的宗旨相违背。以巴纳姆为代表的时期，在公共关系的历史上成为一个不光彩的时期。后来的人们以此为鉴，明确了在公共关系活动中必须维护公众的利益，遵循诚实、公正的原则。

(2)产生期。19世纪末，美国进入垄断资本主义。垄断资本家以1%的人口占据了社会54%的财富，控制了政府，强取豪夺。美国新闻界掀起了一场揭丑的“扒粪运动”，把矛头指向不法资本家和政府的腐败行为。昔日的巴纳姆式报刊宣传活动已经无法为公司、财团制造轰动效应了，公司企业不得不重视公众舆论和社会关系，求助于传播界，以期加强与公众的沟通，从而改善自身形象。开创这个新时期、促成公共关系正式成为一门职业的代表人物是新闻记者艾维·李(Ivy Lee)。他针对巴纳姆的说假话，提出其公关思想——“说真话”。他主张，一个组织机构只有把组织的真实情况告诉公众，才能获取良好的声誉；如果真相的披露会引起不良后果，就应该及时调整或改变组织的政策和行为。1903年，艾维·李在美国创建了世界上第一家公共关系专业机构“宣传顾问事务所”，这标志着现代公共关系的诞生；他关于“说真话”的《原则宣言》奠定了整个公共关系职业道德的基础，为公共关系这个新兴的行业赢得了声誉。由于艾维·李的巨大贡献，人们都尊称他为“公共关系之父”。

（3）发展期。艾维·李以其思想和丰富的实践经验确立了其在公共关系史上的地位。但是，艾维·李由于没有提出系统、科学的公共关系理论，而被认为是“有艺术而无科学”。真正为现代公共关系理论化、系统化、学科化奠定基础的是美国传奇式人物爱德华·伯内斯（Dward Bernays）。1923年，伯内斯出版了世界上第一部公共关系学经典著作《舆论之凝结》，第一次从学科的角度使用了“公共关系”一词；1952年，他完成的教科书《公共关系学》使公共关系的原理和方法系统化、学科化。伯内斯一生中有60多年在从事公共关系工作。伯内斯主张，组织在决策前，应首先了解公众爱好什么，对组织有什么要求和期望，在确定公众价值取向和态度之后，“投公众所好”，制定传播的政策、计划，实施有的放矢的传播沟通。他强调了公关工作中调查研究的必要性。伯内斯对于公共关系学科化的形成具有里程碑式的意义。

（4）成熟期。伯内斯的“投公众所好”的公关沟通模式已经是一种双向模式，但是这种模式有“倾斜度”，其目的主要是为了他所服务的组织的利益。

20世纪50年代以后，公共关系的实践和理论有了新的发展，“双向对称”模式成了公关界的共识。这一模式最早是在卡特利普（Scott M. Cutlip）和森特（Allen H. Center）1952年出版的权威著作《有效的公共关系》一书中提出的。他们认为，一个组织要与公众建立良好的关系，在利益上应并重、平衡，在信息沟通上应该进行双向对流，即一方面把组织的信息向公众作传播和解释，另一方面把公众的信息向组织作传播和解释，使组织和公众结成一种和谐关系。“双向对称”模式的确立，成为现代公共关系成熟的重要标志。

【补充阅读】

人类的思想、文化和实践都具有继承性，现代公共关系也在是对古代公共关系继承的基础上形成和发展起来的。但如果说古代就有公共关系的话，古代的公关只能说是萌芽、准公关或类公关。因为古代的公关：一是由于古代商品经济没有充分发展，不具备产生公共关系的气候土壤；二是古人活动范围狭窄，无论是公关活动还是公关思想都主要发生在政治领域，基本上是以利用民众为目的的；三是缺乏自觉性，公关活动通常是经验和直觉引导下的行为，其争取民心的行为大都是临时性、投机性的，公关策略缺少系统性，各项公关活动之间缺乏有机的联系；四是公关传播手段以人际传播、口碑传播为主，其他传播形式只是辅助和补充，经常用制造神话和传奇等具有宗教色彩的活动唤起民众的狂热。

二、旅游业的公共关系

20世纪下半叶是旅游业蓬勃发展的时代，旅游业已经成为世界上最大的产业，它在增加外汇收入、回笼货币、提供就业机会和改善国民经济产业结构等方面对世界经济发展作出了重要贡献。旅游业的健康、稳定发展日益引起了人们的关注和研究。

由于行业的特殊性，旅游业与公共关系一拍即合，从以下方面可以看出。

(一)旅游商品的特殊性

在商品社会，旅游业用来进行交换的商品不同于一般商品，它是一种以服务形式存在的消费品。这样一种服务商品具有以下属性。

(1)无形性，即非物质性。有形的商品在其中是起“助销”作用的。

(2)生产、销售和消费的同一性。服务不同于物品，不可库存和区间运输；不能插入批发、零售等间接流通环节。生产、销售和消费三者同时同地产生、存在和消失。

由以上两点派生出以下各点。

(3)消费者临场的异质性。消费者参与服务过程，同样的服务，其效果因人而异。

(4)非标准化和非规格化。由于劳动对象是旅游者，所以服务产品的生产既要求规范化，又要求个性化，既在规范中服务又满足旅游者的个性情感需求。

(5)瞬间性。旅游服务商品不同于有形商品，不能分割消费，不能反复使用；消费后不留痕迹，无法退还。

(6)无所有权性。有形商品可以实现所有权的转移，而旅游服务可转移的只是利用(使用)权。

(7)不可储存性。旅游服务只能通过对生产能力和市场需求的把握来实现对需求和供给的调整。而一般有形商品还可以通过库存、转运来实现调节。

商品交换表面上看是物与物的关系，实质上反映了人与人的关系。旅游商品的特殊性意味着表现了旅游商品交换所反映的人与人之间的关系更复杂，也意味着旅游业是公共关系大显身手的场所。

【重点提示】

经济基础决定意识形态和上层建筑。对旅游商品属性的充分认识，有助于加深对旅游公共关系学基本原理的理解。

(二)旅游业信息的重要性

旅游商品特殊性的实质是旅游服务的风险性。消减风险的一个重要措施就是强化信息沟通。国际、国内外和行业内外的各种真实信息的获取,有助于旅游组织的正确决策;旅游组织有吸引力的信息传播,可以“唤醒”潜在的旅游者,可以左右各种旅游者的决策。信息的传播、沟通、交流是旅游组织经营管理成败的关键,是旅游公共关系具有重要意义的工作内容。

(三)旅游企业员工的双重性

旅游商品的生产和销售是由员工同时同地完成的,旅游企业员工的服务性言行反映了旅游组织的形象,他们是旅游组织的代表,是旅游组织公共关系主体的构成部分。这些员工生产的服务产品的质量不可能永远保持一个客观标准,影响质量的原因很大部分是员工工作的心理环境。因而,员工又是旅游组织有效管理或者说是公共关系的主要对象之一。

(四)旅游者的复杂性

大众旅游时代的特征之一就是旅游者的复杂性,三教九流,各行各业,不同性别、年龄、民族、宗教信仰、文化程度的人都是旅游消费者。要让不同的旅游者对旅游商品产生购买欲望,旅游组织必须进行卓有成效的宣传广告,还要采用特别的促销方式。这些都是旅游公共关系的主要工作任务。此外,旅游公共关系还涉及大众传播媒介的利用、与社区公众的共处、政府公众的指导支持等。

综上所述,我们不难看出,旅游组织的产生、存在和发展都离不开公共关系,旅游商品的生产、销售和促销不能没有公共关系;旅游公共关系要从全局出发,全方位地考虑树立良好的组织形象,建立健全信息网络,处理好各类公众关系,监测了解社会环境,规划组织发展趋势等重大问题。总之,旅游业是新兴的产业,公共关系是新兴的学科,两者的结合本身就是创造性的产物。旅游公共关系必须立足现在、着眼未来,创造性地运用新的方式方法,走前人没有走过的道路,在科学预测发展方向上,开辟新天地,使旅游组织在激烈竞争中生存和发展。

三、旅游业对中国公共关系的贡献

(一)中国的公共关系事业开始于旅游业

1. 发达的香港旅游业对公共关系传入内地产生积极的影响

20 世纪 60 年代,我国的香港和台湾地区经济迅速发展,现代公共关系也开始传入香港、台湾地区,并得到较快发展。特别是在香港,由于跨国公司的香港分公司从事和开展公共关系工作,所以香港的公共关系事业就有个高起点。

在号称“购物天堂”的旅游胜地——香港，各酒店宾馆纷纷设立公共关系机构；普遍开展公共关系活动；公共关系从业人员队伍不断扩大，其教育、培训工作常年不断，因而香港地区的公共关系实务和理论研究水平不断提高，公共关系的社会影响和实际作用也越来越大。这为公共关系传入内地准备了很好的先决条件。

2. 中国内地的公共关系事业是在旅游饭店的兴起中发展起来的

我国当代的公共关系最初发端于东南沿海的宾馆、饭店和旅游业。党的十一届三中全会以后，随着对外开放窗口的打开，在深圳特区和广州，一些中外合资企业，主要是饭店宾馆，率先依照国外现代企业的模式设立了公共关系机构，开办起公共关系业务。公共关系从业人员活跃于中外宾客之间，卓有成效的公共关系活动对企业的自下而上发展起到巨大的促进作用。广州中国大酒店从香港聘用受过专门教育和培训的人士担任“公共关系经理”，主持公共关系部。电视连续剧《公关小姐》反映的就是当时受聘的香港专业公关人员与内地公关人员共创内地公共关系事业的感人故事。

继深圳、广州之后，北京、上海等地的一些中外合资饭店也相继建立公共关系部。公共关系就从南向北、从东向西迅速地在全中国发展起来。20 世纪 80 年代中期以后，从沿海到内地，不仅大型企业，而且中小企业也纷纷设立自己的公共关系机构；没有专设机构的企业，也增强了公关意识，采取切实可行的措施，开展富有特色的公共关系活动。1985 年，深圳大学传播系创办了第一个公共关系专业。之后，公共关系课程逐渐在全国高校开设。20 世纪 90 年代，全国已有百余所大学开设了公共关系课程，并出版了数以百计的各种公共关系著作、教材。1987 年 5 月，中国公共关系协会在北京成立，各省各大城市也相继成立了公共关系学术团体。而公共关系更是作为一门正式的职业，于 1999 年 6 月由国家劳动和社会保障部制定颁布了公关人员的国家职业标准，标志着我国的公共关系事业进入了一个蓬勃发展的时期。2000 年 11 月起，在全国开始了每年两次的全国公关人员职业资格统一考试。

（二）旅游业对公共关系的新贡献

21 世纪，人类社会进入知识经济时代，新技术革命将对社会从社会生产到社会关系，对人们从生活方式到思想意识产生很大的冲击。面对巨大的冲击，旅游业首当其冲。旅游公共关系将得到全面深入的发展，旅游业将对中国的公共关系事业作出新的贡献。

1. 现代饭店

饭店不但是社会公关的主要场所，饭店还继续起公关先导和示范作用。现代饭店已经不只是人们吃、住、玩的场所,还是会议、展览、贸易、外交等社交活动的场所。即使是“吃”,人们也不再只是为了“结果”,而是注重于“过程”。各种各样的公众聚集在饭店,不仅能获得物质上的满足,而且更重要的是能获得心理上、精神上的满足。人们不仅在饭店休闲,而且还在饭店进行经营活动和社交活动。在现代饭店,公共关系的各种职能都可以在人们的活动中得到特别的体现,饭店在公共关系方面直接起先导和示范作用也是在情理之中。

2.旅游业组织形象新策划

旅游业组织形象新策划将推动公关事业的发展。由于科学技术的不断进步、社会生产力高度发展,我国已经告别“短缺经济”,在繁多的同类产品面前,社会公众已很能难从日趋一致的面目中选择“这一种”而不是“那一种”。现代社会的发展,虽然竞争日益激烈,但也日渐有序化,一个企业或一个经营者再抱着“趁机捞一把”、“打擦边球”的侥幸心理,是注定要失败的。由于绝大部分旅游产品的可替代性强,旅游业要比其他行业更强烈地感受到新世纪的挑战。要在旅游的竞争中立于不败之地,旅游企业就要将优秀的、鲜明的组织整体形象呈现在公众面前。旅游业组织形象新策划将把旅游公共关系发展引向纵深,也因而推动中国公共关系事业的发展。

3.高科技

高科技带来的旅游公关技术、手段的改革促进公关事业的发展。现代饭店要成为现代社会公众各种活动的场所,要满足公众的各种需求,必然会更快地应用高科技转化的各种社会产品和各种技术、手段;这些高科技产品、技术和手段也必然推动旅游业公共关系的实务和理论的发展,最终也必然促进各行业的公共关系发展。

第二节　公共关系界定

旅游公共关系是公共关系在旅游业的应用,作为分支学科,旅游公共关系的综合性、应用性更强些。由于公共关系涉及许多不同的实践范畴和学科领域,因而在实践和理论上存在着一些模糊思想或误解。对这些模糊思想和误解加以辨析,对公共关系概念做出科学的界定,对于学习和研究旅游公共关系学是十分必要的。

一、公共关系与庸俗关系

公共关系引入我国内地时,我国还没有摆脱“短缺经济”的困境,因而公共关系产生的最常见误解就是“许多人把它当作是‘拉关系’的学问”（费孝通语）。在我国，庸俗关系腐蚀了干部、败坏了民风，为公众深恶痛绝；公共关系则是对庸俗关系彻头彻尾的否定。从形式上或从本质上考察，公共关系与庸俗关系都没有丝毫相同之处，没有任何必然联系。

（一）公共关系与庸俗关系产生的社会经济背景不同

公共关系是商品经济高度发展的产物，是通过商品交换关系反映出来的社会关系。由于竞争激烈，在买方市场的条件下，企业、组织的生存和发展，有赖于公众对它的了解、信赖和合作。公共关系是作为处理和协调组织与公众的关系，以便适应外部环境，实现目标市场的管理科学。而庸俗关系则是生产力低下，“短缺经济”的产物。由于产品和服务供不应求，某些组织或个人为得到有限的资源，导致以权谋私、徇私舞弊、走后门、拉关系等庸俗“关系学”。

（二）公共关系与庸俗关系的性质与目的不同

公共关系以组织为主导，以公众利益为出发点，力求高的经济效益和好的社会效益的统一。公共关系以优质产品和优质服务为基础，在公众中建立良好的组织形象，从而赢得了公众的理解支持和合作。庸俗关系以为谋取个人或小集团私利为追求的目的，编织不正常的人际关系网，不择手段、不惜损人利己、损公肥私，甚至贪赃枉法，为了私利，损害公众利益和社会利益。

（三）公共关系与庸俗关系的活动方式和手段不同

公共关系以事实真相为基石，利用报纸、电视等传播媒介与公众进行双向沟通、双向交流。这种传播交往活动是公开、合法、正当的，是在公众的参与和监督下进行的。公共关系的职业道德行为准则和行为规范就是社会精神文明的一种体现。庸俗关系用不正当的方式去谋取不正当的私利，其见不得人的手法主要是投机钻营、溜须拍马、送礼搭线、吃喝拉拢、女色勾引等低级庸俗的做法，甚至是违法乱纪的铤而走险。

（四）公共关系与庸俗关系产生的社会后果不同

公共关系“内求团结完善、外求和谐发展”的必然结果是树立组织良好形象，给组织带来经济效益，也促进社会的安定团结、文明进步、产生社会效益。庸俗关系拉拉扯扯的一套可能会一时得利，但从长远的角度看，实则饮鸩止渴，非但让组织的形象受损，身败名裂，还成为社会的“恶性肿瘤”，滋生腐化堕落，污染社会风气。违法乱纪的所作所为终将受到党纪国法的制裁。

二、公共关系与人际关系

人际关系，就是人与人之间的相互联系、相互需要、相互影响、相互作用的交往关系。公共关系与人际关系有联系又有区别。

(一)公共关系与人际关系的联系

(1)公共关系的实现离不开人际关系。组织与公众的关系,往往表现为一个人与另一个人的关系。例如,饭店公关部经理接待旅行团投诉代表。从内容方面说,公共关系就包括了因个人扮演了代表组织的角色而形成的人际关系。

(2)人际传播的方法、手段有助于公共关系。人际传播的许多方法,如促膝谈心、相互走访、赠送节日礼物等有助于感情交流、消除误会、促进公众对组织的信任和支持。公关人员具备了较强的人际沟通能力,必然有助于组织公共关系的成功。

(二)公共关系与人际关系的区别

首先,公共关系的主体是社会组织,客体是相关公众与舆论,人际关系的行为主体是个人,客体则是大量与组织无关的个人;其次,公共关系的实现需要专门的组织、专门的人员和专门的传播工具作远距离、大范围的沟通;人际关系的实现主要依赖个人的交际技巧和能力,小范围或面对面地交流;最后,公共关系的目的是为组织发展创造和谐的环境,使组织和公众相互了解、相互支持、真诚合作,以取得最佳的组织利益、公众利益和社会效益,人际交往的目的是为了联络感情、建立和维持朋友关系,以期个人之间的某种利益。

三、公共关系与营销

公关也被作为一种促销、推销手段,越来越受到工商经济组织的重视和运用,但是这两者也有重要的区别。旅游业界尚有不少人对这两者缺乏清晰的界定,表现在其工作布置中把公关工作与营销合为一体,以营销取代公关,因而在组织机构设置中,不设公共关系部。

(一)公共关系与营销的联系

营销是企业以等价交换为特征的市场交易活动。公共关系从某种角度看也是一种交换活动,但它是信息、观点和感情的交流交换。公共关系不直接推销产品,不能直接满足顾客的物质需求;但良好的公共关系实务与推销结合起来,能间接为企业和公众双方带来利益。

(二)公共关系与营销的区别

(1)两者的属性不同。营销属于市场营销学范畴,市场营销学是以研究经济生活为主的经济科学;公共关系是以研究组织与公众的关系为主的管理科学。

(2)两者的目的不同。营销追求的是组织的经济效益和近期效益;公关追求的是组织的社会效益和经济效益的统一，而且着眼于长远利益。虽然有时公关追求的目的会与营销追求的目的相矛盾，但从长远的全局看，提高组织的社会效益、考虑组织的长远利益，最终有利于提高组织的经济效益。

第三节　旅游公共关系学概述

作为现代社会客观存在的公共关系只有百年历史，作为在中国广袤土地上开展的旅游公共关系活动也只有将近三十年。迄今为止还没有几本名为《旅游公共关系学》的权威性教材，这也是意识形态滞后于经济基础的正常现象。在我国旅游界蓬勃开展的公共关系已受到旅游业内外社会各界的普遍重视。在客观现实的呼唤下，作为一门学科的"旅游公共关系学"便应运而生了。恩格斯说："社会一旦有技术上的需要，则这种需要就会比十所大学更能把科学推向前进。"旅游公共关系学一定会在社会主义市场经济的实践中获得更深入的发展。

旅游公共关系学作为普通公共关系学的一门分支学科，其基本概念和原理应该完全符合普通公共关系学的基本概念和原理。但旅游公共关系学是研究旅游经济活动中的具体公共关系，因此也有一些自己独特的理论内容。

一、旅游公共关系学的研究对象和范围

（一）旅游公共关系学的研究对象

旅游公共关系学的研究对象是旅游经济活动中的公共关系。从公共关系的定义来看，旅游公共关系学研究的是旅游组织与其相关公众的规律及各种公关活动的方法、技巧，它包括宏观和微观两方面内容。

1. 宏观方面

宏观方面是用马克思主义基本原理作指导，考察公共关系在现代旅游经济活动中的地位和作用，研究改革开放、商品经济和高新科技对旅游公共关系的促进作用和后者的反作用。

2. 微观方面

微观方面可分为两点。

(1)三个基本要素。从公共关系的定义中可以看到，旅游组织、社会公众和传播是旅游公共关系的三个基本要素。要研究旅游组织的构成、特征、组织机构设置、旅游组织与外部环境的关系、组织的工作目标和公共关系目标及其关系等；要研究公众的特征、分类，研究具体的公众关系，如员工关系、股东关系、消费者关系、媒介关系、社区关系、同业关系等；要研究传播原理、传播规律、传播媒

介、传播技巧及它们在旅游公共关系中的作用等。

(2)三种基本活动。从旅游业的特殊性可以看到,旅游组织是营利性组织,旅游商品具有不可储存的脆弱性,旅游组织的公众遍布世界各地等。因此,旅游组织的公共关系活动有最基本的三种:旅游公关礼仪活动、旅游公关专题活动和旅游公关危机应对处理活动,这三种活动经常相互交织地进行。

【重点提示】

旅游公共关系的基本构成元素:三个基本要素和三种基本活动。三个基本要素:主体——旅游组织,客体——社会公众,传播——沟通主客体的媒介;三种基本活动:旅游公关礼仪活动、旅游公关专题活动和旅游公关危机应对处理活动。旅游公共关系学就是围绕这六个元素分别阐述,并分析它们之间的相互关系的应用性学科。

(二)旅游公共关系学的研究范围

同其他许多学科一样,旅游公共关系学的研究范围也由历史、理论和应用三部分组成。

1.历史

旅游公共关系学的历史研究同其主干学科一样,处于研究的最落后阶段,这是因为一方面其历史不长,另一方面对于从事旅游公共关系实际工作的人员来说意义不大。但了解一般的公共关系发生、发展的演变历史,举一反三,可指导旅游公共关系的工作,从而知道哪些应该继承发扬,哪些应该修正改进,哪些应该批判抛弃。旅游公共关系历史的研究将越来越受到重视。

2.理论

旅游公共关系学的理论研究可分为基础理论和核心理论两大类。

(1)基础理论。旅游公共关系学的综合性、交叉性、边缘性,决定了其基础理论的广阔性,它涉及旅游学、经济学、社会学、心理学、广告学、传播学、新闻学、市场学、管理学、伦理学、民俗学等,旅游公共关系从业人员了解、掌握得越多,在研究和实际工作中就越能得心应手。

(2)核心理论。由于边缘交叉学科的性质,旅游公共关系学的外延虽大,相应作为核心理论的内核却很小,如上述研究对象中列举的三个基本要素及工作过程、工作方法,旅游公关的地位、作用等。内核虽小,但反映了本学科的质的规定性。

3.应用

旅游企业是以推销旅游服务产品取得盈利为总目标的,旅游公共关系要根据这一总目标确定公共关系目标,制订具体的公共关系计划、活动程序,进行组织机构建制、人员选择培训，并应用一定的方法、技巧等。旅游公共关系学是一门应用性很强的学科，它的应用部分内容最丰富。应用部分和核心理论是本书的研究重点。

二、旅游公共关系的基本特征

旅游公共关系学主要研究旅游经济活动中的公共关系，简称旅游公共关系。旅游公共关系包含了几层含义：它是旅游组织客观的“公共关系状态”，是旅游组织从事的一种具有管理职能性质的“公共关系活动”，也是一种构成旅游组织经营管理中的价值观念、行为准则和道德规范，就是“公共关系观念”。旅游公共关系的三层含义紧密联系，即公共关系观念影响和指导着旅游组织的决策或组织中的个人行为选择取向，从而反作用于人们的公关活动，并间接影响着实际的公关状态。旅游公共关系具备如下六方面的基本特征。

（一）旅游公共关系以社会公众为工作对象

公共关系是一个社会组织与其相关公众之间的相互关系，公共关系事实上就是公众关系。主体和客体是相互依存的，没有了客体——社会公众，也就不存在主体。主体的公共关系状态是不以其主观是否意识到而客观存在的，换一种说法，社会公众是从旅游组织一成立就客观存在着的。如果没有旅游者——消费者公众，旅游组织一天也支持不了；如果没有员工——主要的内部公众，旅游组织就只能是一个空架子。公共关系状态如何，直接关系到旅游组织能否生存和发展。因此，旅游公共关系活动的每一次策划和实施，都要把社会公众放在首要位置。

（二）旅游公共关系以共同利益为联系纽带

在旅游经济活动中，商品交换是基础，商品交换的原则就是相互获利。旅游公共关系的主体和客体之间的联系，也是以一定的利益关系为基础的。把共同的利益作为联系纽带，才能形成牢固的良好的公众关系。旅游组织是营利性公关主体，在追求自身利益的同时，必须与其他公众平等互利，必须兼顾公众利益和社会利益，“和自己的公众对象一同发展”，旅游组织才能获得长久稳定的发展。

（三）旅游公共关系以长远效益为战略方针

作为营利性的旅游组织，追求利润、效应，是必然的、正常的。但是，旅游组织在公共关系策划和实施中，既然以共同利益为联系纽带，就不能急功近利，企图事事立竿见影；更不能单纯为了追求眼前利益而杀鸡取卵、竭泽而渔。公共关系的基本方针应当是“着眼于长远打算,着手于平时努力”,宜未雨绸缪,毋临渴而掘井。通过平时点滴的努力,在公众中确立起整体组织形象;必要时,为了长远的整体目标,要舍得牺牲眼前的局部利益。

(四)旅游公共关系以真诚老实为尊奉的信条

旅游公共关系以长远效益为战略方针,也表明了其广结人缘、广结善缘的愿望。在影响公共关系的诸因素中,感情占很重要的地位。在心理学家诺尔曼·安德森列出555个描绘人的品质的词汇中,人们选择的最喜欢的品质是:真诚的、诚实的、忠诚的、信得过的等8个词,而说谎和装假是人们最深恶痛绝的词。真诚老实也应当成为一个组织的品质,它最终将取信于公众,为旅游组织塑造一个诚实的形象。而在公共关系活动中和经营活动中的弄虚作假、坑蒙拐骗,最终是自欺欺人、搬起石头砸自己的脚。

(五)旅游公共关系以良好形象为奋斗目标

旅游公共关系的根本目的是在公众中树立旅游组织的良好形象,以利于最终达到旅游商品销售的经营目的。旅游组织的形象有知名度和美誉度两个指标,即该旅游组织被社会公众知晓及社会影响的程度和该组织获得社会公众赞美的程度。高美誉度和高知名度是理想的良好形象的标志。旅游公关组织要根据组织公关状态的调查,瞄准目标进行相应的公共关系策划和实施。

(六)旅游公共关系以双向传播为沟通手段

传播在公共关系的主体和客体之间架起一座桥梁,通过传播,主体把旅游组织的信息送达相关的公众,扩大组织的知名度、提高美誉度;另一方面,通过传播又收集了公众的反馈信息,以调整自己的行为,适应公众。

三、旅游公共关系的基本原则

旅游公共关系是现代社会旅游经济活动迅速发展的必然产物,是商品交换、市场竞争的客观要求,也是旅游营销活动中的一个必要环节。竞争的有序化需要共同遵守必要的规则,旅游公共关系活动同样也需要一些必须共同遵循的基本原则。

(一)以客观事实为基础

实事求是,一切从实际出发,这一马克思主义基本原理对于旅游公共关系具有巨大的指导意义。旅游公共关系以传播为手段,使旅游组织与社会公众相互了解、相互适应。公共关系传播中需要借艺术和技巧来树立形象、争取公众。有人错误地认为,公共关系只是一种传播艺术和宣传技巧,这就本末倒置了。旅游公共关系的传播艺术和技巧绝不是空穴来风，它们要建立在客观事实的基础上。经过对事实的准确把握，加上技术技巧，才能取得预期的效果。只有“技巧”而缺乏事实依据的做法是“投机取巧”。

1. 旅游组织向公众发布信息要实事求是

(1)要客观地评估自己的公共关系状态，错误的评估将使组织失去公共关系开展的最佳时机。

(2)要实事求是地向公众介绍组织的产品、服务和观念。传播缺乏真实性的信息会适得其反地失去公众的信赖。

(3)要了解组织面对的公众的各种属性，否则，组织也可能面对非公众开展工作，空耗人力财力，达不到预期的目的。

实事求是的精神将赢得公众的理解和信任，增加公众对组织的好感，一旦组织遇到困难，也能得到公众的理解和同情，组织才能与公众在互谅、互让、互利的基础上共同发展。实事求是地传播，并不等于是死板地、机械地、原封不动地、自然主义地再现。在事实的基础上，可以矗立异彩纷呈的各种建筑，可以创造性地发挥各种技巧和艺术。比如，处理得当的危机，不但可化险为夷，还有可能使组织因祸得福。

2. 公共关系人员反馈公众信息要客观、全面

(1)旅游组织的决策层在市场预测、旅游线路设计、旅游产品开发、经营管理、工作改善等环节中，都需要得到来自公众方面的各种信息。公共关系人员应当全面、广泛、深入地对公众进行调查，以获得全面的信息。没有全面的信息，决策层就只能是“闭上眼睛捉麻雀”，公共关系工作也成了无源之水、无本之木。

(2)公关人员在调查了解有关事实时，不能主观随意、不能带着“结论”去寻找依据，不能报喜不报忧，要力求真实和公正。有的放矢的决策和公关工作才能事半功倍。

(二)以公众利益为起点

公共关系事实上就是公众关系，公共关系应当以公众利益为出发点。公众是面临共同问题和共同利益并与组织发生相互作用的社会群体，共同的利益不但把公众连成一体，也把公众与社会组织联系起来。“和自己的公众对象一同发展”，表明了组织以公众利益为起点，实际上组织同时也获取和维护了自己的利益。

1. 各类利益指向不相同的公众

各类公众的利益指向各不相同，与旅游组织利益的相互关系也不同。在现代社会，每一个社会组织、社会公众都不是孤立存在的，他们相互依存，形成多

向、多维、多层次的社会整体。在旅游组织与环境相互依存的过程中,存在不同类的公众系统,他们与旅游组织的利益关系不尽相似。

(1)对旅游组织的自下而上起决定性作用的公众。这类公众有国家权力机构、董事会等。如果旅游组织不能依法纳税,权力机构不能获得利益,旅游组织就可能被取缔;如果股东长期得不到分红,他们就会撤走对旅游组织的投资。

(2)影响旅游组织功能正常发挥的公众。这类公众有员工、旅游者、物资供应商等。如果员工的合法权益不能得到充分的满足,员工的服务质量必然下降,直接影响组织的形象和经济效益;旅游者如果享受不到应有的服务,反应强烈者会投诉,反应弱者也会同亲朋好友诉说,旅游组织的美誉度也就随之下滑。

(3)对旅游组织产生间接影响的公众。这类公众有社区居民、新闻媒介等。旅游组织如果与社区居民格格不入,对社区的社会公益不闻不问,社区居民就不会在舆论上和实际上支持旅游组织;如果新闻媒介得不到旅游组织的合作和配合,后者也就难以得到前者的有力支持和帮助。

2.各发展阶段的公众

各发展阶段的公众与旅游组织有不同的利益关系。公众对旅游组织所持的态度、所采取的行为及所起的作用不是一成不变的。根据其一般发展过程可分为非公众、潜在公众、知晓公众和行动公众四类。这四类公众从"非公众"到"行动公众"是一个不间断变化的连续过程,而与旅游组织的利益关系则是影响这个变化过程的一个重要因素。

(1)非公众。非公众是指在一定的时空条件下,既不受特定社会组织的任何影响、也不对该组织产生任何影响的公众,即与组织无关的公众。如国际旅游者相对于仅限于国内旅游业务的国内旅行社来说,就是国内旅行社的"非公众"。

(2)潜在公众。潜在公众是指由于面临共同问题而与组织有发生某种利益关系的可能,但对此却未意识到的公众。虽然这类公众对组织的影响力是潜在的,但彼此的互动行为迟早会发生,如对中国有兴趣、具备出游条件、尚未来华旅游的人士。

(3)知晓公众。知晓公众是指与组织有了某种现实的利益关系、且已明确意识到这种关系存在但尚未采取行动的公众,比如,对某饭店服务深感不满的宾客,对某旅行社抱有信任与好感的居民等。

(4)行动公众。行动公众是指那些不仅意识到与组织存在的现实关系与问题,而且已采取了相应行动的公众,比如,正向饭店公共关系部提出服务投诉的宾客,正在积极向自己信赖的旅行社咨询并订购"新马泰三国游"旅游产品的旅游者。

3. 不同心理需求的公众

旅游组织应给予不同心理需求的公众不同的需求满足。现代社会，旅游绝不单是一种获取物质需求满足的活动，心理需求的满足要占更大的比重。在公共关系中更是如此，这是另一种方式的利益关系。较普遍的心理需求有下列三种。

(1)满足公众的求知需求。心理健康的正常人都有探究本能。公众对旅游组织的求知需求，表现为欲了解与之相关的真实、客观、公正的有关方面，这一点是与公共关系主张的"组织与公众相互了解、相互适应"是一致的。旅游组织满足公众的求知需求对组织是十分有益的，组织增加了透明度，一方面满足了公众的求知需求，另一方面也从公众那里获得对组织的信赖感。即使是不利于组织的事件真相的披露，从长远的角度看，非但不会影响自身的经济效益，反而会"退一步，进两步"。当然，真相披露的时机和分寸的掌握是需要技巧的。切实满足公众的求知需要，要做到：如实传播，不弄虚作假；有问必答，百问不厌；详尽提供，尊重选择。

(2)满足公众的尊重需求。公共关系是一种组织与公众之间双向的沟通，在沟通过程中，如果彼此心理相容，就能顺利达到有效沟通的目的。要做到心理相容，就要尊重对方。作为公共关系主体，更应主动把尊重放在重要的位置，而对对方的不够尊重，采取宽容的态度，宽容是另一种形式的尊重。旅游组织的口号"客人就是上帝"，注重礼节、礼貌等都是尊重公众的具体体现。尊重公众，就能获得公众的心理响应，双方能真正相互了解、相互适应，组织的基本任务能很好地完成，组织的形象也就会在公众中树立起来。满足公众尊重的需要，还要做到：不卑不亢，一视同仁；尊重公众的风俗；虚心征求公众意见；不"店"大欺客；"客人总是对的"，把对的让给公众。

(3)满足公众的自我实现需求。随着社会文明的不断进步，公众的心理需求也不断增长，这种增长很大程度表现在自我实现需求方面。例如，在旅游消费者方面，具体表现为好胜欲、好奇欲、探险欲、表现欲等。旅游企业可针对其需求，开发满足其好胜欲的竞技旅游项目；满足其表现欲的各种"show"项目；满足探险猎奇心理的惊险旅游项目；满足其好奇欲的各种修学旅游。如果旅游者的自我实现需求获得适当的满足，那么旅游企业不但会受到公众的欢迎，而且还能获得可观的效益。其他公众的自我实现需求也应针对性地用适宜方式予以满足。公众精神愉悦，组织获取效益，于社会也有利。

(三)以科学理论为指南

公共关系的实践和理论，如果说在其初期还有单凭经验、跟着感觉走的做法，那么，随着社会文明的进步，现在已经成为在科学理论指导下的一门应用性很强的学科。作为公共关系学现代分支的旅游公共关系学，更应该从其产生之日就以科学理论为指南。

（1）以马克思主义、邓小平理论为指导方针，研究和发展旅游公共关系学。马克思主义特别是马克思主义哲学和政治经济学，是旅游公共关系学世界观和一般方法论的指导思想。不论科学家是否意识到，他们都不能不在其研究工作中以某种哲学作为指导。中国的旅游公共关系学必须依靠马克思主义哲学的一般方法论，运用其提供的一般概念和范畴；作为经济范畴的旅游公共关系学，政治经济学的原理对其有根本性的指导意义。按照马克思主义哲学和政治经济学的一般方法论进行分析和推理，才能使旅游公共关系学建立在科学的基础上，才能抵御和排除唯心主义和形而上学的干扰。邓小平关于建设有中国特色的社会主义理论是马克思主义在当代中国的继承和发展，它对随着改革开放而崛起的旅游事业的健康发展，对于新兴的旅游公共关系学学科的建设无疑有着根本性、直接性的指导作用。

（2）以相关学科的有关理论构成旅游公共关系的基础理论。旅游公共关系学是一门综合性的交叉边缘学科，它广泛涉及社会科学的相当多的学科，这些学科的有关理论就构成了旅游公共关系学的基础理论部分。例如，研究转变旅游者的态度，使之从独立公众或逆意公众变成为顺意公众，就需要引入旅游心理学、社会心理学的概念和理论；营销是旅游组织、也是旅游公共关系的主要任务，就需要市场学的相关理论。随着旅游实践和旅游公共关系实践的发展，作为一门学科的这种不够完备的现象应当逐渐得到消除。但消除的途径是科学地吸收、同化这些相关理论，而绝不是也不可能离开这个理论基础另走一条路。

（3）采用科学的调查方法，按客观事物的本来面目去反映现实。科学的任务就是正确地反映客观存在，揭示事物的内在联系和发展规律。作为一门应用科学的旅游公共关系要完成自身的这个任务，其出发点就是实事求是地了解组织所处的环境及与环境的相互关系，研究公众的构成和变化情况。“没有调查研究，就没有发言权”，旅游组织开展公共关系活动，不能凭主观臆断、不能靠直觉灵感，而要靠科学的调查方法、对公共关系工作对象进行定量和定性研究，在这个基础上估测环境和公众的各项指数，作出分析预测。这样进行的工作才是有效的。

（四）以全员公关为保障

由于旅游行业的特殊性，全员公关有着更重要的意义。全员公关是指旅游组织的全体成员都具有清醒的公共关系意识，无论是相互合作接待公众，还是单独向公众提供服务，都能按照公关的要求，把日常工作与组织良好形象的树立联系起来。全员公关是旅游组织开展公共关系乃至经营取得成功的保障。

(1)旅游组织良好的公共关系需要全体成员的共同努力。一个旅游组织的良好形象需要专门的公共关系人员的有创造性、艺术性的辛勤劳动来树立，更需要组织的全体成员通过每个人的日常工作来树立。组织的形象是组织中每个人各自形象的总和。

公共关系工作是旅游组织的一项工作，但并不是游离于其他工作之外的，它要和其他工作相结合，要渗透到组织的每一项活动中。在旅游组织中，一般都有专门的公关人员编制，但在同各类公众直接交往中，更多的是组织中其他机构的人员，特别是为旅游者提供服务劳动的第一线员工。专门的公关人员也只有借助于组织全体成员的帮助，才能更有效地开展公关工作。旅游组织良好的形象不是一朝一夕、少数人就可以树立起来的，但是，如果每个成员在与公众的交往中，不能自觉地维护组织的形象，则很容易损害组织的良好形象。旅游业流行的一个公式："100－1＝0"，就形象生动地说明了这个道理。

(2)全员公关需要公关人员在全体员工中强化公关意识。旅游组织良好的公共关系需要全体成员共同努力才能形成，但是，全体成员中的每一个人不会自发地产生强烈的公共关系意识，自发地使自己的全部言行都符合公共关系要求，因此，全员公关首先需要公关人员在全体成员中进行公关意识强化。公关意识包括团队意识、整体意识、公众意识、服务意识、传播意识、互惠意识、协调意识、创新意识等。例如，强化全体成员的"整体意识"和"团队意识"，公关人员应积极有效地向他们宣传：个人形象是整个旅游组织形象的缩影；个人是作为组织的代表在与公众交往和沟通，为公众提供服务是旅游组织沟通公众的最常见的方式；个人的行为会直接影响组织在公众中的形象，等等。公关人员除了向组织中全体人员普及公关知识、强化公关意识，还应抽出一定的人力，结合劳动技能进行，向全体成员进行旅游公共关系礼仪、接待工作中的礼节礼貌等培训。

第四节　旅游公共关系的基本职能

旅游公共关系的基本职能是指公共关系对旅游组织、个人以及整个社会所担负的基本职责和所发挥的功能。游游公共关系的基本职能是由其工作性质和目的所决定的，这就是通过科学的、有计划的、有步骤的公共关系活动，监测环境、参与决策、塑造良好的组织形象、协调内外关系、增进旅游组织整体效益。

一、监测环境、参与决策

旅游公共关系首先要发挥搜集信息、监测环境的作用,通过各种调查研究的方法,采集信息,反馈舆论,预测趋势,评估效果。为组织决策提供咨询参谋,帮助组织在激烈竞争的市场经济条件下,确保目标的准确性和科学性,维持与包括内外环境在内的整个社会环境的动态平衡。

(一)采集信息的内容

公共关系按其活动的周期而言,是从信息的采集获取开始的。从公共关系的工作的角度看,采集信息主要包括以下几方面内容。

1. 组织形象信息

组织形象是社会公众对旅游组织的全部看法和评价。旅游组织形象的构成要素有"硬件"形象和"软件"形象。

(1)"硬件"形象。"硬件"形象即旅游组织所在的地理位置、外部环境、组织建筑物的布局安排、建筑艺术、装饰工艺、设施水平等给公众留下的感观形象。这种感观形象往往影响了公众对该旅游组织的档次、规格甚至产品、服务的评判。

(2)"软件"形象。"软件"形象指旅游组织内部以服务和管理为主要内容的特征,其内容包括服务质量、管理水平、组织信誉和组织文化。旅游组织销售的产品主要就是服务,服务质量是旅游组织工作的中心和生命线。服务质量包括服务态度、责任感、诚实感、售后服务等。旅游组织的管理水平从组织的经营机制、目标定向、决策水平、机构设置、人力管理、资源调配、经营作风、市场预测和公共关系等方面体现出来。知名度和美誉度构成旅游组织的信誉,良好的信誉是组织的无价财富。组织文化是旅游组织凝聚力、向心力、进取精神的体现。

2. 社会环境信息

旅游组织不是游离于社会之外的孤立实体,旅游组织要立足于现实环境中,和环境相互依赖,才能生存和发展。在国际经济一体化的现代社会,影响甚至威胁一个旅游组织生存的因素,不但只有国内环境,还有国际环境。

(1)国内社会环境。国内社会环境信息包括党和国家的方针、政策、立法信息,以及社会政治动态、经济金融信息、科技文化情报、新闻舆论热点、时尚文化潮流、民俗传统风情等;同时还包括旅游组织所在社区的社会环境。

(2)国际社会环境。国际社会环境包括世界总体形势,经济形势,国际局部政治、经济形势;特别是与旅游组织密切相关的对象国、客源国的对华政策、经济状况、法律变动等。

3. 市场环境信息

列宁曾说过："哪里有社会分工和商品生产，哪里就有市场。"旅游市场有广义和狭义之分。

(1)广义的旅游市场信息。随着经济的发展，旅游商品种类越来越多，旅游方式越来越灵活，旅游市场的规模也日益扩大。广义的旅游市场信息包括通过市场联系起来的旅游组织与旅游者、旅游组织之间、旅游组织与供应商、中间商之间的各种现象和行为的汇总，经过去粗取精、去伪存真的归纳整理，成为旅游组织预测市场和修正经营方针的依据。

(2)狭义的旅游市场信息。狭义的旅游市场就是客源市场。这部分信息包括市场人口数量、支付能力、消费动机、消费趋势等。

(二)参谋决策的含义和方法

1. 参谋决策的含义

随着科学技术的进步和生产力的发展，现代社会已进入信息社会或知识经济社会阶段，旅游组织为了提高效益、增强竞争力，同其他很多经济组织一样走向集团化。企业组织的规模越来越大，结构越来越复杂，因而组织中决策的非人格化倾向也越来越明显，也就是说，组织的领导体制已脱离了家长制——老板说了算，"硬专家"制——精通业务的经理拍板，领导管理体制实行"软专家"领导或专家集团领导。组织决策的非人格化必然要求公共关系部不仅要向决策层提供所采集的各类信息，而且要求在此基础上提出建设性的意见。

现代社会虽然竞争激烈，但随时都充满机遇。机遇来自信息，采集的信息只有通过向组织提供咨询和建议，才能发挥其效能，实现其价值。公共关系人员根据各种有价值的信息，为旅游组织的决策当参谋，实际上是帮助组织实现科学决策的过程。公关人员在采集信息时并非漫无目标，而有选择的采集过程就已经开始了信息的整理、分类、归纳等工作，这就是科学决策的第二步。所以，公共关系部是旅游组织的资料中心、环境监测中心、信息发布中心，也必然成为旅游组织的参谋部——协助决策的重要部门。

2. 参谋决策的方法

具体有以下几方面。

(1)编制旅游组织内、外环境监测信息资料。这些资料的形式可以是文字、图片，也可以是音像。

(2)信息反馈会。在掌握大量有重要价值信息的基础上，适时举行信息反馈会，向决策层和中层管理人员汇报，帮助决策层作出科学判断。

(3)论证会。重大经营决策产生时，针对决策目标，用多角度、多层次、多渠道的信息论证和请有关专家进行有关可行性论证，确保其科学性、完善性和可操作性。

（三）采集信息的渠道和方法

信息关系到旅游组织的生死存亡。为全面、系统、真实、客观地采集信息，应当从广泛的渠道，用多种方法入手。

1. 采集信息的渠道

采集信息的渠道主要有：新闻媒介，政府和上级主管的法规、文件，社会调查，互联网，公关人员的社会交往，旅游行业各种专业会议，产品展销会、订货会，各种座谈会，征订广告，投诉信函等。

2. 采集信息的方法

采集信息的方法包括以下几种。

（1）参与法。公关人员亲临现场采集信息，可以取得第一手资料，避免由于信息传递过程中的干扰所造成的失真。这类场合有诸如座谈会、旅游产品展销会、与各种公众访谈，等等。这种方法对公关人员的阅历、经验、沟通艺术等方面的综合素质要求较高。

（2）问卷调查法。这是当前世界上流行的调查方法之一。通过提出与组织相关的问题请公众回答，达到采集信息的目的。问卷法和计算机处理结合，可以广泛地了解民意和社会舆论。

（3）文献资料法。这是从报纸、杂志、书刊、文献、档案、报表、报告、互联网等已有的记录材料中搜集自己所需要的信息资料的一种方法。这种方法要把握资料来源的真实性、准确性，另要注意时机和时效。

二、塑造旅游组织形象

旅游组织形象是指旅游组织内在的精神文化特征和外在的行为表现特征在公众心目中综合、全面的反映和评价。它的构成要素主要有产品形象（旅游资源的价值、旅游地的开发建设、旅游宾馆的设施、餐饮特色、服务水平、旅行社的业务水平、旅游交通状况等），员工形象（人才阵容、业务素质、职能道德、作风、能力、态度、仪表等），领导形象（工作方法、交际方式、决策能力、创新精神、道德水准等），环境形象（建筑造型、门面招牌、卫生绿化及周围风俗、文化、经济等），文化形象（产品的品牌、价值观念、管理哲学、道德规范等），标识形象（组织名称、广告主题词、特定的字体和色彩、包装的设计、宣传品的格调等）。对于任何一个旅游组织来说，在现代市场经济激烈竞争的条件下，良好的形象，都是重要的无形资产，关系着旅游组织的生存和发展。世界著名的曼谷东方饭店、英国航空公司、夏威夷群岛便是以高质量的服务形象，赢得了世界各国游客的信赖。努力提高自己的信誉和名望，以形象在竞争中取胜，已成为游游界的世界性共识。

（一）旅游组织形象的价值

1. 良好的形象是竞争的有力武器

现代社会的本质特征之一就是竞争激烈。竞争是商品经济和市场经济的产物，对于旅游组织来说，竞争既是一种挑战，也是一种机遇。随着商品经济的发展，旅游业的竞争已从规模、价格、促销等硬性竞争转化为软性竞争。软性竞争也就是形象的竞争，它是一种高层次的竞争，是全方位的整体实力的竞争。谁能够将优良鲜明的组织形象呈现给公众，谁就能在激烈的竞争中脱颖而出，稳操胜券。当今世界，“假日”、“希尔顿”、“喜来登”等名牌饭店能够名扬天下，就是因为它们树立了强有力的形象，以其独特的魅力征服了世界。

2. 良好的形象是重要的无形资产

良好的形象代表着组织的信誉、产品的质量、人员的素质、股票的涨跌。它能为旅游消费者创造出一种消费信心，使消费者容易接受和选择其服务。它还能增强员工的向心力和归属感，为保留人才和吸引人才创造有利条件。良好的形象还有利于得到各方面公众的支持，吸引股东投资、争取银行贷款、寻求稳定的合作伙伴、得到社区拥护和政府扶持。

可见，塑造良好的形象是旅游组织对内深化改革、对外迎接挑战的有力武器，是全面提高旅游组织整体实力的必然选择。

（二）塑造旅游组织形象的方法

1. 扩大知名度

知名度是指旅游组织的机构、产品或服务为公众所知晓、了解的程度，是评价其名气大小的客观尺度。它侧重于“量”的评价，即组织对社会公众影响的广度和深度。如果一个景区、一个饭店、一个旅行社或一个旅游交通公司的知名度太低，公众不了解它，或了解得很少，该组织要开展包括业务活动在内的各种活动，是十分困难的。因此，知名度是组织开展各项活动的前提。旅游公共关系必须根据组织的发展目标和特定公众，制订完整的计划，实施有效的活动，从而加强组织与社会各界的联系，扩大组织的影响，提高组织的知名度。

扩大知名度的方式包括扩大旅游地的知名度、扩大旅游产品的知名度和扩大旅游组织的知名度，等等。旅游地形象问题研究在西方已成为一个热门话题，旅游地知名度更是旅客选择旅游地的关键。扩大旅游地知名度，要把重点放在对城市或景区的宣传上，利用各种传播媒介和机会，宣传其名胜古迹、人情风俗、历史文化、建筑特色，使之家喻户晓。扩大旅游产品的知名度，应利用各种手段，推陈出新、标新立异，使线路的特色、设施的功能、交通的方便、服务的质量为公众所知晓。扩大旅游组织的知名度，重在宣传组织的性质、经营的范围、管理的优势，使公众了解、熟悉组织。

2.提高美誉度

美誉度是指公众对旅游组织的信任和赞许程度，是评价组织声誉好坏的社会指标，侧重于“质”的评价，即组织的社会影响的美丑、好坏，它是组织生存和发展的重要基础。知名度仅仅反映出公众对组织的了解程度和组织的影响范围，在性质上是中性的，既可以是美名，也可以是恶名。因此，知名度要以美誉度为客观基础，才能产生正面的积极效果；美誉度要以一定的知名度为前提条件，才能充分显示其社会价值。如果一个旅游组织有较高的美誉度，就可以在困难时得到公众的帮助和支持，在失误时得到公众的谅解和理解，在发展时得到公众的赞赏和认可。所以，旅游公共关系应将提高组织的美誉度作为其主要任务。提高组织的美誉度包括提高旅游产品或服务的美誉度、提高旅游地和旅游组织的整体美誉度、及时消除“形象危机”三个方面。

提高组织的美誉度，最基本的方式是提供优质产品和优质服务。旅游组织在公众心目中的地位和信誉，首先是由它的产品质量和服务质量所决定的，是最直接、最基本的美誉度。旅游地和旅游组织整体美誉度则涉及更广泛的公众，是一种较高层次的美誉度。它表明了其整体在社会中的地位和作用，反映了组织履行社会职责的状况，它需要在更复杂的社会交往过程中建立。提高美誉度还要做到及时纠正错误印象，消除“形象危机”。任何组织的活动，难免不出现差错和失误，当差错和失误危及了公众的利益，损害了组织形象时，组织应及时进行补救。如国家旅游局对“千岛湖事件”的处理，积极采取补救措施，使事件的不良影响降到了最低程度。

三、协调内外关系

所谓协调，是指旅游组织与公众进行交往、处理矛盾、调节关系的行为。它既包括对内部公众关系的协调，也包括对外部公众关系的协调。协调组织与各种公众之间的关系，争取公众对组织的谅解和支持，使双方关系处于一种和谐的状态，为组织创造一个“人和”的环境，这是公共关系的另一个重要职能。

（一）协调关系的重要性

1.内求团结，增强组织的凝聚力

内部公众，特别是员工，是组织赖以生存和发展的细胞。他们的态度和行为，他们的团结和协作，最直接、最密切地关系到组织的一切方针政策和目标效益的实现。对于一个旅游组织来说，不论是管理者与全体员工的关系，还是组织内部各个职能部门之间的关系，都必须保持和谐的状态。只有这样，才能产生有效的协同作用和最佳的管理效果，才能提高组织在市场竞争中生存发展的能力。内求团结是外求发展的前提和保证。而组织内部，员工们由于地位上的差别，认识上的差异，利益的冲突，信息沟通上的障碍，体制上的缺陷等，不可避免地会产生矛盾和纠纷。这就要求旅游公共关系高度重视内部公众关系的协调，通过建立和完善组织内部的各种沟通渠道和协调机制，促进组织内部的信息交流，做到上情下达、下情上报、左右沟通、共享信息，为组织创造出良好的内部人事氛围，以提高组织的向心力、凝聚力。

2. 外求发展，创建和谐的社会环境

旅游组织的发展离不开与各类外部公众的联系，离不开社会各方面的配合与支持。一方面，旅游组织需要社会提供必要的资金、劳动力、市场、原料及各种社会服务；另一方面，旅游组织必须为社会提供优质的旅游产品和服务，向社会缴纳税金，并承担各种社会义务，这样就不可避免地要同政治、经济、法律、科研、教育等部门发生联系。随着现代社会的信息化、经济活动的全球一体化，社会环境的变化对旅游组织的经营影响越来越直接、越来越深刻，旅游组织对环境的依赖性也日益明显。旅游组织与社会环境之间的这种相互需要、相互依赖、兴衰与共的利害关系，要求旅游公共关系把外部关系的协调作为重点，应通过各种交际手段和沟通方式的运用，协调彼此间的利害关系，消除彼此间的误会和矛盾，巩固已有的合作关系，促进组织的自身效益和社会整体效益的提高和统一，创造和谐的外部环境，从而使组织获得更加良好的生存发展空间。

（二）协调关系的方法

1. 建立畅通的传播沟通渠道

畅通的信息沟通渠道是协调好内外公众关系的基础。通过传播和沟通，了解公众的动态和意见，尊重他们的利益和要求，使组织的决策和活动顾及公众的利益；同时，也及时将组织的环境、难处、需要合作的项目、能提供的优质服务等各种信息告之公众，由此达到“付出的努力让社会知道，面临的困境求公众理解”的目的。传播障碍、沟通不畅是产生误会、摩擦、对立的重要原因，缺乏有效的传播沟通手段，就无法与公众建立良好的关系。建立畅通的传播沟通渠道可借助大众传播媒介，也可利用自控媒介；可借助公关、广告，也可利用座谈会、意见箱、接待来访、公开电话、举办展览等方式。只有通过广泛的信息传播沟通，促进公众和组织的相互了解，方能有效地改变公众态度，增加有利的机会。

2.加强社会交往

内外关系的协调和维系,远不是传播沟通所能胜任的,还必须依靠各种直接的社会交往活动,为组织广结人缘、广交朋友,建立广泛的纵横关系。这种社会交往是组织生存发展的需要,也是组织获得和交流信息、联络感情、增进了解、开拓业务的重要社会活动。我们民族自古以来重视人与人之间的礼尚往来和人际关系,特别注重人情味,因此社会交往是一种最常见又很实用的交往方式,特别适合于属于第三产业的旅游业。社会交往的具体形式是多种多样的,如公众联谊会、交际舞会、节日庆典、周年庆典、郊游野餐、沙龙活动、参观游览等,这些具体的交往形式,只要组织运用恰当,都有助于增进与公众之间的友谊,加强相互的交往联系,赢得公众的善意合作。

四、增进旅游组织效益

全面增进效益也是旅游公共关系的重要职能。这里所说的效益不仅指增进旅游组织的经济效益,更是指增进组织给社会带来的整体效益。

(一)增进效益的含义

公共关系的行为规范明确指出,公共关系是以社会整体效益为依据的。所谓社会整体效益,既包括旅游组织自身的经济效益,也包括了公共关系活动给社会环境、人际关系、社会物质文明和精神文明带来的影响。成功的公关活动,必将调动员工的积极性,增进其工作效率;必将赢得社会各界的支持合作,改善市场环境,从而有利于增进组织的经济效益。一个现代的旅游组织只有把本组织的经济效益同社会整体效益结合起来,才能长期立于不败之地。因此,组织在注重自身经济效益的同时,还须注重社会效益,为满足社会和人民日益增长的精神和文化生活的需要多作贡献,为社会提供良好的精神产品。那种唯利是图,不考虑对客人、对社会的责任,不考虑国家影响,以低级庸俗、封建迷信的东西去吸引招揽顾客,败坏我国旅游业的形象和声誉,危害精神文明的现象,是应该坚决杜绝的。同时,还要注重旅游地的生态效益,防止污染和生态的破坏,合理地规划和开发,给社会环境和生态环境带来良好的影响,使企业的经营活动与周围的生态环境形同良性循环;加强旅游地的保护和建设,倡导生态文明旅游。旅游组织要明确社会使命,满足社会需求,参与社会服务,欢迎社会监督,促进旅游业实现可持续发展,以良好的经济效益和社会效益赢得市场竞争优势。

(二)增进效益的途径

有效地开发利用新闻媒介及其他信息资源是增进效益的重要途径。信息是现代经济社会的一种特殊资源,是旅游业组织进行经营决策的依据和营运的控制手段，获得并利用信息会产生巨大的经济效益。纵观国内外，收集和分析媒介信息、网上信息及消费者反馈信息的工作在旅游公共关系中都占有重要的地位。日本有家旅游中心，经营不到几年的功夫就赢得了日本质量管理的最高荣誉戴明奖，别人请教成功的秘诀，它的主管说："我们只做到两件事，首先要了解我们的顾客有哪些要求，然后把他们所需要的提供给他们。"广州白天鹅宾馆在外方管理公司没有提供世界性客源网络的情况下，重视信息的分析研究以及发布，从而形成了自己的客源网络。旅游业是信息密集型产业，现代信息技术的发展和广泛应用给旅游业带来了新的机遇，使旅游业从深度、广度和高度上都有了长足的发展。

增进效益的途径之二是策划大型的公关专题活动，特别是赞助、展览等活动。一切有成效的公共关系活动，都能对增进社会整体效益产生良好的效果。通过赞助，可以显示实力，树立起组织勇于承担社会责任、关心社会公益的良好形象。在财力允许的条件下，赞助能使组织获得良好的广告效应和社会效益，如地方性的节日活动赞助，体育文化活动赞助，环保事业的赞助，教育事业的赞助，等等。对旅游组织而言，展览、展销会、庆典活动等也是增进效益的最佳公关形式之一。

除了以上四大职能，公共关系在旅游组织中还有组织管理职能、员工激励职能等，由于它们与管理科学交叉面较大，读者可以从管理科学中得到更详细的了解，这里就不一一论述了。

■ 关键概念

现代公共关系　旅游商品　旅游公共关系学　公众　全员公关

■ 复习与思考

1. 为什么公共关系有众多定义？本书的旅游公共关系定义指出了哪些本质特征？

2. 认识静态的和动态的公共关系对旅游组织有什么积极意义？

3. 为什么说旅游组织的产生、存在和发展都离不开公共关系？

4. 旅游业对中国公关事业作出了什么贡献？

5. 试简述旅游公共关系的三个基本要素和三种基本活动。

6. 请叙述旅游公共关系的基本特征和基本原则。

7. 现代公共关系在美国发展经历了哪四个阶段？代表人物是何人？

8. 试对公共关系与庸俗关系、人际关系、营销进行区别。

9.试论述旅游公关关系的四大基本职能。

■ 案例分析

公关,在长城饭店

北京长城饭店是中国第一家中外合资的五星级饭店。这家饭店开业以来,名声越来越响亮,尤其是在海外,知之者甚众。许多欧美客人来到北京,指名要住长城饭店。它的生意兴旺,除了得力于一流的设备和一流的服务外,还同它成功的公共关系活动密不可分。

一、这就是公共关系

长城饭店在成立之际就设立了公共关系部,招收和培训了一批高质量的公关人员,制订了一套公关活动计划和准则,把公关贯穿于饭店的各个环节。长城饭店试营业期间,公关部经理是一位美国的露西·布朗小姐。她为提高饭店的知名度,可谓绞尽脑汁。当时人们对公关相当陌生,觉得很神秘。一次,有位服务员在打扫房间时,发现客人的床头摊放着一本书,她没有挪动书的位置,也没有顺手把书合上,而是细心地在书摊开的地方夹进了一张小纸条,以起书签作用。客人对服务员细致的服务倍加称赞,并将此事告诉了同来的几十名同事,告诉了她所认识的所有朋友。露西小姐抓住这件小事,告诉大家,这就是公关活动!公关需要从细微处做起,所有饭店工作人员都应通过自己的一举一动体现公关意识,从各方面树立完美的形象。

二、里根总统的答谢宴会

1984年初,当获悉美国总统里根访华的消息后,长城饭店的经理和公关人员立即意识到:这是一个难得的机会!美国总统如能光临长城饭店,将给“长城”带来极大的声誉,对饭店前途产生极大的影响!为了争取里根能在长城饭店举行答谢宴会,他们拟订了周密的计划,并全力付诸实施。当时长城饭店还未全部竣工,服务设施不尽完善。公关部人员克服种种困难,夜以继日地做了大量准备。他们认为,美国驻华使馆在这件事上无疑有极大的发言权。于是他们就邀请大使馆官员到饭店作客,不厌其烦地带领美国驻华使馆的工作人员参观饭店,介绍设施与服务,听取他们对饭店设施、饮食、服务等方面的意见,并且抓紧时间一一改进。改进了,再请大使馆的官员来作客,再听取他们的意见,当大使馆官员对饭店的饮食和服务都表示满意之时,饭店再提出承办里根总统答谢宴会的要求,终于得到大使馆的支持,争取到了里根总统在“长城”举行答谢宴会的机会。

里根总统访华时,有400多位海外记者前来采访。长城饭店承揽了接待这些记者的工作,并且努力提供优质服务,使记者们对长城饭店具有极好的印象。美国三大广播公司(CBS,NBC,ABC)为及时发稿,都在长城饭店选定了自己的播视地点。在同饭店谈判费用时,饭店提出:只要在播映时说明是在长城饭店举行的现场转播,费用可以从优。由于这一要求同新闻必须具备的五要素(时间、地点、人、事、原因)完全吻合,所以很容易达成协议。在接待外国记者的过程中,长城饭店为他们提供材料和通讯设施,协助其采访,做到有求必应。

1984年4月28日,来自世界各地的500多名记者聚集在长城饭店,向世界各地发出了里根总统答谢宴会的消息。发表在世界各地的报纸、电视台的消息中,无一不提到长城饭店。正是由于这次现场转播的报道,以及世界各大通讯社、报纸的报道,使全世界的电视观众和报纸读者在注意里根访华这个大事件的同时,也了解了北京长城饭店豪华的设施和一流的服务。于是,长城饭店在全世界名声大振。许多外国人产生了好奇心:“长城”是怎样一家饭店?为什么美国总统选择在这里举行宴会?后来,许多外国来宾一下飞机,就想到“长城”住宿,长城饭店的生意格外兴隆。据统计,长城饭店开业的头两年,70%以上的客人来自美国,这不能不归功于那次组织的公关活动。

到目前为止,这家饭店已接待过37位国家元首和政府首脑——他们选择长城饭店举行答谢宴会和记者招待会似乎已成为惯例。

三、盛大的集体婚礼

作为一家经常接待外国元首的豪华饭店,“长城”98%的客人是外宾。这在许多中国人心目中形成“长城是洋人出入的地方,中国人进不去”的误解。为了消除这种误解,公关部想出一个主意:举办一次集体婚礼,每个普通的北京市民都可以报名参加,还可以带上15名亲友。这条消息在《北京日报》登出后没几天,名额爆满,来电话者、登门询问者应接不暇,公关人员忙得不亦乐乎。当95对新婚夫妇和他们的1500名亲友步入长城饭店大厅时,通过中央电视台和北京电视台,亿万中国人收看到这一盛况。新婚夫妇们为在这里举行婚礼而倍感荣幸。自此以后,许多中国企业、政府机构、社会团体也在这里举办各种活动。长城饭店在中国人心目中变得更亲近了。

四、OK!外国记者俱乐部

长城饭店原来有个“商旅酒廊”,这个地方比较隐蔽,上座率不高。后来,公关部为加强同外国记者的联系,活跃他们的生活,也为了提高利用率,便改办为“外国记者俱乐部”,收到一举多得的效益。记者对长城饭店为他们创办的这个俱乐部非常满意。正像路透社驻京记者耿必儒先生所说的:“OK,好极了。首先我要感谢长城饭店为外国记者提供了一个交流信息和聚会的机会及场所,对于我们来说，是非常及时和必要的。在这个俱乐部，我们可以通过卫星传送并收看到当天美国及世界其他地方的新闻和动态，因而不再感到消息的闭塞。用你们中国的话说是：秀才不出门，全知天下事。另外，通过同行们的经常聚会，彼此建立联系和友谊。大家互相交流在中国的感受，向国外发送更多的消息。这个俱乐部还定期为我们举办各种活动，如请北京大学教授作专题报告、举办十三陵野外烧烤、昆明湖龙舟夜宴等。通过各种活动以及长城饭店的良好服务，得到休息和享受，使人感到宾至如归。”

另一次成功的活动是招待记者游览慕田峪长城。当慕田峪长城刚刚修复，准备开放之际，长城饭店不失时机地向慕田峪长城管理处提出：举办一次招待外国记者的活动，由长城饭店负担一切费用。这个要求对慕田峪长城管理处来说，是求之不得的，双方当然也很容易达成协议。记者游长城那天，长城饭店在慕田峪长城脚下准备了一批小毛驴，毛驴是中国古代传统的代步工具，既能人骑，也能驮东西。这次他们准备一批毛驴除供愿意骑的记者之外，主要用于驮饮料和食品。当记者们陆续来到山顶之际，主人从毛驴背上取下法国香槟酒，在长城上打开，供记者饮用。长城、毛驴、香槟、洋人，记者们觉得这个镜头对比太鲜明了，连呼“wonderful”，纷纷举起相机。照片发回编辑部，也使编辑们甚为动心。于是，第二天世界各地的许多报纸几乎都登出了慕田峪长城的照片。这一家以长城命名的饭店也随之名声大振。

除上述公关活动外，他们还经常派人出国举行厨师表演，宣传中国的食品，制作录像、幻灯片，并广泛收集世界各地饭店的信息为领导者作决策提供依据。“长城”的公关活动在中国公关史上留下了生动、成功的一页。“长城”的知名度，与他们公共关系战略密不可分。

案例思考：

1. 通过长城饭店的案例说明公共关系工作在企业经营管理中的重要作用。

2. 通过对此案例的分析，谈一谈你对公共关系的含义的理解。企业应如何营造正确的公共关系？

第二章　旅游公共关系主体

课前导读与体验

美国博雅公共关系有限公司

美国博雅公共关系有限公司成立于1953年，是全球领先的公共关系和公共事务公司。公司在广泛的公共关系、公共事务、广告及与网站相关的服务领域向客户提供战略思维和项目施行服务。公司的全球无缝网络由44个全资事务所及49个子事务所构成，在全球遍布6大洲57个国家开展业务，在全球拥有1600名专业员工。博雅公关公司隶属于Young & Rubicam Brands公司，是全球领先的通讯服务网络公司WPP集团（纳斯达克股票代码：WPPGY）的子公司。可以横向联结集团内姐妹公司的资源，满足客户的多元传播需求。

博雅公关也是最早进入中国的国际公关公司之一。1986年，博雅公关和新华社合作成立了中国第一家专业公关公司——中国环球公关公司。1992年，博雅在北京建立总部。目前，博雅中国通过其在大中华区内的北京、上海、广州和香港办事处，为客户提供公共关系与传播方面的全方位咨询和服务。

1985年，博雅公司在新华社的邀请下进入中国，成为最早进入中国市场的国际公关公司之一。今天，博雅在北京、上海、广州和成都四地拥有相当大规模的服务团队，通过电子网络和一致的服务理念，与博雅全球的专业传播顾问紧密合作，即时互动，共享知识、经验和资源。博雅中国汇聚了许多业内最成功的传播专家，将国际先进经验和对中国市场的了解充分结合起来。博雅为客户提供服务的传播咨询顾问们来自于政府机构、消费类产品营销、金融、高科技领域等多样专业背景，全心致力于帮助客户实现可衡量的传播目标和业务发展目标。

博雅协助客户在迅猛发展的中国市场上取得成功。博雅的客户覆盖能源、金融、银行、电信和 IT 、化工、零售以及快速消费品等主要行业，博雅的服务包括企业传播、企业战略定位、政府关系、媒体关系、争议问题管理和危机管理等领域。

博雅公关公司在北京、上海、广州和香港设有运营公司，为客户提供全方位的传播咨询和服务，其中包括：公共事务、B2B 市场营销、品牌管理、企业及财经传播、危机管理、潜在突发事件或有争议问题的管理、传播培训等。

博雅全心致力于了解我们的客户以及他们所在的行业。我们背景丰富的资源和不可匹敌的国际网络使我们能够给客户带来新的看法、创意和超值服务。

我们的客户会受益于博雅丰厚的传播资源、一流的技术和屡获业界最高奖项的专业人士的直接服务。

我们着重通过一系列传播咨询服务帮助客户实现可衡量的业务目标，包括：企业声誉管理、企业传播/财经传播（包括 B2B 传播、投资者关系、诉讼支持、企业并购及重组）、政府关系与公共政策、危机和争议问题管理、企业责任、CEO 定位、技术传播、行业分析师关系、医药健康传播、互动媒体、媒体关系及战略性媒体服务、营销传播及大型传播活动、传播培训。

资料来源：百度百科

【重点提示】

通过本章的学习，学生可了解旅游组织的构成、基本特征，理解旅游组织的公共关系目标，熟悉旅游组织公共关系机构设置模式，把握公共关系人员应具备的素质条件，能够把旅游组织公共关系人员素质要求与工作具体实践相结合，逐步形成从事旅游组织公关工作的实际能力。

旅游公共关系活动是由作为主体的旅游组织、作为客体的组织内外公众和作为中介的传播三要素构成的，是以经济活动为主的社会活动。在这三者之中，旅游组织是公共关系的主导性操作机构，一般情况下，在公共关系活动中居主动地位；内外公众是公共关系的对象，公共关系的主客体是同时并存、相互依赖的；传播是联结主体与客体的桥梁，三者相辅相成，是不可分割的整体。

第一节　旅游公共关系主体概述

在分析旅游公共关系行为主体时，首先要分析旅游组织自身的性质、类型、特点及与客体共处的社会环境。

一、旅游组织的构成

(一)旅游组织的类型

各种类型的旅游组织为旅游活动提供了基本的保证，是旅游业赖以存在和发展的支柱，也是旅游公共关系的行为主体。旅行社、饭店、旅游交通是旅游业的三大支柱，还有一些直接或间接的旅游组织。

1.旅行社

自从1841年世界第一家旅行社——托马斯·库克旅行社诞生，旅游成为世界性的社会活动以来，在旅游行业结构中，旅行社一直是旅游业的龙头行业，它对旅游行业中的其他行业组织起着强烈的带动或制约作用。旅行社的主要功能就是组合和销售旅游产品，即设计和出售旅游线路。旅游者在旅游过程中的食、住、行、游、购、娱等活动，多由旅行社进行组织和安排，从而使其他有关行业的旅游组织所提供的产品和服务为旅游者所消费。

2.饭店

饭店也称酒店、宾馆，饭店和旅社是旅游行业中的重要组成部分，其主要功能是为餐饮、住宿、娱乐和社会交往等提供条件，既满足旅游者物质上的需求，也能满足广泛的社会公众的精神和物质综合需求。旅游者旅游活动中的大部分时间都是在饭店度过的,饭店还成为社会各界经营活动和社交活动的主要场所之一。

3.旅游交通

从事旅游交通业的旅游组织较多,有航空、火车、轮船、汽车等行业组织。旅游交通客运是旅行和游览的必备条件,它贯穿于旅游活动的始终。旅游者出游时,首先要借助各种交通工具;到达旅游目的地后,也需要短途运输予以配合;离开旅游目的地还需要交通工具实现其空间转移。旅游交通运输的重要功能是为旅游者的聚散和空间位移提供手段和工具。

4.游览风景点(区)

景观是旅游者旅行的对象物,旅游景观包括自然景观和人文景观,相对集中的旅游景点组合成旅游区。游览景点(区)的主要功能是吸引旅游者,因此,旅游景观的数量、特色和知名度是旅游业发展的重要条件。遗址遗迹、建筑设施等是重要的人文景观,现代人注重参与性旅游,故一些应运而生的参与性工厂、旅游纪念品商店、农家乐也是此类旅游组织。

5.地方各级政府中的旅游局

地方各级政府中的旅游局本应属于旅游公共关系的政府公众,但是,旅游局在地域性的旅游资源规划和开发、旅游整体促销、旅游行业协调等旅游实际工作中发挥了巨大的公共关系作用。因此,在这个意义上,旅游局又可作为旅游公共关系主体。

6.旅游行业协会

为了提高行业产品质量,促进企业组织间的相互协调和保护本行业各组织的利益,我国成立了相应的旅游行业协会,全国性的旅游行业协会有中国旅游协会、中国旅游饭店协会、中国旅游车船协会和中国国内旅游协会;在一些地方,也成立了地方性的旅游行业协会。

旅游行业协会是介于政府和企业组织之间的民间社会团体,对外代表本行业的利益,其公共关系主要职能是协调本行业内部企业组织之间的关系、本行业与其他行业间的关系以及本行业与政府有关部门和相关政策之间的关系,从而为国家或地区旅游业的发展创造条件。

7.旅游业相关行业组织

旅游业还涉及许多其他相关行业,如娱乐业、康体业、商业、银行、保险、邮电等,它们在不同的领域和不同的方向向旅游者直接或间接地提供产品和服务。从广义的角度看,这些相关行业组织也是旅游组织。

【补充阅读】

五种主要旅游组织如下。

(1)住宿接待:饭店、宾馆、旅馆、度假村、青年旅舍、出租公寓别墅、乡村旅馆、野营营地、可供住宿的船坞等。

(2)旅游业务:旅游经营商、旅游批发商/经纪人、旅游零售代理商、会议安排组织商、预订服务代理商、奖励旅游安排代理商等。

(3)交通运输:航空公司、海运公司、铁路公司、公共/长途汽车、汽车公司、出租车公司等。

(4)游览场所:自然历史遗产游览点、国家公园、主题公园、野生动物园、博物馆、花园等。

(5)目的地组织:国家旅游组织(NTO)、地区/州旅游组织、地方旅游组织、旅游协会等。

(二)旅游组织的组织结构

我国旅游组织的组织结构一般说来包括以下三方面内容。

1.旅游企业规模结构

在旅游业的各种行业中,都存在着一些规模不等的大、中、小型组织。大、中、小型旅游组织的并存是一种客观的必然,也是旅游业的发展所必需的。大型企业规模大、投资多、设备全、接待的旅游者数量多、档次高,可以形成规模效益;中型企业投资相对少,设施和服务可能兼顾大众化;小型企业拾遗补漏,经营更加灵活,价格可以偏低,适合于支付能力低,要求方便实惠的旅游者的需要。保持一个合理的旅游企业组织规模结构,不仅可以提高旅游业的经济和社会效益,而且能满足不同类型的旅游者的需求,有利于旅游业的顺利发展。目前,我国已经有国旅集团、中旅集团、青旅集团、康辉集团、上海锦江饭店管理集团、东方酒店集团等旅游企业集团。旅游企业集团的形成有利于发挥群体优势和综合功能,有利于提高国际竞争力,有助于促进我国旅游组织结构的调整。

2.旅游企业经济所有制结构

随着改革开放的深入,国内旅游的发展,形成了多种经济所有制结构并存的结构,主要有全民所有制旅游组织、集体所有制旅游组织、外商独资旅游组织、中外合资合作旅游组织、股份制旅游组织、民营旅游组织等。不论何种所有制的旅游组织,在其所开展的旅游公共关系活动中,都是行为主体。

3.旅游企业内部组织结构

旅游企业组织的规模不同,或行业类型不同,或所有制性质不同,或经营方式不同,其内部的组织机构设置也会不同。在合资、合作、合营旅游企业中一般设董事会,董事会下设总经理、总经理下设各业务部门和职能部门,公共关系部通常是职能部门之一。规模大的旅游企业下设部门较多、分工较细,规模小的旅游企业则相反。不同行业类型、不同所有制性质的旅游企业，其内部组织结构不尽相同。是专门设公共关系部还是归属于其他部门，是专门公关人员多一些还是少一些或是兼任，各企业内部不尽相同。

二、旅游组织的基本特征

作为旅游公共关系主体的旅游组织，除了各种协会等行业组织外，基本上都是自主经营、自负盈亏的服务性企业组织。旅游组织的基本特征，从公共关系角度看有如下六点。

（一）营利性

无论是旅行社、饭店、旅游交通，还是游览景点、商场、康体娱乐场所，绝大部分的旅游组织都是营利性组织，它们通过向旅游消费者提供食、宿、行、游、购、娱等服务，取得经济效益。旅游组织不同于政府组织、社团组织、学术组织等非营利性组织，旅游组织只有获取了利润，才可能维持其自身的支出，进而扩大经营范围，扩大再生产，在取得经济效益的同时也取得社会效益，为社会作出贡献。营利性是旅游组织区别于其他非营利性组织的主要特征。

（二）竞争性

营利性的旅游组织在商品经济高度发展的当代，必然处在商品经济的浪潮之中。商品经济的主要特征是竞争，优胜劣汰是竞争发展的普遍规律，任何一家旅游组织都承受竞争的压力。旅游组织通过市场营销工作把竞争的压力转化为动力，市场营销是旅游组织必不可少的重要工作，只有旅游产品和服务被社会公众所承认和接受了，组织才可能有良好的经济效益。因此，旅游组织的公共关系活动必然要与市场营销密切配合，成为市场促销的手段之一。在旅游组织中与市场营销脱节的公共关系是没有生命力的。

（三）服务性

旅游组织是营利性组织，但与其他营利组织又有显著的区别，这一区别就体现在旅游组织的就是服务性方面。旅游组织是以提供服务设施、出售服务劳动而盈利的，虽然也有实物形态的产品，但这些产品也要通过服务来销售，实物是服务产品的载体。因此，旅游公共关系要在确保服务质量、形象塑造和全员公关上倍加注意。

1. 确保服务质量

旅游产品是有形和无形的统一体，但人们评价旅游产品的质量依据的是对服务过程和服务结果的满意程度。确保服务质量是确保旅游产品质量的根本所在，旅游公共关系部门要协助旅游组织管理部门，千方百计让旅游者满意。

2.形象塑造

影响旅游产品质量的还有旅游组织的形象。服务质量和知名度是组织形象的要素，除此以外，还有组织建筑外形、内部装饰、员工制服、员工精神面貌、产品包装等有形要素。如：长城饭店有位服务员在打扫房间时，对客人床头上摊放着的书，不挪动，也不信手将书合上，而是细心地夹进一张便笺，以起书签作用。事后，客人对此倍加称赞，并将此事告诉了同来的同事，以及她的朋友。细微之处，也为酒店树立了美好形象。

3.全员公关

旅游服务是通过员工直接向旅游者提供的，旅游服务的生产、销售和消费是同时同地产生和结束的，是员工和旅游者同时参与才能完成的。员工的一举一动都代表了组织，都是旅游组织形象的反映。因此，旅游组织必须对全体员工进行公共关系意识养成教育，使之能自觉遵循公共关系的原则和要求。

（四）复杂性

旅游组织为旅游者提供服务，但旅游组织不可能完全依靠自身的力量就可以做到做好。旅游组织必须直接或间接地依靠社会上的其他企业组织，如供应商、商业、邮电业、运输业、城市基础设施保障部门等，在这条相互配合、相互协调的链条上，任何一个环节出了差错，都可能导致旅游服务工作功亏一篑。另外，由于旅游需求具有可替代性，同行业的不同类型旅游组织既是合作者又是竞争者。因而，旅游组织的公共关系公众和各种公共关系就显示出了其复杂性。

（五）文化性

文化是由地域、民族、历史、政治所决定的人类知识、信仰和行为的整体，它包括语言、思想、信仰、风俗习惯、禁忌、法规、制度、工具、技术、艺术、礼仪、仪式及其他有关成分。旅游者都带有自身民族、地区的文化色彩，对异地文化的需求有两个方面：一是探求与自己永久居留地不同的文化；二是在某些方面又要求有适合自己习惯的文化。例如，欧美旅游者到中国来，他们既要了解中国，探求中国式的东方文化，同时在生活环境及设施方面他们又希望能有适合他们原生活环境的条件；他们在饮食方面也如此，中、晚餐他们喜欢用中式餐而早餐则喜欢用西餐。旅游组织正是为了满足宾客对文化的需求而营造自己的文化特色，比如酒店提供给宾客的产品既要使宾客深切地感到他们是身在中国，同时又要使他们感到在旅居生活中很多方面是那样的似曾相识，和家里一样，有一种亲切感和轻松感，从而油然而生“宾至如归”的感觉。

(六)协调性

旅游组织向旅游者提供的是旅居生活各方面的需求,它使旅游者在住、食、购、乐、游、公务、休闲、社交等方面的需求都能得到满足。比如,酒店在同一时间能提供满足宾客各种不同需要的产品,这些产品从形式上看是由前台各部门生产的,如客房部提供住宿服务、餐饮部提供饮食服务、康乐部提供休闲服务等。然而前台各部门都离不开后台部门的支持。后台供应的电、水、冷暖,财务部门的宾客账务处理,保安部门的安全保卫等也都直接成为酒店产品的组成部分,直接供宾客使用。于是,酒店的前后台也就有了密切的、广泛的联系,前后台之间、各部门之间也要经常协调双方的业务。

【重点提示】

旅游组织是以提供服务设施、出售服务产品而盈利的,即使实物形态的产品,也要通过服务来销售,服务性是旅游组织与其他营利组织的显著区别。因此,旅游公共关系要倍加注意确保服务质量、形象塑造和全员公关。

三、旅游组织与社会环境

社会是由千千万万个形形色色的组织组成的,旅游组织只是社会中的一个"细胞"。旅游组织所面临的社会环境一般是指国际环境、国内政治法律环境、国内经济环境、科学文化环境。

(一)社会环境的构成

1. 国际环境

国际政治经济形势、区域性战争、国际格局、国际市场变化、国际关系等,都可能影响到旅游组织,特别是涉外旅游组织。如 1997 年开始的东南亚金融危机,1998 年的全球性股市下跌与日元、卢布贬值,2001 年 9 月 11 日美国世界贸易大厦被恐怖分子劫机炸毁,2008 年美国次贷危机和全球石油危机,2009 年底开始的欧元危机,这些都对世界旅游业产生了巨大的影响,我国的旅游业也难免会受波及。

2. 科学文化环境

科学技术的迅猛发展大大提高了劳动生产力。一方面使人们有充裕的休闲时间和可支配的金钱;另一方面由于动车、高速公路和飞机的迅速发展,导致旅程的经济距离缩短,使人们可用于旅游的时间增多了。文化内涵的挖掘弘扬,使人们可以选择的旅游景点多了。而由于工作紧张竞争激烈,人们更需要放松缓解。这些都是直接促使人们产生旅游行为的原因。人们的思想观念、消费方式等随着社会的发展,以及道德风尚、价值取向、消费心理等的改变也形成对旅游组织产生影响的文化因素。

3. 国内政治法律环境

党和国家的方针、政策，政府（包括地方政府）颁布的法律、法规，对旅游组织也会产生不同程度的影响。如：党的十一届三中全会把“发展旅游业”作为一项重要的产业政策，“九五”计划把旅游业确定为“积极发展”的新兴产业，2009 年底，《国务院关于加快旅游业发展的意见》提出“把旅游业培育成国民经济的战略性支柱产业和人民群众更加满意的现代服务业”。有了这些方针政策，才有今天中国旅游发展的大好形势。再如，2008 年，我国开始小长假和黄金周相结合的新的节假日制度，休假制度的改变使民众出行旅游的模式也发生了转变。2008 年，台海两岸关系变暖，引发了内地游客赴台旅游的热潮。这些都会影响到旅游组织。2013 年 4 月，《中华人民共和国旅游法》通过，同年 10 月实施，中国旅游业从此步入法制化发展轨道。

4. 国内经济环境

国家生产力发展水平、宏观经济管理体制、经济发展趋势都会对旅游组织产生根本性的影响。如，中国公民出境游人次突破 1000 万经历了 17 年，实现第二个 1000 万人次经历了两年多；从 2002 年到 2011 年 10 年间，出境游人次由 1660 万增加到 7025 万，增长 323%；2012 年，中国以 8318 万人次的海外游客、1020 亿美元的旅游消费成为世界最大的旅游支出国和旅游客源国。2013 年，中国出境旅游 9439 人次，出境旅游消费 1176 亿美元，为世界旅游业的增长做出了 13%的贡献。这催生了许多从事出境游的旅游服务企业。2013 年，中国私人汽车保有量破亿，超日追美，异军突起的自驾游成了一支旅游主力军。

【补充阅读】

自驾车旅游属于自助旅游的一种类型，是有别于传统的集体参团旅游的一种新的旅游业态。自驾车旅游在选择对象、参与程序和体验自由方面给予了旅游者更大的伸缩空间，具有自由化与个性化、灵活性与舒适性、选择性与季节性等特点。随着我国国力的日渐强盛、人民生活水平的提高，曾经作为身份和财富象征的汽车，已经走入千家万户。自驾车旅游以其灵活自由的方式也因此成为现代都市人尤其是有车一族向往、热衷的一种旅游新时尚。活动范围大、涉及景点多、游客素质高、消费能力强是自驾游的主要特点。有组织的自驾游还具有强大的推广宣传功能，粘贴着统一标识的庞大车队有组织地行进，本身就是一道靓丽的风景线。如果能对自驾游这一形式加以合理的利用，在饱览祖国大好河山的同时再加上商务考察、公益环保、爱心捐赠等主题，配合随队的各种媒体进行广泛的宣传报道,势必对当地的旅游产业和经济发展产生极为积极的影响。自驾车旅游已经引起业界和社会的普遍关注,也成为各大景区争夺的"重点对象"。

转引自:榆林学院李发智《自驾旅游发展研究》

(二)社会环境与旅游组织的关系

1. 旅游组织必须依赖社会环境

旅游需求决定旅游供给,这是旅游经济学的基本原理。满足社会公众、广大旅游者的需要,就是旅游组织的主导目标。旅游组织只有顺应社会环境提供适销对路的旅游产品,才能生存发展。同样,如果旅游供给量大过需求,旅游产品不能销售也不能储存,旅游组织投入大于产出,其生存发展也要受影响。社会环境是旅游组织赖以生存的条件。

2. 旅游组织必须适应社会环境的变化

旅游的供需是一对变化发展的矛盾。旅游需求必然随着社会环境各种因素的变化而变化,有时会有局部性改变,也会有周期性的大改变,新的旅游需求不断涌现,旧的旅游需求改变形式和内容,旅游组织如果不能适应这个变化,提供新的旅游服务和产品,就不能在商品经济社会生存,更谈不上发展了。

3. 旅游组织可以在一定条件下影响和改变社会环境

虽然旅游需求决定了旅游供给,但是旅游组织不应消极地完全受制于社会环境。旅游组织如果能科学地监测环境、掌握信息,就可以在一定程度上把握时代潮流,把具有前瞻性的新的旅游产品精心包装,适时推出;免费向公众提供消费教育,消费培训,消费咨询,从而引导新的旅游需求,促使新的旅游需求提前产生,旅游组织也获得新的活力。

第二节　旅游公共关系主体的工作目标

现代社会是一个由相互作用和相互依赖的若干个社会组织组成的有机整体,是一个系统。在这个社会系统里,各个子系统即各个社会组织有着各自明确的社会分工,旅游组织是因适应现代社会分工的需要而建立起来的社会机构之一。在社会系统里,社会组织在各自的职责范围内,完成社会赋予的分工任务,这个组织才能获得其他社会组织和社会的各种支持,方可得以生存发展。社会组织所要完成的社会分工的任务就构成了社会组织的工作目标。所谓组织的生存发展,实际上就是组织目标能不能顺利实现的问题。

一、旅游组织的工作总目标和公共关系目标

（一）旅游组织的工作总目标

社会组织存在方式是该组织的运行，旅游组织只有通过运行才能达到工作目标。中国旅游组织的总目标是走有中国社会主义特色的旅游发展道路。

旅游组织不是存在于真空中的单一实体，而是存在于社会文化环境之中的。从根本意义上说，旅游组织是社会环境在一定阶段里的产物，社会为旅游组织提供物质资源、人力资源和信息资源，经济文化环境对旅游组织又提出旅游产品和服务的需求，政治法律环境既保护旅游组织又对其制约。旅游组织要想适应这种环境，制定工作总目标就必须以满足社会环境的需要和要求为基本原则，从而保证旅游组织在社会环境中的必要性和合法性。

1. 旅游组织的工作总目标

旅游组织的工作总目标包含社会、组织及其成员三者的利益。旅游组织是社会环境的产物，旅游组织的运行是社会环境决定的，但是旅游组织也反作用于社会环境，即在适应社会环境的过程中同时改变环境，在改变社会环境的同时发展组织。事实上，只有做到了同时改变环境也才能真正做到满足社会需要，这是旅游组织发展的根本原因和根本动力。在旅游组织的工作总目标中，社会和组织的利益在本质上是一致的。

旅游组织的工作总目标满足环境的需要，还具体反映在制定目标必须考虑组织内部成员的需求。当组织目标和成员个人目标一致时，成员个人的工作才能保证组织目标的实现。从另一角度看，组织内部成员首先是社会环境的成员，他们同社会环境有各种直接和间接的联系，组织内部成员的需求得到了满足，增强了社会安定，也就从深层次满足了社会环境的需要。因此说，旅游组织工作总目标包含了社会、组织及其成员三者的利益。

2. 旅游组织工作总目标的构成

旅游组织工作总目标包含了社会、组织及其成员三者的利益。旅游组织工作总目标又不等同于社会环境或组织内部成员的目标。旅游组织自身还有不同于环境需求和内部成员需求的特殊需求，这些特殊需求保证组织自身的生存、运转和发展。旅游组织工作总目标包括以下几个方面。

(1)市场目标。由于旅游产品的无形性和不可储存性等特点，旅游组织对市场的依赖性比其他行业更强；而由于旅游需求的变化性、可替代性很高，这个市场又是比较脆弱、易波动的。旅游组织必须把握住市场机会，争取到足够的市场份额，维护和提高市场占有率，才能求得生存和发展。

(2)发展目标。旅游组织能否在市场竞争中求得发展，归根到底取决于旅游产品和旅游服务的质量。旅游组织必须加强人才培养，提高人员素质，提高服务质量，以顾客为中心，以市场为导向，以信誉赢得顾客。

到目前为止，旅游还只是一种非生活必需的行为，其需求弹性大，因而旅游市场的发展潜力也大，旅游组织要加强对市场的监测、调查和预测，克服短期行为，注重市场开拓，把明确的战略目标和灵活的策略运用有机地协调统一起来，在竞争中不断提高经营管理水平，使组织获得长期稳定的发展。

(3)利益目标。旅游组织在市场运营中的各种经济指标，包括如营业额、利润率、税赋上缴率、员工薪资、福利、社会保险等体现组织经营状况和反映员工经济待遇的各种指标。

以上三种目标分别体现了社会需求、组织需求和组织内部成员需求。旅游组织工作的总目标是三种目标、三种需求的有机统一。

(二)旅游组织的公共关系目标

旅游组织的工作总目标只有在运行过程中才能实现。旅游组织在运行过程中必然要与社会环境的种种因素发生相互关系，这些因素不外乎是物的因素、人的因素和信息。旅游公共关系的着重点是协助处理好人的关系及信息传播。

旅游组织的工作总目标是其生存的根本原因，组织内所有部门、所有成员的所有工作，都必须围绕总目标、服从总目标而开展。公共关系可能在总目标开展的某个阶段显得至关重要，但其从属地位是无法变更的。旅游公共关系是旅游组织在完成工作总目标过程中派生出来的目标，它必须服从和服务于总目标。在与总目标相一致的前提下，依据不同的分类标准，旅游公共关系可以建成不同的目标体系。

【重点提示】

旅游公共关系是从属目标。公共关系必须服从和服务于组织工作的总目标，但这不等于说公共关系是可有可无的。公共关系可能在总目标开展的某个阶段是至关重要的。

1. 战略目标和战术目标

按照目标的性质不同，旅游组织的公共关系目标可划分为战略目标和战术目标。

(1)战略目标。战略目标也被称为公共关系的广义工作目标。这是与旅游组织的根本利益、整体形象相关的重大长远目标。战略目标的实现就是为旅游组织创造最佳的内外环境，组织良好的社会形象。战略目标一般说没有明确的实现时限，也没有明确的完成标准，它只是组织内公共关系部工作的方向。

战略性公共公关目标可分为适应性公关目标和控制性公关目标。适应性公关目标指旅游组织对社会环境各种因素的适应性活动方向；控制性公关目标则指旅游组织在对环境适应过程中对环境的能动的反作用的努力方向。

(2)战术目标。战术目标也称公共关系狭义的工作目标，这是根据旅游组织公共关系的具体情况而开展的活动所追求的目的。根据其行为和态度指向分别是内部公众或外部公众，可分为内向公关目标或外向公关目标。

由于各旅游组织的情况不同，同一组织在不同时期、不同发展阶段的工作重点也不同，所以旅游公共关系的战术目标就各不相同。根据组织所处的社会环境状况所制定的战术目标可分为防御性公关目标和进攻性公关目标。当旅游组织所处的环境发生突然变化，需要制定维护或恢复组织形象的防御性公关目标，而进攻性公关目标则是组织为提高声誉、美化形象而制定的主动性公关活动的目标。

2. 长远目标、中程目标、短期目标和具体工作目标

按照目标的时限不同，旅游组织的公共关系目标可划分为长远目标、中程目标、短期目标和具体工作目标。

(1)长远目标。长远目标即战略目标，是一个方向性的奋斗目标。长远目标有相对稳定性，不能随意变更。

(2)中程目标。长远目标可操作性不强，把旅游公共关系长远目标所提出的基本任务具体化分解即是中程目标。旅游组织依据中程目标指导和开展其公共关系工作。

(3)短期目标。短期目标即公共关系部门年度计划预定的工作目标。短期目标把旅游组织工作总目标的有关任务落实到公共关系活动计划上，落实到每一个人身上，并且对时限、职权、效果有明确的规定。

(4)具体工作目标。这是为专项公共关系活动而制定的目标。旅游组织会大量地、经常地进行某一专题或专项公共关系活动，参与活动的专业公共人员或一般员工为完成具体目标而工作。

二、旅游组织形象塑造

旅游组织为达到工作总目标，必须不停地运行，不断地保持和改善同社会环境各因素的关系。在运行过程中，旅游组织自身的形象也会随之发生变化。公共关系目标就是在这个过程中追求组织形象的塑造和完善。

(一)旅游组织形象的分类

旅游组织形象可以从不同的角度进行分类。

1. 总体形象和要素形象

按组织形象的内容的不同,旅游组织形象可划分为总体形象和要素形象。

(1)总体形象。总体形象是一个抽象概念,它是众多要素形象的总和。一般用知名度和美誉度来衡量旅游组织的总体形象完善程度。组织形象的良好与否对旅游组织是生死攸关的大事,旅游组织形象的塑造、完善和维护是本书探讨的重点。

(2)要素形象。影响一个组织形象的因素是多方面的,可以将旅游组织的总体形象分解为诸多要素形象。要素形象是具体的,各种要素形象对总体形象共同起作用,因而才形成公众对组织的总体评价,但是公众也往往从个别的要素形象"以偏概全",形成对组织的印象。对不少旅游者来说,是第一次与旅游组织交往,更容易形成好或不好的第一印象。所以,旅游公共关系不应忽略任何"细节",任何一个要素形象不佳,都会对总体形象产生不良影响;反之,要素形象也往往成为旅游组织改善总体形象的突破口。如:香港半岛酒店有 340 间客房,当客人来到这家酒店时,服务员会及时送上一杯中国茶;客人没有放到柜内的皮鞋,服务员会主动给皮鞋擦油并放入柜内;有下雨的征兆时,服务员会把雨伞送到客房;客人可以要求住没有烟味的房间等。

2. 实际形象和期望形象

组织形象按现实性的不同,可以划分为实际形象和期望形象。

(1)实际形象。旅游组织客观的形象被大多数公众所普遍认同,也就是其实际形象。实际形象可用一定测量方法获取,可用定量定性的方式表述,如在直角坐标系里用知名度和美誉度两个维度反映组织实际的总体形象。实际形象是组织当前现状的科学反映,因而成为组织形象塑造的起点。

(2)期望形象。顾名思义,期望形象就是旅游组织期望在公众心目中树立的形象,这是旅游组织改善自己形象的奋斗目标和努力方向。

3. 一致性形象和不一致形象

组织形象按印象和现实是否吻合,可以划分为一致性形象和不一致形象。

(1)一致性形象。旅游组织的形象与现实之间吻合一致,是公众心目中的组织真实形象,这种一致性形象如果是良好的,当然是组织追求的,如果不是好的,则组织要打破一致,寻求新的良好的一致。

(2)不一致形象。旅游组织的形象与现实之间的不吻合不一致,不一定形成虚假形象。现实良好而形象不好,需要公共关系改善与公众的沟通,重新确立一致性形象;现实不好而形象尚好的虚假的不一致性形象,最终会败露,失去公众。但是,旅游组织公共关系可以针对组织的实际形象,在追求期望形象的工作过程中，切合实际而又发挥主观能动性，大胆谨慎地制造组织形象大于组织现实，以期促进两者在高层次上再次吻合，真正树立起组织良好的形象。

4.有形形象和无形形象

组织形象按可见性的不同，可以划分为有形形象和无形形象。

(1)有形形象。公众凭感觉器官可直接感受到的与旅游组织有关的所有实体，都是组织的有形形象。有形形象由四部分构成。

①旅游组织人员形象。旅游组织人员形象又可分为领导者形象，包括领导者的资历、才能、品格、作风、外貌等；公共关系人员形象，包括其个性、素质、品德、能力、风度等；员工形象，包括其服务态度、工作水平、道德修养、文化程度等。员工形象是旅游组织最重要的要素之一。

②旅游组织的产品和服务形象。产品和服务的形象最直观，与组织的基本公众——旅游消费者的关系最密切，因而最能影响旅游组织的形象。如北京圆山大酒店以微笑服务树立起自己的品牌。圆山大酒店的300名员工都经过严格的训练，友善亲切的微笑是该酒店最突出的特点，只要你进入酒店，你就会从每个员工亲切的微笑中感受到一种家的温暖。正因为这个特点，它多次被北京市政府指定为国际重要会议的定点餐饮住宿点，并获得入住者的好评。

③旅游组织的管理形象。现代旅游组织是由各个相互关联的部门组成的系统，各个子系统及相互间运行正常，整体就大于局部的总和，组织就产生良好的效益，管理形象印证了组织的形象。

【补充阅读】

在旅游组织的管理形象方面，公关人员主要应关注：管理者决策是否正确，是否符合市场发展的规律；目标是否符合实际情况；决策方案有无创新，是否满足了员工的理想和需要；选才、用才标准是否符合现代旅游企业管理对人员素质的要求；管理者是否具有科学态度、创新精神、开拓意识和民主作风等。

④旅游组织的实力形象。组织的实力一方面反映在其建筑、设备设施上，另一方面反映在员工的待遇和福利上，这是组织形象塑造的物质基础。如北京的明苑宾馆，其外观是典型的明代装潢风格，黄砖红墙琉璃瓦、水谢楼阁和亭台，一副皇家气派。鲜明的形象特色，与长城、十三陵交相辉映，形成了中华民族古文化的氛围，深刻地影响着游客的心境与情绪。

(2)无形形象。公众从多角度、多方面感受到组织的有形形象，经过思维对表象的分析归纳，在大脑中形成抽象的形象。因而，无形形象能更深刻更本质地反映旅游组织。无形形象包括：组织的信誉、组织成员的精神面貌、组织文化和经营风格等。

（二）旅游组织形象塑造的起点——公共关系调查

旅游组织在确定公共关系目标、编制公共关系活动计划时，要从调查组织的公共关系状态着手，才能保证公共关系目标的正确性，保证公共关系计划的科学性，使组织的公共关系活动符合公众的客观要求，保证组织公共关系的效果。

1. 旅游组织公共关系调查的内容

旅游组织的公共关系状态包括内部公共关系状态、外部公共关系状态以及所处的社会环境三个部分，这也是公共关系调查的基本内容。

(1)旅游组织内部公共关系状态调查。这部分调查内容有两方面。

①组织的整体形象调查。组织的整体形象调查包括组织的经营运作状况及公共关系在其中所起的作用，组织的有形形象，组织的无形形象，包括无形资产。

②组织成员形象调查。组织成员形象调查包括总经理等领导者形象、公关人员形象、员工形象及个体与群体的典型形象。

(2)旅游组织外部公共关系状态调查。外部公共关系调查在于收集外部公众的信息，测定旅游组织在他们中的形象，同时也了解公众对组织的需求。这部分调查内容有四方面。

①组织知名度的调查。

②组织美誉度的调查。

③公众对旅游组织的支持情况调查。这部分内容与知名度，特别与美誉度密切相关，包括该旅游组织与协作性同行业组织之间的关系，是核心型组织或是一般互利型组织；旅游消费者数量的增长趋势；组织公关活动中公众受邀参加比例；组织发布的信息是否吸引公众兴趣；组织发行的股票或债券是否受公众欢迎；新开发的旅游产品是否受公众欣赏等。

④同行业同类产品或可替代产品竞争情况调查。这部分内容包括：同类产品中于己有利、于己不利的各种情况，可替代产品销售的变动情况，同行组织在营销和公共关系活动的情况等。

(3)社会环境调查。这部分调查内容在第一章第四节已有论述。

【重点提示】

公共关系调查是旅游组织形象塑造的起点，是公共关系工作必不可少的一环。旅游组织要开展行之有效的公共关系工作，必须及时、准确、充分掌握信息，这就需要通过调查，了解有关公众的观点、态度和反映，从中找出问题，进而制订出切合实际的公共关系活动的计划和方案。

2. 调查方案的制定

公关调查可运用问卷法、访谈法和引证分析法来进行，也可把问卷法与访谈法相结合进行。引证分析法相当于已介绍过的文献资料法。故这里所谈的公关调查基本是采用问卷法,具体介绍的也是问卷法。

在明确了上述调查基本内容后,可根据旅游组织当前形象塑造的实际需要,选取某一方面或某几方面的内容,制定调查方案。

(1)确定调查对象。由于人力、物力、时间等问题,不可能对所有对象进行调查,而调查的结论又可以推及"总体"。抽取的样本要注意其全面性、客观性和代表性,才能使定量化的结论具有科学性。例如,某一地区进行旅游开发,调查对象至少要有本地区和周边地区的社会各界不同年龄段、不同职业、不等的经济收入的人群等,还要有更远的外地来客。

(2)选择调查范围。选择的范围与抽样密切相关,所有调查对象从理论角度讲都应列入选择范围,但是否事实上作为"样本"则是偶然的。从总体中抽样,可根据不同情况采用下列一种或几种共用的方法。

①随机抽样。把一定范围的调查对象编上号码,随机地抽取一些号码作为样本。如采用计算机抽样,更能保证"随机性",而非"随意性"。

②系统抽样。这是按某种规律顺序抽样的方法,即在调查对象排列序号中,从某一序号开始,每隔一定顺序间隔抽取样本。这个序号排列本身必须是无序性,方可保证系统抽样的可靠性。

③分层抽样。先把调查对象按一定的特征分类,然后在每一层次上抽样。分层抽样还可以在两个或更多的分层上进行,使样本的代表性更强,可靠性更高。但其耗费时间和人力也多。

④聚类抽样。先把调查对象总体按某种分布规律分组,然后用随机抽样抽取若干组,这些组的全体成员就是样本。例如调查公众对开发旅游的态度,社会上已形成的工厂、街道、机关、乡镇、学校就已形成天然分组,再从中随机抽取某单位调查。这种方法较省力省时,但应避免"类"别雷同而失去代表性。

(3)明确测量方式。将某一概念或某一组概念在调查中向被调查者表示,将取得的反映结果予以评判,就称为测量。测量方式有定性测量和定量测量两种。

①定性测量。定性测量是用两个或几个对立概念将某个问题或某个问题的态度区别开。定性测量所列要领必须能穷尽一切可能,也就是要有包容性,如性别中的男或女;在无法包容的情况下,可加上第三种,如"其他"、"说不上"、"一般"或"另加说明",如对开发旅游的态度是"支持"或"反对",可加上"无所谓"选项。定性测量中还要注意选项的排他性,即非此即彼,两个对立概念之间不能交叉,被调查者只能选取一个答案。

②定量测量。定量测量是用数量关系来表示概念之间的区别。具体的又可

有定序、定距和定比率三种方式。

把概念按重要性的顺序排列叫定序法。例如问:"假日里您最喜欢的活动是什么?"列出6种选择答案:"看书报"、"做家务"、"旅游"、"串门做客"、"健身"、"看电视"。让被测试者按自己的喜爱程序分别标上1~6序号。统计后,就可知道,人们在假日里对旅游的态度。

用不同的数字距离表示答案。例如问:"您到××景点旅游,除观光开支外,购物开支是:100元以内,100~200元,200~300元,300元以上。"定距划分区段,便于统计、定量分析。

定比率法统计结果可直观地表现在"比率数轴"上,但在向被试者调查时往往采用"语义差别法",便于答问。例如,对旅游组织形象进行调查的要素是正直、效率、诚恳、创新、名气等,用语言把这些因素的不同程序区别开,可以有三分法、五分法、七分法等。如用七分法对"饭店总经理名气"分成:非常有名气、相当有名气、稍微有名气、名气一般、稍微没名气、相当没名气、非常没名气,让被试者在语意标准之间进行选择。对答案进行统计,计算各个档次中选择人数在总体中的百分比,列成表就可获取直观的形象资料。把语义差别中的档次数字化,如用0~7分成七个数字档次表示,就可制成单要素比率数轴。如果多个要素比率数轴一齐显示,连结各数轴的比率点,形成的曲线就是"组织形象内容间隔图",从中就可看到组织的形象了。

(4)设计问卷。问卷是以提问的方式表述调查者意向的书面材料。调查者常用这种可控制的测量法搜集到可靠的资料,问卷的内容有三部分。

①对调查的简要说明。问卷是请被调查者合作完成的,被调查者的合作态度对调查结果直接起作用。因此,问卷起始应让被试者了解他所做的工作的性质、目的,有必要向被试者作出保密、不公布被试的个人选择情况等承诺。

②对如何回答问题进行指导。问卷大部分是选择题,应对答题符号做出统一规定。必要时应就答题方式列出例题作示范。

这两部分内容实际上是一起出现在问卷卷首的。如下。

"朋友:您好!

非常感谢您在百忙中挤出时间填写我们的问卷,协助我们了解您对本饭店的看法。请您在合您心意的答案号码上打上"√"的记号,或在"______________"内填写合适的内容。

谢谢您真诚的合作!"

③问题的陈述与排列次序。问题的陈述在"定性测量"中已经涉及,即语言要具体、明确,不产生歧义。除问题陈述外,编排问题的次序也很重要。排列问

题次序时应注意如下问题。

容易回答的问题置于最前面。问卷上的第一个问题应该是一件事实，一件不假思索就可轻松回答的事实，而不是一种看法。

前面的问题要为后面的问题提供必要的信息，而不能影响对后面问题的准确回答。如要问对某地旅游的看法，首先要问他最近有没有到过此地旅游。

敏感性、开放性的问题放在问卷后面。因为此类问题有的人会因反感或不耐烦而不填写，但前面的信息已经保留住了。对敏感性问题，应换个提问角度，避免让被试者作正面回答。

问题要按一定的逻辑次序排列。逻辑跳跃过大的问卷，会导致被试者草率应付。

问题不能带诱导性。问题不用“您很喜欢××大酒店，不是吗？”的提问方式，也不引用权威的话提问。

问题要尽量简化。一个陈述只包含一个问题。尽量使问题陈述呈封闭性，让被试者从给出的答案中选择。

问卷全卷应设计为一般人半小时内可完成为最佳。

3. 问卷资料的发送回收和整理分析

(1)问卷的发送和回收。发送问卷有两种形式：寄发和分发。寄发即通过邮寄，让被试者自行答毕寄回。分发可有多种具体做法：可取得有关社会组织支持，集中抽样，请被试者当场作答；可一一走访被试者，将问卷留下，过一段时间后回收；也可以结合访谈，由受过训练的调查人员走访被试者，向被试者提问，记下答案；结合访谈法亦可以演变成电话访谈，也有同样效果。问卷的回收率是调查的根本保证，过低的回收率就失去了样本的代表性。对于回收率，理论上讲，是越高越好，但是100％的可能性几乎达不到，权威人士认为，60％～70％的回收率已是相当成功的了。为提高回收率，要有一定的措施，如寄发应直接寄给收件人，附上回邮邮资，有必要或可能的话，也可以将问卷编号，声明寄回问卷者，有获奖机会；分发问卷，可给点小礼品，例如一支圆珠笔。

(2)问卷的整理分析。回收的问卷包含着大量的信息，应及时整理。整理包括对不符合标准的问卷的剔出和对调查数据的整理。

①剔除不符合标准的问卷。由于沟通过程中不可避免的种种原因，可能造成回收的问卷有的缺页，有的大量空白不填或可信度低(从排他性强答案的胡乱选择可看出)等，把不符合标准的问卷挑出来，无法补救的就作为废卷，不作统计处理。

②数据整理分析。问卷回收的同时，即是资料分析的开始。统计分析最方

便、最实用的是百分比分析手段,将问卷答案分别在计算机登录后,用百分比率描述出各种选择(包括放弃和无选择)的分布状况,从而反映出样本中被试者对某一问题反映的集中趋势。分析角度不同、百分比率也不同,如:以旅游组织名称为尺度,该组织的知名度最高;随着要求公众了解的内容增多,知名度就必然降低。因此,要根据不同的情况,提取分析结果。还要运用数理统计技术,对资料进行深层发掘。

通过对问卷的整理分析,发现被调查公众的态度的规律性东西,在此基础上撰写调查报告,完成问卷调查整个过程,调查报告既可为公共关系的工作目标指出方向、途径,也可为旅游组织的总目标的调整、修正提供新的思路。

【补充阅读】

公共关系调查应贯穿于旅游组织公共关系活动的全过程。如新加坡"世纪村"喜来登酒店,公共关系部经理每天上班后的第一件事,就是翻阅浏览当日的所有报刊杂志,凡是与酒店经营管理有关的信息,哪怕是一条短讯,也要做上记号交由秘书分类剪辑复印后交送有关部门。公关部经理善于广交朋友,各报刊杂志的编辑,电台、电视台的记者和各广告公司的经理都是公关部经理的交友对象,并经常举办各种类型的鸡尾酒会、冷餐会,获得大量信息的同时有目的地向外发布各种消息,帮助酒店在公众中树立良好形象。

第三节　旅游组织公共关系机构和人员

机构设置是目标实现的组织保证,旅游组织要实现自己的总目标和公共关系目标,必须设立专门的公共关系机构,配备专职的公共关系人员。专门的公关机构能确保旅游组织的公共关系工作更有预见性和计划性,更加经常化和职能化。由于公共关系工作是一项专业性、科学性、艺术性都很强的工作,因而对从事工作的各层次人员的素质都有较高的要求。本节对构成旅游公共关系主体的组织机构和各类人员进行讨论。

一、旅游组织公共关系机构

旅游组织内部的公共关系机构是指内部专门从事公共关系工作的公关部门,如公共关系部、公共关系科或公共关系室等。

(一)旅游组织设置公共关系机构的必要性

事实证明,公共关系机构的活动具有旅游组织其他部门所不能替代的重要作用,具体表现在以下几个方面。

1. 适应旅游组织外部环境

现代社会,以系统观点看,是一个由多个相互联系的系统组成的大系统,一个社会组织就是一个有多层次结构的系统。旅游组织要在现代社会经济环境中生存发展,就要处理好与这个大系统中的其他社会组织的关系,如,不同旅游组织之间,旅游组织同代理商、供应商、银行等之间的经济关系,旅游组织同政府、新闻机构、社区等之间的非经济关系。旅游组织面临大量且多样的外部公众,如果没有专门的公共关系机构来处理这些复杂多样的公共关系,而是由旅游组织内其他职能部门分别处理,各部门就会从自己职能角度理解问题,这样往往会使有的公共关系活动项目重复进行,而有的项目则被冷落,同时还可能造成各职能部门各自为政的局面。

因此,在现代旅游经营管理中,为适应外部环境,旅游组织需要设置公共关系机构,来全面协调和处理组织对外公关事务;公共关系机构的设置也完善了组织内部结构,使旅游组织这个系统最优化,为全面实现旅游组织的总目标准备了先决条件。公共关系机构在提高旅游组织的知名度,塑造组织的良好形象,采集信息,监测环境,帮助和参与组织经营管理决策等方面都起到了十分重要的作用。

2. 适应旅游组织内部环境

在旅游组织这个系统中,有若干个子系统,子系统的性能以及各子系统的联系方式对于整个系统的功能有根本性的影响。旅游组织的系统最优化需要作为要素子系统的公共关系机构在系统内部改善各子系统的联系方式,即协调处理员工之间、员工与领导之间、部门与部门之间、部门与组织之间等的关系,使各子系统、各组织成员的团队意识、整体意识、形象意识、协调意识得以强化,使旅游组织整个系统的功能得到增强。这是提高旅游组织的经济效益、完善组织的规范管理,使之具备竞争中生存发展能力的基本保证。

3. 旅游组织公共关系机构设置的原则

旅游组织公共关系机构的设置,一般要遵循专业性、协调性、权威性、服务性和适应性的原则。

(1)专业性。旅游组织公共关系机构是贯彻旅游组织公关思想、实现旅游组织公关目标的专业性机构。因此,必须从组织上和工作内容上保证其专业化性质。首先,旅游组织公关人员,必须由受过专业训练的人员来担任,一个由公关专职人员组建的工作班子,是旅游组织公共关系机构有效运转的基础。其次,旅游组织公共关系机构一定要从事与实现旅游组织公关目标有关的活动或事务,不能把公关部当作“办公室”、“销售部”、“接待部”,要体现公关部的专业性质。

(2)协调性。旅游组织公关工作是一项整体性工作,实现公关目标要靠旅游组织各个部门的相互配合、共同努力,公关部在其中起重要的协调、组织和沟通作用。因此,公关部必须与组织各部门保持密切、良好的工作关系,依靠各部门的相互配合,来实现旅游组织的公关目标。要选择熟悉旅游组织各部门业务和情况的人员组建公关部,才能在组织上保证这种协调性。

(3)权威性。公关部是旅游组织的参谋部、智囊团,因此要使公关部具有一定的权威性。公关部的负责人,应有直接向旅游组织决策层汇报情况、提出建议和参与决策的权利。旅游组织公关人员可以作为本组织领导的发言人,代表组织对外发布消息、处理问题。

(4)服务性。旅游组织公共关系机构的主要工作,是为了实现组织的公关目标,为组织创造良好的经济效益和社会整体效益服务的。所以,公关部既不是领导部门,也不是直接的经营部门,而是具有服务性质的高层次经营管理部门。

(5)适应性。旅游组织客观上存在着规模大小、星级高低、所有制性质也不相同和经营范围存在涉外和对内的不同情况,因此旅游组织公共关系机构的设置要与本组织的实际情况相适应,这样,组织的公关工作才更实用、更有效。

(二)旅游组织公共关系机构的组织地位

1.旅游组织机构设置中的公共关系机构

一个组织内部的公共关系机构处在组织结构的什么地位上,是一个很重要的问题,它直接关系到公共关系机构能否正常有效地开展工作。公共关系部门与旅游组织的其他部门一样,有着自己的工作内容和职责范围。由于公共关系机构的主要工作是代表旅游组织与其外部公众及内部公众协调关系,为组织的生存和发展创造一个良好的环境,组织的公共关系活动处于最佳状态,组织也就必然取得最佳的经济效益和社会效益。因此,公共关系机构是旅游组织内一个特殊又重要的职能部门。这种重要的组织地位,从一些较大型的旅游组织的机构设置模式可以看出,如图 2-1 所示。

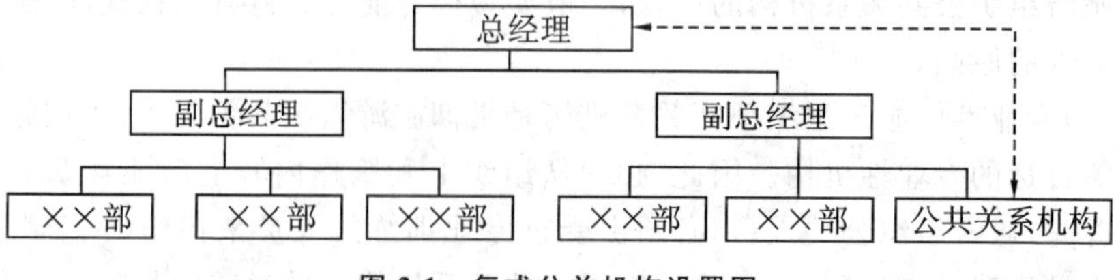

图 2-1 复式公关机构设置图

从图 2-1 可以看出,在旅游组织中,总经理下属有两名或几名副总经理,其中一名副总经理分工主管包括公共关系机构在内的几个职能部门。在一般情况下，公共关系机构负责人向主管副总经理汇报，接受副总经理指示；在特殊情况下，总经理与公关机构可以直接沟通。另有两种机构设置模式，公共关系机构在旅游组织中的地位更显突出，如图 2-2、图 2-3 所示。

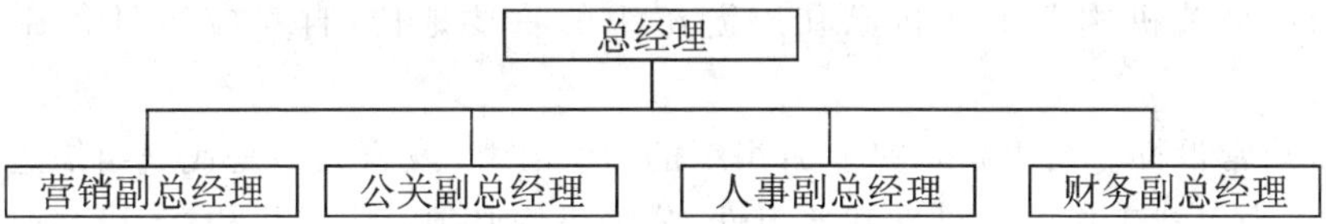

图 2-2　直线式公关机构设置图

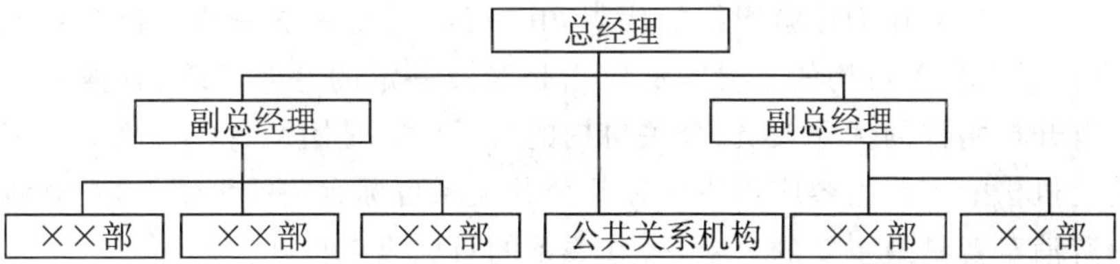

图 2-3　并列式公关机构设置图

在图 2-2 模式中，组织中的公共关系机构是由一名副总经理主持工作的，也就是说，公共关系机构负责人直接参与了旅游组织的决策。

在图 2-3 模式中，公共关系机构虽然同其他部门一样同属于旅游组织中的职能部门，但是它却直属于总经理领导，这种模式充分显示了公共关系机构在组织中的非同小可的地位。但是，非十分必要，旅游组织一般不采用这种模式而用图 2-1 所示的模式，因为总经理要把主要精力用于总目标的实现，而不在从属目标的公共关系上分散精力。

2. 公共关系机构组织地位的确定要素

公共关系机构组织地位的确定要素主要包括以下两方面内容。

(1)公共关系机构必须拥有一定的职权。公共关系机构在组织中的重要位置不是靠人为就可以确立的，它还要靠公共关系机构在工作中的绩效来实现。“名不正则言不顺，言不顺则事不立”，公共关系机构必须拥有一定的职权，拥有帮助公众解决问题的职权。公共关系机构人员，特别是公关经理往往成为旅游组织的“发言人”，成为总经理的“全权代表”，因而，组织内外的公众都确信公共关系机构的权威性。

(2)公共关系机构与旅游组织决策层要有通畅的沟通渠道。通畅的沟通渠道保证公关机构能经常地、顺利地、有效地同决策层互通信息，一方面向决策层反馈环境信息，提出咨询建议；另一方面根据决策层的决策、批示开展公共关系工作。保持通畅的沟通渠道除了上面三种组织机构模式所表现的组织保证外，还有定期汇报的例会制度和定期(或及时)的报告、请示制度等形式。

3.确保在组织中的地位，公关机构应具备的条件

旅游组织中设置公共关系机构，是因为组织的特定环境和任务所决定的，换句话说，公关机构要确保自己在旅游组织的重要地位，自身应当具备充分的条件。

(1)常设性。公关机构是旅游组织的“代表”和“发言人”，是代表组织进行工作的。为保持工作的一贯性和严肃性，公关机构必须是常设机构，不可临时急抽调人搭班子，过了河就拆桥。

(2)专业性。作为旅游组织的代表，其一言一行、一举一动都影响到组织的形象和信誉。公关机构的主要人员应当是受过一定的专业训练、有强烈的公关意识、有开拓精神的优秀人员；公关机构的班子应当是团结、精干、高效的工作班子；公关机构的工作内容应当集中在与公共关系目标有关的事情上，在旅游组织内，旅游消费者是最主要的公众，公共关系的目标重点也在于此。

(3)适应性。公关机构的设置，还要适应旅游组织的规模和经济效益。规模小、营业额相对低的旅游组织不宜有太多人员编制，要因事设人，不能因人设事。如遇上大型公共关系专题活动或重大的公关任务，则可以从组织中有关部门借调人手帮助，或可请专业性的公共关系社会机构来完成。

(4)整体性。作为旅游组织这个系统中的要素子系统，公共关系机构要起组织内外的协调作用，本身就应是协调一致的。公关机构内部人员要分工明确、各司其职、互相配合、互相促进，方能发挥整体性效益。

4.确保公关机构的组织地位，决策层应提供的条件

确保公关机构的组织地位，决策层应提供的条件主要包括以下几方面。

(1)明确公关机构的重要组织地位，在组织结构模式上明确指定公关机构的上级领导。

(2)配齐公关机构人员，特别是能胜任职务的经理，使公关机构成为独立的工作班子。

(3)旅游组织决策层应尊重和支持公关机构经理，赋予他一定的责权。

(4)制定一套合适的责任公关机构各人员的岗位责任制。

(5)保持沟通渠道畅通，一方面向公关机构提供组织发展的完整资料，另一方面决策层要经常、定期听取公关机构的汇报。

(6)配齐公共关系工作的场地和设备，给足经费预算。

（三）公共关系机构设置的一般模式

由于旅游组织的规模和公共关系工作的工作方法各不相同，公共关系机构的设置就有不同的模式。

1. 从旅游组织的规模看有小型、中型和大型三种

从旅游组织的规模看，旅游组织有小型、中型和大型三种。

（1）小型的旅游组织不成立专门的公关机构，但有专人负责公关事务，行政上可归属销售部或办公室管理。

（2）中型旅游组织的规模较大。中型偏小的旅游组织，其公关机构人数可少些，结构也简单些，如图 2-4 所示。

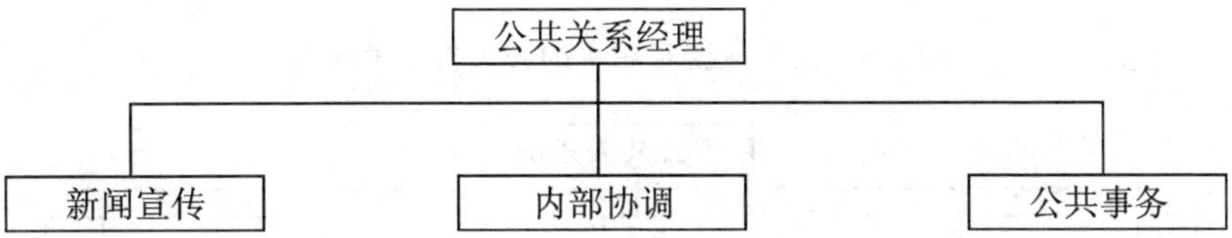

图 2-4 中型偏小旅游组织中的公关机构设置图

中型偏大的旅游组织，其公关机构的设置不宜太简单，否则会影响公共关系职能的发挥，如图 2-5 所示。

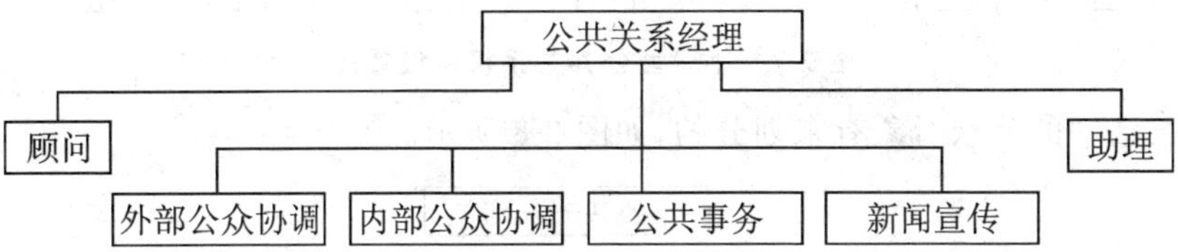

图 2-5 中型偏大旅游组织中的公关机构设置图

（3）大型（或集团）旅游组织由于规模大，公关活动多，对公关活动的要求高，故其公关机构设置就较复杂，如图 2-6 所示。

一般来说，组织越大型，涉及的关系对象就越多，要求针对性越明确，公关工作人员的分工也越细，对其专业性才能的要求也越高。而组织越是小型，由于人员少，分工宜精不宜细，因而对人员的综合处理问题的才能要求越高。

2. 从公共关系机构的工作方法来看有三种类型

从公共关系机构的工作方法来看，旅游组织有手段型、对象型和复合型三种类型。

（1）公共关系手段型。在这种类型的公关机构中，其下属机构的工作分工是按进行公关活动的手段来划分的，如图 2-7 所示。

（2）公共关系对象型。在这种类型的公关机构中，其下属机构的工作分工是

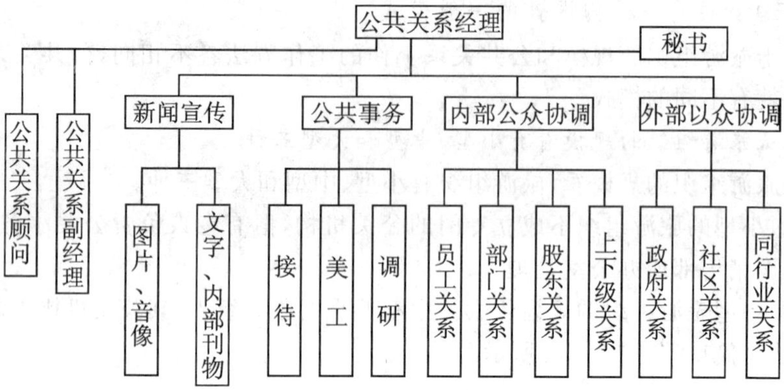

图 2-6　大型旅游组织中的公关机构设置图

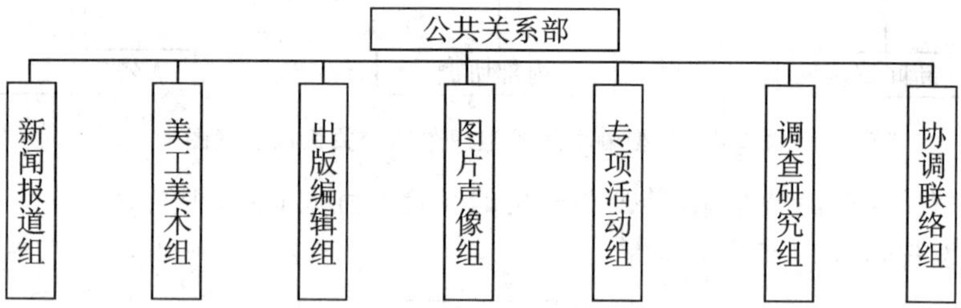

图 2-7　手段型公共关系机构设置图

按公关活动的公众对象有来划分的,如图 2-8 所示。

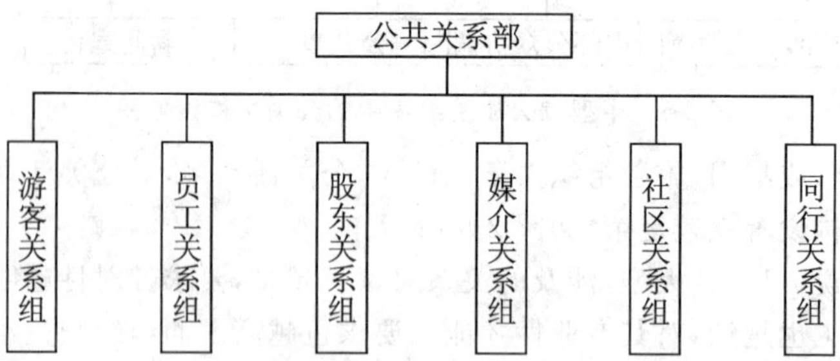

图 2-8　对象型公共关系机构设置图

(3)复合型。把前面两种类型合二为一即为复合型。实际上,旅游组织的公共关系机构设置很少是单纯的手段型或单纯的对象型,而是根据实际需要而组建的复合型,如图 2-9 所示。

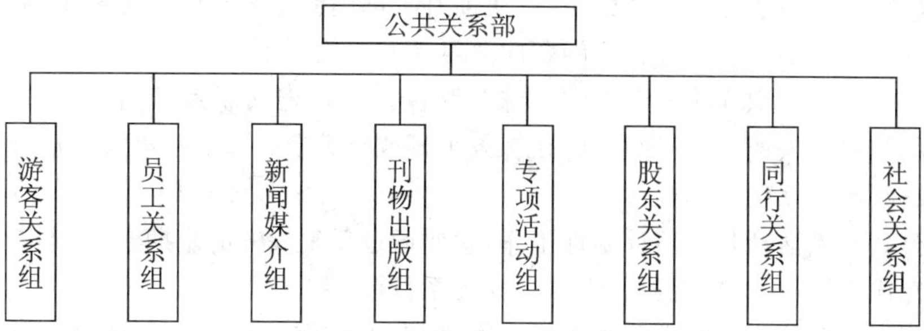

图 2-9　复合型公共关系机构设置图

（四）旅游组织公共关系机构的工作内容

旅游组织公共关系机构的工作内容形形色色，丰富多彩，为叙述方便，这里将这些公共关系工作可分为日常工作、定期工作和专门活动。

1. 公共关系日常工作

旅游组织公共关系活动开展是否成功，是否在公众中有良好的形象，从组织时常进行的专门公关活动可以得到检验，但是，轰轰烈烈的成功是扎扎实实的日常工作积累起来的必然结果。公共关系日常工作有以下几个方面。

（1）参加组织内部各种管理会议，了解组织管理状况，关心员工，多为员工做好事。

（2）每日从各种信息渠道监测组织内外环境的各种动态，科学地广泛采集信息资料，以便据此就组织如何改善公共关系状态，协调好各类公众关系向组织决策层提出咨询意见，也向其他职能部门提供信息，以提高旅游组织的经营管理能力。

（3）采编并向新闻媒介、互联网发送组织各类新闻稿、图片和有关信息。

（4）协助音像制作专业人员制作音像制品，保存音像资料。

（5）同新闻媒体公众保持密切联系，安排记者访问。

（6）同上级主管、旅游局及政府有关部门保持联系。

（7）同有业务往来的公关顾问公司、广告公司保持联系。

（8）选拔、培训、考核公共关系专门人员，协助人事培训，向全体员工进行公关意识养成教育，开展全员公关。

（9）筹划、设计、监制旅游组织的各种宣传品和赠送纪念品。

（10）在组织接待 VIP 客户时，牵头协调和落实全部迎接和服务措施。

（11）代表组织接待各种来访者，在接待工作中一方面向公众宣传组织，一方面征询公众对组织的意见和建议。

(12)代表组织接受公众的投诉,协助有关部门满足公众的合理要求,并定期把投诉中反映的组织中存在的问题向总经理及决策层汇报。

(13)代表组织同旅游者中的特殊公众保持广泛密切联系。例如:与饭店组织中的长住客人谈心,征询意见,在客人生日或重大节日为之举办祝贺活动。

2.公共关系定期工作

公共关系活动是一项计划性工作,它要通过反复展开的定期工作,不断积累阶段性成果,以最终实现旅游组织公共关系目标。

(1)制订、检查和调整公共关系调查计划,对旅游组织的日常性和专题性公共关系活动开展公关调查。

(2)设计、修改消费者评论组织服务的调查表(即意见卡)。

(3)参加市场营销调查、了解市场营销和市场竞争状况。

(4)旅游旺季协助进行促销宣传活动,协助制订促销计划。

(5)研究制订阶段性宣传计划,物色适于宣传的题材,向新闻媒介推荐,安排记者采访。

(6)保存和更新组织高层管理人员的新闻基本资料。

(7)编辑、出版分别以同行、旅游消费者、内部公众为读者对象的自控出版物。

(8)牵头撰写、编制股东年会用组织年度报告。

(9)组织安排内部员工(有时也包括家庭、退休员工)的集体娱乐活动,促进组织内沟通,有利于建立组织文化。

(10)重大节日采用不同方式同公众进行以联络感情为主题的公关活动。

(11)同组织所在的社区公众代表保持定期联络。

(12)中外合资或有外国人参加管理的旅游组织,要保持与外方人员及家属的沟通,了解他们的需要,增进感情联系。

(13)参加有关旅游组织协会活动,扩大本组织影响,加强与同行业兄弟组织的联系。

(14)对为实现公关目标所作的努力,通过反馈作出阶段性的分析评估。

3.公共关系专门活动

公共关系机构为了达到预期的若干特定目的,强化宣传效果,不时要集中人力、物力和财力进行各种各样的专门活动。

(1)组织、布置和指挥旅游组织的开业仪式和周年庆典。

(2)策划、组织和委托公共关系展览。

(3)委托制作有关组织情况的各种音像宣传品,负责编目和播放。

(4)设计、委托制作旅游组织的标志、吉祥物等视觉形象物。

(5)筹划和监制公共关系广告。

(6)举办纪念性专门活动，协助社会在组织内场所(如饭店)举办的社会性活动。

(7)代表旅游组织参加社会赞助活动。

(8)策划和安排“制作新闻”活动，开好记者招待会。

(9)处理突发事件和危机事件。

(10)对专门性公关活动的效果进行评估。

【补充阅读】

美国希尔顿饭店创始人希尔顿十分注重员工的文明礼仪教育，倡导员工的微笑服务。他每天至少到一家希尔顿饭店与饭店的服务人员接触，向各级人员(从总经理到服务员)问得最多的一句话，必定是：“你今天对客人微笑了没有?”1930年是美国经济萧条最严重的一年，全美国的旅馆倒闭了80%，希尔顿的旅馆也一家接着一家地亏损不堪，一度负债达50万美元，希尔顿并不灰心，他召集每一家旅馆的员工向他们特别交待：“目前正值旅馆亏空靠借债度日时期，我决定强度难关。一旦美国经济恐慌时期过去，我们希尔顿旅馆很快就能进入云开日出的局面。因此，我请各位记住，希尔顿的礼仪万万不能忘。无论旅馆本身遭遇的困难如何，希尔顿旅馆服务员脸上的微笑永远是属于顾客的。”

二、人员

公共关系组织机构是旅游组织公共关系工作开展的组织保障，而公关机构中的公关人员素质则对公关工作效率起着决定作用。任用和培训具有良好素质和专业技能、有职业道德的公共关系人员，对高效率地、成功地开展公关活动是十分重要的。

(一)旅游组织公共关系人员职责

(1)了解本组织工作的总目标，掌握公共关系目标，熟悉公共关系计划。

(2)经常检查、落实组织的各项公共关系工作；在不同的发展阶段，选择公关工作的重点、重点公众、最佳传播媒介、公关活动时机，制订公关活动的计划和方案。

(3)善于抓住时机，采用各种有效手段，提高组织知名度，宣传组织形象，宣传本组织产品和服务的特色，促进和提高组织的综合效益。

(4)经常主动走访老客户、重点公众，把采集的信息资料分析归类，及时向决策层汇报。

(5)认真听取、及时解决社会公众的投诉,维护旅游消费者的合法权益,也是维护组织在客人心目中的形象和信誉。

(6)对来访客人,要热情接待,认真答复客人的咨询,在职责范围内,解决客人的困难。

(7)与组织决策层及各职能部门保持密切联系,通过调查分析就服务问题、传播问题、组织形象问题等关系组织总目标和公关目标实现的大事,向决策层及职能部门提出建议。

(8)主动掌握组织情况,做好组织内各种沟通工作。

(9)在组织员工中做好树立全员公关意识的宣传、教育、培训、考核工作。

(10)经常与同行互通情报,不断了解新情况、新动态。

(11)扩大与同行的合作领域,建立健全对外宣传合作网络。

(12)负责处理组织的突发事件和危机事件,尽可能做好事件的预测和防范。

(13)做好组织公共关系活动、专项活动和专题活动的费用预算和人力使用计划。

公关人员中各方面条件较好,更具备全局观念和组织才能的人担任公共关系经理。公共关系经理肩负更重大的职责,要完成带全局性的旅游组织的公关任务。

(二)旅游组织公共关系人员的条件

1. 高尚的品德

几乎所有国家的公关协会都要求从事公关工作的人员必须具备高尚的品德。旅游组织公关人员应具有的品德,主要有以下几个方面。

(1)诚实。公关人员在旅游公关活动中,要讲实话,办实事,实事求是,表里如一,不搞假宣传,不作假广告,不文过饰非,不只报喜不报忧。

(2)公正。公关人员对与旅游组织交往的各类公众,不论是社会名流还是平民百姓,是名记者还是实习记者,是老主顾还是新客户,都要一视同仁,公平,正直,一样热情接待。

(3)平等。有的大型旅游组织在当地有举足轻重的地位,该组织中的公关人员不可因此而“店大欺客”,居高临下,盛气凌人。公关人员经常接触领导及社会名流,在旅游组织中权限往往也较大,切不可因此趾高气扬,目中无人,颐使气指。公关人员要让组织内外的公众都觉得是平易近人、和蔼可亲的,其工作也就接近于成功了。

(4)信用。公关人员及所代表的旅游组织在公关活动中要言必行,行必果,取信于公众。人们习惯说信誉,即指“誉”从“信”中来,一个组织的产品和服务货真价实，童叟无欺，这个组织良好的形象也就树立起来了。

(5)尽责。公关人员在工作中要有强烈的责任感，对自己的组织要克尽职守，为组织的发展尽心尽力；还要对公众和社会负责，乐于帮助公众，维护公众权益，维护社会公益，当组织的决策违背公众和社会利益，要勇于规劝和抵制。

2. 优良的作风

优良的作风包括以下几方面的内容。

(1)实干。公共关系活动看起来轻松潇洒，实际上是十分艰苦复杂的工作，不想付出辛勤的汗水，缺乏吃苦耐劳的精神，将会使很多公关工作在成功之前功亏一篑。

(2)好学。公关人员应当具备丰富的知识，众多的才能，这就要求公关人员要有好学的作风，要向书本学，更要向社会学、向公众学，把理论学习和实践相结合，才能胜任光荣又艰巨的任务。

(3)敬业。实干和好学的动力是敬业。公共关系人员只有热爱自己的职业，忠实于自己的旅游组织，才能干一行，爱一行；干一行，专一行。

3. 丰富的知识

旅游组织公共关系工作的范围十分广阔，要求公关人员相应具有丰富的知识。公关人员应当使自己成为"通才"，成为"杂家"。公关人员应当掌握的知识包括以下几个方面。

(1)基础知识。四项基本原则和邓小平关于建设有中国特色的社会主义理论是旅游公共关系的基本指导方针；旅游法规、经济法、企业法、环保法等法律知识指导旅游公共关系在法律允许的范围内活动；党和国家的各项方针政策，保证旅游公共关系不偏离国家政策大轨道，这都是不可或缺的基础知识。

(2)专业知识。主要内容是关于公共关系的原理和实务、新闻传播学、公关心理学、组织行为学、社会心理学等。

(3)相关知识。为了加深对专业知识的理解，公关人员还应该学习市场营销学、旅游经济学、旅游文化学、广告学、中外历史、地理、民俗学等相关知识。

(4)技能知识。如写作、演讲、摄影，运用电脑、用外语沟通等技能。

此外，还应对风土人情、风俗习惯、礼貌礼节、外交政策等有所了解，对文学、音乐、绘画等艺术领域有所涉猎。

4. 胜任工作的能力

知识必须转化为能力才能实现其价值。旅游组织的公共关系人员不应是动"口"不动"手"的"君子"。旅游公共关系的复杂性和艺术性，要求公关人员具备多种能力。

(1)调查研究能力。调查研究是旅游公共关系的基础工作。公关人员应该有比较扎实的调查研究能力,具体包括:选择公关调查主题,编制公关调查方案,进行实际调查,整理分析调查资料,撰写公关调查报告。

(2)策划能力。旅游组织公关目标的实现与卓有成效的公关的定期工作和专门工作,首先需要精心的策划。策划能力包括:确定为实现某一特定公关目标应开展专题活动的主题,选择专题活动合适的时机,选择或创新公关活动模式,选择大众传播媒介,制订专题活动详细计划等。

(3)组织能力。组织能力包括将公关策划付诸实施的能力和平时公关工作的指挥协调能力。

公关专题活动现场推出,需要公关人员具备以下能力:根据策划的需要设计合理临时机构的能力,为临时机构选择、配备和培训合适人选的能力,对公关活动各个环节统筹兼顾的能力,现场指挥调度能力,公关过程中协调各种关系的能力,防止意外事件的能力,万一出现意外事件后的应急处理能力等。例如:广州中国大酒店开业一周年之际,很多在这家酒店住过的宾客都惊喜地收到了酒店公共关系部寄送的一张特制的明信片,上面印的是酒店两千余名员工的团体照,代表着全体员工的心意,向宾客表示问候。这个团体照构想十分别致,两千余名员工集合在一个运动场,然后分成 28 排,排列得整整齐齐,其中一部分员工穿着白色制服,形成一个“中”字。据该酒店公关部经理介绍,拍摄这张照片总共花了两个小时。可见,其组织能力是很强的。

(4)社会交际能力。公共关系就是公众关系,公关工作就是与公众打交道的艺术。旅游组织的公众之繁多、之复杂,是其他社会组织难以比拟的,公关人员要具备同各种人群打交道的本领,提高社会交际的能力。社会交际能力包括接近人、熟悉人、团结人、容忍人的能力。

(5)表达和传播能力。能写会说是公关人员的基本功。公共关系人员写作的范围十分广泛,有信函、公文、演讲稿、新闻稿、宣传资料、广告文稿、祝贺词等,公关文稿要求成文快、简练、有文采、有感染力。书面表达的内容还包括组织标志、标准色、标准字体等视觉形象设计、公关活动场所风格的设计等内容。口头表达和传播的内容有社会交际语言、演说语言、推销语言、谈判语言、处理投诉语言、应急情景语言等。

旅游组织公关人员应能熟练应用公关语言艺术的种种表现方法,如幽默感、暗示法、模糊法、委婉法等。公关人员应有能熟练地应用普通话和至少一门外语的能力,最好还应学会一些地方方言。

除此以外,旅游组织中较高层次的公关人员(如经理等)还应有设计组织领导人形象的能力、设计公关人员自身形象的能力、编辑制作音像材料的能力、设计展览会的能力，等等。

(6)创新能力。创新才能赋予公共关系强大的生命力，成功的公共关系活动，必然都是思维和行为的创新，也必然是新的工作方法的尝试。独出心裁，独具匠心，才能把公共关系艺术淋漓尽致地发挥出来，才能产生良好的公关效果。

5. 良好的心理素质

旅游公共关系的综合性、复杂性、多变性和艺术性，必然要求公关人员必须具备良好的心理素质。这些良好的心理素质包括如下三方面。

(1)自信。自信心强的公关人员在顺境敢于开拓新局面、敢冒风险；在组织出现突发事件或危机时，更易使之处变不惊、化险为夷。

(2)热情。热情使公关人员全身心地投入，以大量的脑力劳动和体力劳动树立组织的良好形象。热情使公关人员对组织所处的环境保持敏感性，对各种事物有广泛的兴趣，这样的公关工作才能有想象力和创造力。

(3)开放。公共关系工作是一种开放型的工作，同样要求公关人员对风吹草动要有开放心理，不断接受新观念、新事物、新知识、新技术；能接纳、容忍、团结与自己性格、风格都不同的人；能放开眼界，不拘泥于一时一事的得失。

6. 端庄的仪表和高雅的风度

旅游组织一般都要求员工要有较好的仪表风度，作为组织形象代表的公关人员在这方面应该更好些。理想的旅游组织公关人员的仪表风度应容貌端庄、风度高雅、服饰整洁、大方得体、精神饱满、情绪稳定、热情随和、不卑不亢、文明礼貌。

以上六方面条件是从综合角度谈旅游组织公关人员应具备的条件。实际上，全知全能的人是不存在的，公关人员因工作性质不同有不同的层次，每个层次对其要求不尽相同。如以接待工作为主的人员与以公关策划为主的人员，在外表和策划能力上就应各有偏重。越是重要职位的公共关系人员，对其要求的条件就越高。就每一方面的条件而言，也不是要求每个公关人员都达到专家水平，而是允许公关人员在实践中不断地学习提高。

【重点提示】

旅游组织公共关系人员应具备的条件：高尚的品德、优良的作风、丰富的知识、胜任工作的能力、良好的心理素质、端庄的仪表和高雅的风度。当然，公关人员因工作性质不同有不同的层次，每个层次对其要求不尽相同。

(三)旅游组织公共关系人员的招聘和培养

公共关系在现代旅游组织的重要地位和作用决定了对公关工作人员的特殊

要求。一名合格的公共关系人员应具备企业家的头脑、外交家的风度、演说家的口才、宣传家的才干,旅游组织要拥有这样的公关人员,必须通过细致工作,从组织内外发现潜在人才,用好用活现有人才,培养后备人才。

1.公共关系人员的招聘

招聘可以面向旅游组织内部,也可以公开向社会招聘。招聘最好与培训结合进行,以便择优录用。招聘培训时应注意以下几点。

(1)根据旅游组织实际需要分档次招聘。高档次公关人员,如公关经理,对其学识、社会阅历要求较高;对中级人员,要求有独当一面的才能、较宽的知识面,精力充沛;对一般人员,能胜任指派的工作,具有较高的全素质就行。

(2)考试要分笔试和面试进行。笔试考核公共专业知识和基础知识、中外文写作能力等,特殊技术人员(如音像、广告)要加试技术课程;面试考核能考察仪容仪表、语言表达、思维反应能力、外语口语等。

(3)录用公关人员要经过试用期,在试用期经过培训、考核,择优录用,条件不理想的人员可到组织其他部门工作。因此,试用期人员数应高于实际录用数。

2.公共关系人员的培养

改革开放的中国,旅游事业和公共关系都在迅速发展,旅游公共关系正朝着职业化方向前进。职业化的公共关系需要大量的公共关系专业人员,社会和旅游组织要加强公共人员的专业教育和培训。

(1)公共关系人员培养的途径。

公共人员的培养主要有以下三个途径。

①学校培养。学校培养又可分成两种:一种是高等学校或中等专业学校的公共关系专业培养大中专学生;一种是把在旅游组织工作的人员,经招聘或选拔,送到学校进修深造。

②短期培训。由于教育有一定的滞后性,故在旅游组织工作的大量公关人员缺乏正规训练,短期培训可以急用先学,补缺补漏,对于边干边学的公关人员的素质提高是一个简便有效的方法。

③业余学习。公关人员在工作实践中,利用业余时间自学成才。

(2)公关人员培养的方法。

不论是学校培养或短期培训,都可以用各种方法相结合来培养公共关系专门人员。

①通才式公关人员培养和专才式公关人员培养相结合。对通才式公关人员,要求其知识面广,能够担任公共关系工作的指挥者和组织者;而专才式公关人员则只需精通某一方面的公共关系技术。从当前旅游组织的实际出发,要求

公关人员都是通才式的，这既不现实也无必要，单一地以通才式公关人员为培养目标，就会造成时间和人才的浪费。因此，要根据需要培养适量的通才式公关人员，同时也培养大批专才式公关人员，鼓励专才式人员通过实践、培训和自学，成长为通才式公关人员。

②系统教育和单科培训相结合。通才式公关人员一般要在高校公共关系专业或相关专业学习中培养，而专才式公关人员则可以灵活地学习公共关系知识，或进行单项技能训练，也可以分散多次进行。

③学校培训、旅游组织培训和联合培训相结合。学校有师资力量雄厚的优势，旅游组织有紧密结合行业业务的优势，他们都可以培训公关专业人员；这两种优势还可以互补，旅游组织可以选送人才到学校学习深造，也可以请高校教师到旅游组织来授课或联手进行公共关系策划。

【补充阅读】

中国公共关系职业道德准则

（一九九一年五月二十三日第四届全国省市公关组织联席会议通过）

总则

中国公共关系事业的发展是中国改革开放的必然趋势，它以新型的管理科学协调社会各方面的关系，密切党和广大人民群众的联系，调动各种积极因素，维护安定团结，促进社会主义建设。因此公共关系工作者肩负着时代的使命。公共关系工作者必须具有高尚的职业道德作为完善自身形象的行为准则。

条款

一、公共关系工作者应当坚持社会主义方向，自觉地遵守我国的宪法、法律和社会道德规范。

二、公共关系工作者开展公关活动首先要注重社会效益，努力维护公关职业的整体形象。

三、公共关系工作者在公共关系活动中，应当力求真实、准确、公正和对公众负责。

四、公共关系工作者应当努力提高自己的政治水平、文化修养和公关的专业技能。

五、公共关系工作者应当将公关理论联系中国的实际，以严肃认真、诚实的态度来从事公共关系学教育。

六、公共关系工作者应当注意传播信息的真实性和准确性，防止和避免使人误解的信息。

七、公共关系工作者不能有意损害其他公关工作者的信誉和公关实务。对不道德、不守法的公关组织及个人予以制止并通过有关组织采取相应的措施。

八、公共关系工作者不得借用公关名义从事任何有损公关信誉的活动。

九、公共关系工作者应当对公关事业具有高度的责任感。不得利用贿赂或其他不正当手段影响传播媒介人员真实、客观的报道。

十、公共关系工作者在国内外公共关系实务中应该严守国家和各自组织的有关机密。

附则

本准则将根据实际情况予以调整和修改。其解释、修改、终止权属全国省市公关组织联席会议。

■ 关键概念

旅游组织　公共关系部　公共关系人员　组织目标　人员素质　职业道德

■ 复习与思考

1.旅游组织有哪些基本特征?

2.旅游组织与社会环境存在着什么关系?

3.试论旅游公共关系目标与组织总目标的关系。

4.什么是旅游组织形象?请叙述旅游组织形象的系统分类。

5.为什么要进行公共关系调查?如何用“问卷法”进行公共关系调查?

6.为什么在旅游组织中要设置公共关系机构?旅游组织中的公共关系机构有什么特点?

7.旅游组织中的公共关系人员应当具备哪些条件?

8.甲公司两位公关人员辞职到乙公司应聘,在乙公司的考聘问答中,考聘者问两人辞职的原因。一个说:“原公司经营不善,即将陷入困境,而贵公司发展良好。良禽择佳木而栖。”另一个说:“原公司形象太差,加之工作环境不好,不适合自己发展,经考察,发现贵公司的工作环境很符合自己的特长。”请问:两人回答正确吗?为什么?

■ 案例分析

上海锦江集团的前身锦江饭店是一家名闻遐迩的高级宾馆,随着国际交往的增加和旅游业的兴旺,锦江逐渐成为社会交际、信息集散、贸易洽谈、学术交流,乃至外交活动的重要场所。为适应自身发展的需要,企业成立了公关部。长期以来,锦江饭店由政府直接经营,接待对象层次高,规格高,在一些公众心目中庄严有余，亲切不足。公关部在调查研究的基础上，确定了“全方位公共关系”的方针，在发挥锦江原有高贵豪华形象优势的同时，再赋予其亲切平和的情调色彩。公关部提请决策层采取措施，打破森严的堡垒，开门迎客，使新南楼锦丽厅、北楼西餐厅、中楼蝴蝶厅等令普通市民望而却步的地方，成了门庭兴旺的场所。为此，还大做广告，使“锦江属于公众”这一形象广为传播。每次接待贵宾时，公关部人员都要进行周密的准备，收集各国风俗民情资料和来宾的生活特点，设计室内装饰，制定饮食起居规程。公关部积极联络社会各界，承办了各类酒会、招待会、新闻发布会、学术研讨会和各种联谊活动。公关部还积极主动和我国香港及日本企业取得联系，利用赞助和协作的形式印刷了大量公关宣传品，包括《店庆 35 周年》纪念画刊 2 万册，《锦江指南》30 万册等。

案例思考：

1. 锦江饭店公关部的案例为我们提供了哪些可以借鉴的经验？
2. 结合本案例，说明公关部的职能有哪些。

（案例来源：http://zhidao.baidu.com/question/438416490.html）

第三章　旅游公共关系客体

课前导读与体验

晚上10点多钟，杭州某国际知名品牌酒店，中班的前厅部大堂副经理Kevin，正在和晚班的同事开例会，做交接工作。

这时，礼宾部的Peter报告说："1208房间的王先生需要叫车服务，礼宾部已经按客人要求，及时在出租叫车平台上发布消息——需要一辆开往萧山国际机场的的士，但是已经半个小时过去，还没有出租车过来。希望晚班的同事跟进此事，以确保客人及时用车。"

接班的大堂副经理Leo听到此事，询问Peter客人王先生在夜间叫车的缘由。Peter汇报说，听客人语气是很焦急的事。Leo敏感地察觉到事情的重要性，即拨通了1208房间客人的电话。首先向客人致歉，"由于酒店位处新城区，夜晚的出租往来较少，叫车比较困难。"将这一情况向客人说明，对给客人带来的不便，诚挚致歉并敬请谅解，并询问客人赶往萧山机场的时间紧迫程度。一经询问才知道原来客人公司有紧急事务需要连夜赶回去处理，所以订了晚班的飞机。此刻，时间已经很紧张。大堂副经理Leo答复三分钟后给客人回电。

电话刚挂断，在旁边已听清楚大致情况的大堂副经理Kevin，立即主动对Leo说："这个时间段，想要马上叫到出租车过来是很困难的，不能让客人误机误事！刚好我现在下班了，我开车送客人到机场吧。"虽然考虑到自己的同事Kevin上了一天班已经很疲惫，但想到客人时间的紧迫性，Leo踌躇了片刻即同意了，并立即给客人回电禀告交通安排。最终由大堂副经理Kevin及时地把客人送到了机场，客人对此非常感激。酒店用很短的时间，果断决策，员工挺身而出，为客人解了燃眉之急。为回报酒店这种人性化服务，王先生回去后，给酒店寄来了感谢信，并表示以后出差都要入住该酒店。酒店也对Kevin牺牲休息时间为客人解决问题，为酒店做贡献的做法予以褒奖。

案例中的王先生属于酒店外部公众中的消费者公众，是酒店重点追求的公众。员工下班后的时间属于个人时间，自己驾车送客人去机场不属于员工工作范畴。但是考虑到客人时间紧迫，大堂副经理Kevin的温馨服务为王先生避免了误机。通过这种良好的个性化服务，与客人有效沟通，加强和巩固了彼此之间的融洽关系，引导客人成为顺意公众、忠实顾客，避免向中间公众乃至逆意公众转变，充分反映了旅游公共关系中“全员公关”的重要性和必要性。

【重点提示】

通过本章的学习,学生应掌握:旅游公共关系学中的客体是公众,要处理好与公众的公共关系,首先要清楚旅游组织所面对的具体公众对象。从不同的角度出发,公众有不同的分类。针对不同的公众对象,要根据其特点和需求采取相应的公关策略。

旅游公共关系三个构成要素中的客体要素是公众。公众是旅游公共关系主体赖以生存的基础,又是主体开展公共关系活动的工作对象。在旅游公共关系学中,公众指与某一旅游组织有现实或潜在的相关利益关系,并且相互影响、相互作用的个人、群体或其他组织的总和,是旅游公共关系传播、沟通的目标对象。

第一节　旅游公共关系客体概述

公众是旅游公共关系的客体,也是其工作对象,它广泛存在于组织的内部和外部。旅游组织的一切工作都是围绕公众而展开的,没有公众,主体旅游组织也就没有存在的可能,也就没有旅游公共关系。因此,要使旅游公共关系工作卓有成效地展开,必须正确认识和分析旅游组织所面对的公众。

一、公众的含义

"公众"是旅游公共关系学中的一个特殊的又十分重要的基本概念。旅游公共关系学中所指的"公众",既是某一旅游公共关系主体赖以生存的基础,又是该主体开展公共关系活动的工作对象。它有别于一般意义上所说的社会公众。任何一个旅游公关意义上的公众都是社会公众,但并不是每一个社会公众都是旅游公关意义上的公众。

一般意义上的社会公众指社会生活中的大多数人或所有人,它可以指具有政治色彩的"人民"、"群众",也可以指具有社会学意义的"人群"、"大众",其指向性较为抽象、笼统。从质上讲,此"公众"与"私人"相对而言;从量上讲,此"公众"与"个体"相对而言。

而旅游公共关系学中的公众,则是指与特定旅游公共关系主体有利益相关性,并且能够进行双向沟通的个人、群体或者其他组织的总和。它有明确的、具体的指向性。

一个人可以自然而然地成为社会公众的一分子,但是只有当他与某一特定旅游公关主体有现实的或潜在的相关利益时,才能够成为其公关公众。

因此，可以这样定义旅游公共关系学中的公众：指与某一特定的旅游公共关系主体，即旅游组织，有现实或潜在的相关利益关系，并且相互影响、相互作用的个人、群体或其他组织的总和，是旅游公共关系传播、沟通的目标对象。

【重点提示】

对公众定义的学习，应该注意以下几点。①公众是旅游组织开展公共关系活动工作的对象，它与人民、群众、人群、大众等的概念是有区别的。②公众与旅游组织的关系是客观存在的，它相对于特定的旅游组织而存在。一个旅游组织诞生，其公众也形成；一个旅游组织消失，其公众也随之消失。当然，这种消失指的是公众身份的消失，而不是公众人身的消失。③公众可以是相对分散的个人，也可以是由个人组成的群体或其他组织。这些个人、群体或其他组织只有与旅游组织有相关利益联系，并且产生相互影响时才可称之为公众。

二、公众的基本特征

旅游组织所面临的公众是多种多样、十分复杂的，不同的旅游组织面对的公众各有不同，相同性质的旅游组织在不同发展阶段所面对的公众也存在差异。但即便如此，旅游组织的公众仍存在着一些共同的特征。

（一）整体性

整体性，指的是公众对组织产生的影响具有整体意义。任何旅游组织的生存和发展都离不开一定的公众环境。公众环境的涉及面极广，既包括了组织内部的成员，又包括了组织外部的各类公众，且相互关联，构成复杂。对旅游组织而言，若忽视或未妥善处理好与其中某一公众的关系，都可能导致整个公众环境的恶化，影响组织的正常运转。因此，旅游组织在开展公共关系活动时，应将其所面对的公众看作一个整体，用全面、系统的观点来分析自己面临的公众。

【补充阅读】

香格里拉旅游乱象，“人间天堂”变“地狱”

2013年8月14日，迪庆香格里拉中青旅行社有限责任公司委派迪庆卡瓦格博旅行社导游张×从丽江古城接待前往香格里拉的散客拼团39人。上车后导游要求缴纳藏民家访费，每人100元。对不缴费的游客，导游放言：“香格里拉导游是非常恐怖的，有没有听说过？香格里拉导游会把刀子放在你的脖子上！你看我今天会不会把刀子放在你的脖子上！”近日纷纷报道，云南香格里拉景区出现强制消费，某旅行社工作人员要求每人必须交费280元至380元参加藏民家访自费旅游项目，暗访记者拒绝消费，被导游在荒郊野岭拽下车，并被威胁：“信不信我给你打散在这里”。而记者被赶下车的地点位于丽江和香格里拉中间,离两头都有两个多小时车程,人烟稀少,基本上就是荒郊野外。对此,当地村民说,在这里每天都有游客被赶下车。

同时,导游在介绍藏民家访的时候,都声称要带游客到藏民家里做客,那里有成群的牦牛,晚上围着篝火跳舞,亲身感受藏民的生活。但是到了现场游客才知道所谓的藏民家访,实际上是一个小型歌舞晚会。

而当记者前去投诉时,监管执法人员却表示:"游客这个理性消费观念不对,你(游客)就按这个价格交了,谁都不赶你。"投诉时有游客拍摄、录音,还遭到了执法人员的威胁和辱骂。一名执法人员威胁:"如果不删掉就拘留你","像你这样的滚蛋!永远不要来香格里拉!把你撵掉!他敢说这句话他就做得到!"而另一位执法人员称"你这样的游客,他们是不欢迎的"。

媒体报道的"香格里拉旅游乱象"后引起了云南省各级领导高度重视。迪庆州迅速成立工作组,展开调查和处理。记者 10 月 6 日从云南省迪庆州旅游局获悉,迪庆决定对媒体报道的"香格里拉旅游乱象"中所涉及旅行社处以 10 万元罚款,停业整顿 1 个月;将相应执法人员调离迪庆州旅游执法支队;吊销涉事导游相应证件。

(资料来源:光明网 2013-10-6)

(二)多样性

公众的多样性首先表现在其存在形式并不是单一的,而是复杂多样的。他们可以是个人、群体或组织。如一家餐厅的公众,就包括了就餐的个人,也包括了将其作为定点餐厅的旅游团,还包括了工商、税务、消费者协会等一些部门和组织。其次,不同的公众对旅游组织的要求和主要价值取向是复杂多样的。就餐的个人希望餐厅的饮食能够物美价廉;定点就餐的旅游团希望餐厅能够提供具当地风味的特色饮食;工商、税务、消费者协会等部门和组织希望餐厅能够诚信经营。正因为公众具有多样性的特征,就决定了沟通方式和传播媒体的多样性。旅游组织在开展公共关系活动时必须有的放矢,对不同的公众采取不同的公关策略,才能提高公共关系工作的绩效。

(三)共同性

共同性强调的是公众具有内在利益一致性的特征。众多看似不相关的个人、群体和组织之所以能够成为某一特定旅游组织的公众,就是因为他们都面临着与该组织相关的某一内在共同性,内在共同性使他们极易形成相似的态度、看法,并采取一致的行动,因而成为同一旅游组织所面临的公众。如来自不同单位、不同年龄、不同性别的人,出于到北京观看 2008 年奥运会比赛项目的共同目的而报名参加了某旅行社推出的以"奥运游"为主题的旅游团,这些人便成为某旅行社面对的同一类公众，公众的共同性特征，要求旅游组织在了解和分析自己所面临的公众时，必须了解和分析其内在的共同性，这样在实际工作中才能够抓住问题的重点，找出解决问题的良策。

（四）可变性

公众不是一成不变的，而是处于不断变化发展的过程之中。一方面，公众的性质、构成、形式、心理、数量及范围会随着主体发展战略的调整、客观环境的变化而变化；另一方面，公众的这些相关变化又会使旅游组织的公共关系目标、方针、策略等做出相应的调整。旅游组织和其面对的公众是处于一种动态的平衡之中的，相互之间的变化是绝对的，而不变是相对的。旅游组织应该以发展的眼光来看待自己所面对的公众，适时调整并制定出符合公众利益的发展战略。

（五）可引导性

公众的可引导性是指公众的态度、动机和行为可能受到个体和环境两方面因素影响而发生改变。因此，旅游组织可以借助环境因素的改变达到逐渐影响公众的态度和行为的目的，引导有利于旅游组织的公众行为发生，防止不利于旅游组织的公众行为的出现。而因为公众具有可引导性，才使公关工作有意义。广告、新闻发布会、公关主题活动等公共关系活动都是利用了公众的可引导性这一特征。

三、公众的分类

旅游组织所面对的公众是复杂且广泛的，这决定了其公共关系工作必须建立在对公众进行科学分类的基础上，如图 3-1 所示。旅游组织只有明确具体的公众对象及其特定的利益、需求和问题，才能有针对性地制定出相应的公共关系策略，开展有效的公共关系活动。较为常见的公众分类主要有以下几种。

（一）按归属关系分类

按公众与组织的归属关系来分类，可以分为内部公众和外部公众两大类。内部公众包括了旅游组织内部的员工、股东两小类；外部公众主要包括了消费者公众、媒体公众、政府公众、社区公众、同业公众五个最主要小类，如图 3-2 所示。其中，员工、消费者公众和媒体公众在公共关系学中被称为三大基本公众对象。

关于内部公众和外部公众，将在本章的第二节和第三节进行详细介绍。

【补充阅读】

企业比较主要的 24 种公共关系公众

1. 股东关系（stockholder relations）

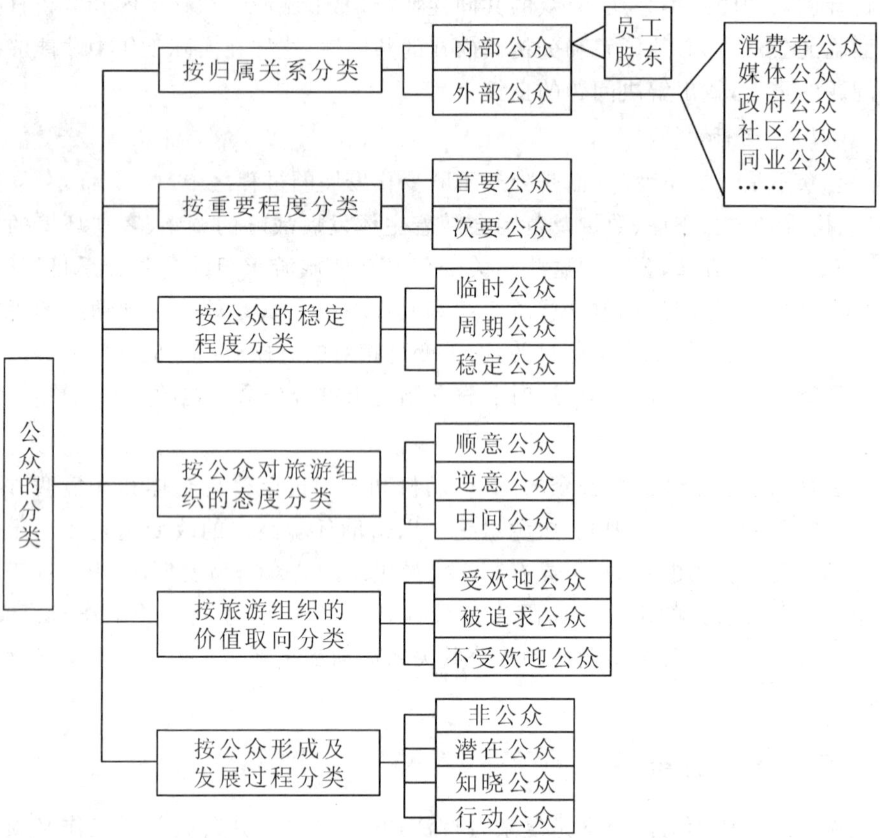

图 3-1　公众的分类

2. 雇员关系(employee relations)
3. 主顾关系(customer relations)
4. 社区关系(community relations)
5. 一般公众关系(general public relations)
6. 消费者关系(consumer relations)
7. 竞争者关系(competitor relations)
8. 原料供应者关系(supplyer relations)
9. 批发商关系(wholesaler relations)
10. 代销商关系(dealer relations)
11. 经销商关系(retailer relations)
12. 公务员关系(official relations)

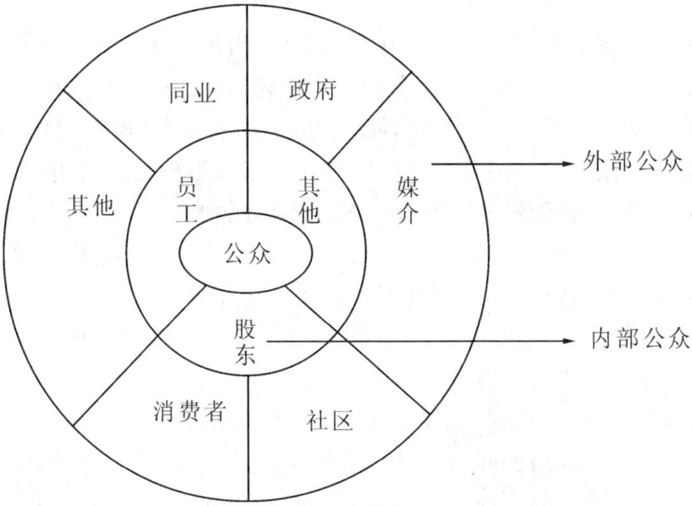

图 3-2　旅游公共关系归属关系结构图

13. 金融机构关系(financial relations)
14. 报界关系(press relations)
15. 慈善团体关系(charity relations)
16. 宗教团体关系(religions relations)
17. 劳工关系(labor relations)
18. 工会关系(labor union relations)
19. 学校关系(school relations)
20. 政治团体关系(political relations)
21. 政府关系(government relations)
22. 公共服务团体关系(public service relations)
23. 同业团体关系(tribe group relations)
24. 工业界关系(industry relations)

熊源伟. 公共关系学[M]. 合肥:安徽人民出版社,1990.

(二)按重要程度分类

根据公众对组织的重要性程度来分类,可以分为首要公众和次要公众。

1. 首要公众

首要公众是指与组织有直接利害关系、对一个组织的生存和发展具有影响力和决定性作用、对组织起直接制约作用的公众。以酒店为例,所有的宾客都是首要公众,而宾客中的 VIP 客人,更是重中之重。

2.次要公众

次要公众是指与组织有一定的利益关系,对组织的生存和发展有一定影响,但没有决定意义的公众,如酒店所在社区的社区居民、新闻界公众等。

由于受公共关系投入成本有限性等诸多条件的限制,旅游组织不可能对其所面对的所有公众都给予同等程度的重视。因而应该根据旅游组织的工作目标和当前的工作重心来区分首要公众和次要公众,用相对多的人力、物力和时间来维持与首要公众的良好关系,以突出公共关系工作的重点,提高效益。当然,也不能因为次要公众对组织的重要性不如首要公众而将其忽略。次要公众因所占比例大,也有可能对组织形成强大的压力。另外,"首要"与"次要"是相对而言的,他们之间可能会因为主客观因素的变化而相互转化。今天的次要公众在一定的条件下有可能会变成明天的首要公众。如社区公众本来是酒店的次要公众,但当酒店内娱乐场所的噪音影响到周围居民的正常生活,导致社区公众向有关部门提出投诉,要求酒店整改或停止营业时,原来的次要公众就变成了酒店此时的首要公众。这就更加说明了旅游组织在开展公共关系活动时,既要重视首要公众,又要适当地兼顾次要公众。

(三)按公众的稳定程度分类

按公众的稳定程度分类,可以分为临时公众、周期公众和稳定公众三类。

1.临时公众

临时公众是指因某一临时因素、偶发事件或随机原因而形成的那部分公众,如因飞机航班延误而滞留机场的旅游团、景区超载导致的滞留游客等。

2.周期公众

周期公众是指遵循一定规律和周期出现的公众,如旅游旺季出现的众多旅游者、除夕之夜在餐厅用团圆饭的宾客等。

3.稳定公众

稳定公众是指与旅游组织保持较为稳定关系的公众,如饭店的老主顾、旅行社的正式员工等。

区分临时公众、周期公众和稳定公众,有助于旅游组织根据这些公众的情况和特点,有针对性地制定公共关系的应急措施、周期性政策和长期性策略。由于事件的突发性,面对临时公众时,旅游组织应采取措施力求使可能产生的损失降到最低程度。如安抚滞留机场的旅游团成员,安排最近的航班让游客尽早赶往下一站等。对于周期公众,由于旅游业本身是季节性较强的行业,其行业节律与周期公众的节律是同步的,因此旅游组织可以根据规律和以往的经验提前制定相应的政策,以提高与周期公众关系的稳定性。如在旅游旺季到来之前部署好各项接待工作。稳定公众是旅游组织的基本公众，其多寡可以作为考察旅游组织公共关系成熟性的一个标志。面对此类公众，旅游组织往往会采取一定的优惠政策和保证措施以进一步稳定双方关系。如给酒店的常客消费折扣，在其举办寿宴时送上蛋糕等。

（四）按公众对旅游组织的态度分类

按公众对旅游组织的态度分类，可以分为顺意公众、逆意公众和中间公众三类。

1. 顺意公众

顺意公众是指对组织的政策和行为持认同态度，并支持、关心组织发展的公众，如慕名而来的顾客等。

2. 逆意公众

逆意公众是指对组织的政策和行为持否定态度，阻碍组织发展的公众，如投诉导游服务不周的游客。

3. 中间公众

中间公众是指对组织的政策和行为持中间态度、观点和意向不明朗的公众，如对旅行社的发展漠不关心的兼职导游。

此三类公众在一定的条件下会相互转化，如图 3-3 所示，因此旅游组织公关工作对此三类公众的策略是稳固顺意公众、转变逆意公众、争取中间公众。顺意公众与组织有着最密切的联系，要求给予其足够的重视，以争取他们对组织持续不断的支持；逆意公众位于组织的对立面，不论其数量多少，都会对组织的发展产生不利的影响，因此旅游组织应分析其“逆意”的原因，有针对性地开展公关活动，尽可能转变逆意公众为顺意公众或中间公众；中间公众是三类公众中数量最多的一类，他们可能趋向“顺意”，也可能趋向“逆意”，旅游组织应该展开积极的争取工作，防止其向逆意公众转化。

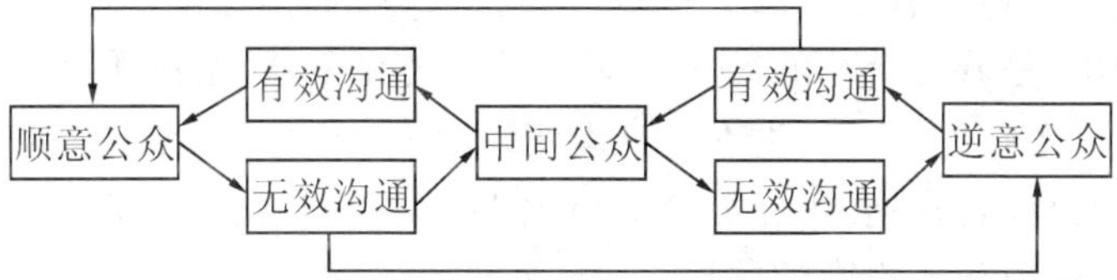

图 3-3　顺意公众、逆意公众和中间公众相互转化示意图

（五）按旅游组织的价值取向分类

按旅游组织的价值取向进行分类，可以将公众划分为受欢迎公众、被追求公众和不受欢迎公众。

1. 受欢迎公众

受欢迎公众是指此类公众所持的态度与组织的态度基本吻合或一致，他们的行为正在或将会对组织产生积极影响，而组织也对他们持十分感兴趣、重视的态度，如各类投资者。组织与这类公众的关系是各得所需、两厢情愿。公共关系的任务就是要维系和加强这种互利互惠、相互重视、密切联系的合作关系。

2. 被追求公众

被追求公众是指组织出于各种目的需要他们，但他们由于对组织缺乏了解，因而态度相对冷淡的一类公众，如某新闻媒介、某社会名流等。对这类公众，组织要开展积极的公共关系活动去努力争取，赢得这类公众的好感，这对组织的长远发展非常有利。

3. 不受欢迎公众

不受欢迎公众是指行为和态度不符合组织的需要，正在或将会对组织造成消极影响的公众，如被酒店列入黑名单的客人。组织在与此类公众开展公共关系活动时，应与他们保持适当的距离，尽量减少其对组织构成的威胁。

（六）按公众形成及发展过程分类

按公众形成及发展过程分类，公众可以分为非公众、潜在公众、知晓公众和行动公众四类。

1. 非公众

非公众是公共关系学中特有的概念，严格来讲，它不能称为公众。它是指在一定时空条件下，不和组织发生任何联系，也没有相互影响的个人、群体或其他组织。如国际旅游者就是只能经营国内旅游业务的旅行社的非公众。明确非公众与公众的区别，可加强公共关系工作的针对性，减少盲目性，避免不必要的资源浪费。

2. 潜在公众

潜在公众是指随着条件的变化，可能与组织产生相互影响的公众。如旅游院校的在校生，是旅游企业的潜在公众。对于潜在公众，组织重在进行预测，提前制订相应的工作方案。若潜在公众对组织有利，组织应采取行动，使他们向知晓公众、行动公众转化；若潜在公众对组织不利，组织应防患于未然，将问题解决在萌芽阶段，避免酿成更大的危机。

3. 知晓公众

知晓公众是指已了解到组织的有关信息，并意识到自己的权益及其与组织的关系的公众，如因雪灾被滞留在旅游目的地的游客是旅行社的知晓公众。知晓公众是组织不可回避的沟通对象。他们有急于了解自己的权益与组织的明确关系的欲望。对此类公众，组织应抓住信息传播的最佳时机，及时向他们传播相关的信息，满足其信息需求，以主动引导和控制舆论走向。对组织不利的知晓公众，组织应对其采取行之有效的措施，缓和、化解危机；对组织有利的知晓公众，组织应顺水推舟，使其成为对组织有利的行动公众。

4. 行动公众

行动公众是指已经采取行动，对组织产生实际影响的公众，如因被强迫购物对旅行社提出投诉，并索赔的游客。无论公众的行为对组织有利还是不利，组织的反应不能仅停留在语言、文字上，还必须有实际的行动以应对。对有利的行动公众要加以肯定和强化；对不利的行动公众，应认真做好转化工作，努力减轻其给组织带来的不利影响。

上述几种对公众的分类方法，在实际操作中是经常被综合运用的。如把公众分为内部公众和外部公众之后，又可进一步将外部公众分为顺意公众、逆意公众和中间公众。顺意公众中又可分出首要公众和次要公众。而各种公众的分类都是相对的，不是绝对的。旅游组织在对公众进行分类的时候，应具体问题具体分析，注意综合运用各种分类方法，这样才能使公共关系工作更有针对性，更行之有效。

【补充阅读】

留意隐藏的上帝

日本的麦当劳汉堡包店记载了约60万小朋友的“生日档案”。小朋友生日的前几天，收到了该店寄来的贺卡；生日这天，小朋友应邀持卡到该店作客。按一般惯例，小朋友得到一份节日礼物也就心满意足了，可这家汉堡包店却特别郑重其事，每天都要在一部分顾客心中产生一种“忠诚”的“感情”，这样就“可以赚他们下一辈子的钱”。商家的这种眼光是够势利的了，但在市场竞争十分激烈的今天，这些见解不能说没有道理，哲学家说：是人创造了上帝。我们则说：“是企业和员工制造了‘上帝’。把潜在的顾客变成现实的顾客，‘上帝’也就被创造出来了。”

四、公众的心理定势

（一）公众心理定势的内涵

心理定势就是人的认识和思维的惯性、倾向性，即按照一种习惯或固定了的倾向去认识事物、判断事物、思考问题，表现出心理活动的趋向性和专注性。它是人们对于某一对象的共同心理与行为倾向。公众心理定势是在一定社会条件下，经过人们相互作用，使得个人的社会经验积累凝结而形成的一种普遍存在的社会现象。但是心理定势也可能导致知觉歪曲失真,最终造成信息错误,掩盖了知觉对象的真实面目。通过正确认识公众的心理定势,能够很大程度上帮助我们做好旅游服务与管理工作。

(二)公众心理定势的作用和影响

1. 有助于人们快速识别知觉对象

公众的心理定势会在人们遇到某个人或事的时候,根据自己已有的知识和习惯、经验对知觉对象进行识别、判断,很大程度上缩短了认识的过程。在公关活动实践中,公关工作人员具有较广的交际面,使得他们能够不断积累经验,从而在人际交往中能够作出快速的识别、判断,有利于公共关系活动顺利的开展。

2. 导致人们的认识失真

由于知觉总是受到认识主体的主观能动性的影响制约,导致人们的知觉往往与现实的客观世界不完全一致。受这种主观意识的影响,人们对客观事实的知觉常会出现不同程度的歪曲或变形,使人们对事物的认识发生偏差,造成信息的失真。心理定势有时候成为导致知觉歪曲的重要影响因素。这就需要公关人员通过公共关系活动来充分发挥心理定势的积极效用,尽量消除消极影响。

3. 导致人们心理和行为的受到限制

情绪主体和心境是心理定势制约人的心理和行为的两种影响因素。因为,特定的情绪和心境一方面使情绪主体产生特定的自我体验,另一方面还通过他的心理活动和行为反映到与其发生关系的人或事上,产生偏见。

(三)公众心理定势的类型

1. 首因效应

首因即首次或最初的印象,即人们常说的第一印象。一般来说,与陌生人初次见面,留给我们的印象往往十分深刻,左右着我们接下来对事物的整体判断,甚至长期影响着我们对此人的认识,这就是首因效应。第一印象一旦形成,成为一种心理定势就比较难以改变和消除。因此,在旅游公共关系工作中要十分注意传播中的首因效应。公关人员亦可以充分地利用它来完成良好的自我推销,尽可能地给公众留下良好的第一印象,避免因第一印象形成产生的负面心理定势。

2. 近因效应

近因即最近或最后的印象。近因效应指最近或最后的印象对人的认知所具有的重要影响。事物给人留下的最后印象往往也十分深刻,难以消失。对一件事物或一个人接触的时日延长后,该事物或人的最近的信息就会对认识和看法产生新的影响,甚至会改变原来的第一印象。因此,在旅游公共关系工作中也要十分注重传播中的近因效应。公关人员可以充分利用它来巩固、刷新公众心目原有的良好印象或尽力扭转原来的不良印象。

3. 晕轮效应

"晕轮"是指潮湿天气时，笼罩在月亮或太阳周围、产生模糊不清光环的现象。晕轮效应也叫光环效应。晕轮效应是指公众具有一种从对象的某种特征形成好或坏的印象后，还倾向于据此推测该对象的其他特征，甚至推及对象的整体，"以偏概全"，从而产生美化或丑化对象的心理现象。这是一种片面的知觉，"情人眼里出西施"就是这个道理。公共关系活动中要重视晕轮效应的影响，公关人员可以适当利用它扩大组织或产品的影响，努力发挥它的积极作用，限制它的消极作用。

4. 刻板印象

刻板印象是指人们往往自觉或不自觉地凭借自己以往形成的固有经验或固定的看法去判断、评价某类人或事物的特征，并对该类人或事物中的个体加以类推。如人们常说，"南方人温柔细腻，北方人性格豪爽"、"物以类聚，人以群分"等。这种看法一旦在人脑中定型，就会造成"先入为主"的印象，形成新的认识上的偏差，妨碍人与人之间的正常交往或对事物的正常判断。公共关系活动要重视刻板印象的影响，既要研究和顺应公众的某些刻板印象，使自己的形象与公众的经验相吻合；又要努力传播新观念、新知识、新经验，以改变公众某些狭隘的偏见和由此造成的误解。

第二节　旅游公共关系的内部公众

内部公众是组织内部沟通、传播的对象，是组织内部全体成员构成的公众群体。内部公众既是内部公共关系工作的对象，也是外部公共关系工作的主体，是与组织自身相关性最强的一类公众对象；是公共关系"内求团结，外求发展"的主要依靠力量。它主要包括旅游组织内部员工和股东。

内部公众是组织形象的塑造者和维护者，对于旅游组织来说更是如此。由于旅游组织工作的复杂性和直接性，旅游组织产品的消费者往往通过旅游组织的内部公众（主要是员工）对其提供的服务来评价旅游组织产品，进而评价该旅游组织。因此内部公众对组织形象的塑造作用是不容忽视的。而又由于内部公众与旅游组织有最直接、最密切的经济利益关系，双方有一荣俱荣、一损俱损的相互关系。因此，内部公众只有自觉维护旅游组织的良好形象，才能实现自身的价值；而旅游组织也只有建立起良好的内部公众公共关系，才能使组织的经济利益得以保障。

一、旅游组织的员工

旅游组织的员工包括在旅游组织内部从事各项经营、管理、服务和其他生产活动的全体员工。员工是旅游组织的内部公众,是与旅游组织利益关系最密切的公众群体,是旅游组织赖以生存和发展的基础。

员工在旅游组织公共关系中具有双重身份。一方面,他们是旅游组织开展内部公共关系工作的客体;另一方面,他们又是旅游组织对外开展公共关系工作的主体。可见,协调处理好与员工的公共关系是旅游组织公共关系的第一要务。

(一)建立良好员工关系的意义

员工关系是指旅游组织内部管理过程中形成的人事关系,具体对象包括管理人员、职员、工人。而良好的员工关系则表现为组织对员工的关心、重视;组织内信息沟通无障碍,有和谐的上下级关系;员工间有良好的人际合作和互动关系;员工对组织有认同感并使组织产生凝聚力。

由于旅游组织员工在公共关系中的双重身份,建立良好的员工关系,可以协调员工个人目标与组织整体目标可能存在的矛盾,使组织获得员工的认可和支持,提高员工的主人翁意识,增强组织的内聚力。组织内一旦形成较强的内聚力,员工归属感增强,组织对外的竞争力也会得到提升。

(1)良好的员工关系有助于创造良好的内部环境。作为与旅游组织关系最为密切的公众群体,员工构成了旅游组织最为主要的内部环境。而良好的员工关系,是良好内部环境的前提。组织内部上下通畅,各部门间合作无间、关系融洽,员工在一个轻松愉快的环境中工作,其工作潜能会得到激发,其工作积极性和创造能力也会大大提高。另外,良好的员工关系能形成稳定的员工队伍,人心思定,组织内聚力增加,员工归属感增强,流动性也会降低。这样也有利于旅游组织吸引并留住人才。

(2)良好的员工关系有助于实现旅游组织的经营目标。旅游组织作为营业性社会组织之一,其主要的经营目标是获取经济效益,实现利润最大化。而获取经济效益的主要途径就是销售旅游产品。通过在吃、住、行、游、购、娱等旅游环节出售旅游产品,各种旅游组织得以实现其经营目标。因此,旅游产品的好坏直接关系到旅游组织的经营目标能否实现。由于旅游产品具有生产与消费同时进行、对客人服务需情感投入、质量评价较主观等特性,旅游组织的员工在旅游产品中就扮演了很重要的一个角色。其对客人提供的服务,构成了旅游产品的主要组成部分。因此,旅游组织员工的服务质量、服务的积极性和主动性成为影响旅游产品质量的主要因素。要让员工提供优质的服务，首先组织内部就要建立起良好的员工关系，这样才能够对员工的工作热情起到激发的作用。

(3)良好的员工关系有利于提高旅游组织的竞争力。在现代社会，组织间的竞争归根到底是人才的竞争。归属于第三产业，以提供服务为主要产品的旅游组织更是如此。如前所述，良好的员工关系能吸引并留住人才，这对于提高旅游组织的对外竞争力无疑是有利的。另外，作为对外公共关系的主体之一，员工是塑造和推销旅游组织形象的积极因素。外界公众通过与组织员工的接触来认识和评价旅游组织。全员公关因此显得很重要。而只有对组织存有归属感和忠诚感，愿意与组织同呼吸共命运的员工，才会在与外界公众的接触过程中随时随地地注意维护旅游组织的正面形象。良好的员工关系则能够培养员工的这种主人翁精神，因此，也能够起到提高旅游组织竞争力的作用。

(二)开展员工公共关系的基本策略

(1)培育旅游组织文化，增强组织的凝聚力。组织文化是组织在长期生产经营过程中形成的，被全体人员遵守和奉行的价值观念、行为准则和审美理念的综合反映。组织文化能够引导员工个人的思想意识朝组织的总体目标靠拢，从而形成强烈的集体意识。具有强烈集体意识的组织员工又会对组织所承担的社会职责和企业目标有更深刻的理解，从而能自觉地约束个人行为，使个人利益与组织利益趋向于一致。因此，培育具有稳定性、吸附性、导向性和包容性的组织文化，能够增强旅游组织的凝聚力，在组织内部营造出和谐、轻松的工作环境。同时，拥有优秀组织文化的旅游组织，能够向社会展示其良好的管理机制和企业风貌，无形中向市场提供了可信赖的信息，这就使组织塑造了良好的形象，树立了良好的市场信誉。

(2)加强内部信息沟通，提高全体员工的民主与参与意识。信息沟通是指信息在人与人之间、组织与组织之间，通过语言、文字、图形以及感情、态度等形式的传递。在组织开展公共关系活动时，不仅外部的信息沟通重要，内部的信息沟通同样值得重视。有调查表明，只有10%的员工认为组织的事与己无关，而90%的员工都渴望知道组织的最新动态。作为组织的一分子，员工如果对组织的情况不了解，特别是对与自己切身利益相关的信息知之甚少，便会产生猜疑、烦恼、对抗的心理和行为。这样组织与员工之间便缺乏最基本的相互了解与信任。在这种情况下，组织的政策和行为也很难得到员工的理解和支持。

因此，加强内部信息的双向沟通，提高全体员工的民主意识、参政议政的意识，是开展内部公共关系、建立良好员工关系的途径之一。只有这样，才能使员工产生主人翁意识，把组织的事当成自己的事，愿与组织共存亡。

(3)进行“感情投资”,增进与员工的情感交流。感情是指人们对客观事物是否符合自己需求所产生的态度和体验。组织的员工除了有物质上的需求外,还会有精神上的需求。在开展员工公共关系的时候,要注意对员工进行“感情投资”,因为组织的凝聚力是以成员感情上的融洽为基础的。组织不仅是员工工作谋生的职业场所,而且应该是他们社会生活的中心。通过“感情投资”可以把组织建成“生活共同体”。对员工在工作以外的时间,从生活的各个方面给予积极的关心,让员工置身于组织中也会有如在家中般的舒适感,以此来增强员工的归属感。

【补充阅读】

“快乐工作,幸福生活!”

——合肥和平国际大酒店情感管理模式

在目前合肥酒店业员工流失严重、个别酒店流失率高达50%以上的时候,合肥和平国际大酒店员工流失却始终稳定在15%左右。和平国际大酒店目前有员工400多人,其中工龄在10年以上的老员工就有100多人,近年来猎头一波又一波,但和平大酒店中层以上管理人员无一人离开。作为一家老牌的四星级酒店,和平国际大酒店对员工何以有如此的吸引力?

(1)为员工规划职业生涯

像父母关心孩子,和平大酒店认真替员工前途所想,为他们量身设计最适合的职业生涯。对员工们来说,工作不再仅仅是工作,而是一种令人难以弃舍的事业。酒店员工们说:“和平就是我们的家!”

在和平大酒店,员工在同一岗位工作一段时间后,酒店会根据用人需求和员工职业发展意向,通过开展培训、岗位轮训、鼓励支持员工上成人学校及职业资格考证等形式,帮助优秀员工进入关键岗位。近年,和平大酒店又把员工职业生涯规划工作前移。2009年,和平大酒店与安徽工业经济职业技术学院合作,开设高职旅游专科班——“和平班”,每班20人,教学采取“2+1”模式,即学员前两年在学校学习,后一年在酒店实习,毕业后可直接进入酒店工作。这种集教育、实习、就业、发展于一体的职业生涯设计模式一出炉就受到市场欢迎。

(2)关心员工家庭生活

在和平大酒店,员工在家庭生活上遇到难事,酒店不会袖手旁观。一位酒店资深人士评价说,随着80后、90后员工渐成主流,他们在经济上和价值观上的特性,决定了“饭碗”不再是吸引他们留下的唯一原因。当代年轻人多注重生活价值观,决定了企业管理不仅要标准化,也要特色化,尤其要注重情感培养。

酒店总经理郭光在员工管理上的理念就是“让酒店成为员工温馨安全的和

平之家”。从提法上来说，这算不上创新。但关键是和平大酒店将这一口号落到了实处，做到了极致。记者在酒店见到郭总，她永远是一身得体的藏青蓝工作服，精神抖擞、表情严肃，似乎不用介绍就能看出她是酒店的“头儿”。员工对于她，亦怕亦爱。怕是怕她在工作上一丝不苟，严得有时近乎苛刻；爱她，是因为她严肃的外表下，有一颗慈母之心。

(3)做员工的后盾

家是港湾，当疲倦或者是遇到风险时，可以休憩疗伤。

和平大酒店在为每一位员工签订劳动合同、买齐社会保险的同时，也较早地建立了困难员工帮助机制和员工慰问机制。酒店副总经理张国胜介绍，这一机制主要分为三个层次，一是“特困基金”，二是“年终员工困难补助”，三是“员工慰问”。这三种帮扶适用的范围很广，针对酒店所有员工和员工家庭。近10年来，得到酒店这三种补助的员工达到100%。

做员工的后盾，就要在员工遇到困难时能挺身而出。去年，随着物价的升涨，许多员工感到了经济压力。酒店果断决定抛弃原有调薪程序，紧急提高一线员工薪酬水平，在去年1年之内，已针对不同岗位先后3次调薪，工资增幅最高的岗位达30%。

“快乐工作，幸福生活！”是和平国际大酒店提出的愿景，也是酒店员工的真实写照。

(资料来源：http://news.toptour.cn/html/2011/03/20110303111153.shtml)

二、旅游组织的股东

旅游组织的股东是指旅游企业的投资者和实行股份制及股份合作制的旅游企业股份的所有者，他们是旅游企业及其基本财产的最终拥有者，也是企业资本的来源。

有些股东是具有法人资格的组织，有些本身就是旅游组织内部的员工，还有些是社会个人。不论具体形式如何，股东都平等享有参与经营、处置股份、分配利润等多种法定权利。旅游组织与其股东间拥有良好的关系，可以稳定“财源”，扩大知名度与美誉度，吸引新的投资者。

(一)良好旅游组织股东关系的重要性

(1)良好的股东关系可以使旅游组织获得稳定的资金来源。旅游组织可以通过发行股票来筹集资金。股东是旅游组织的投资者，是旅游组织的直接财源。当股东对旅游组织发展充满信心，双方关系融洽和谐时，股东愿意较长时间持有较多该组织的股票，对该组织的财力支持就大；当股东对旅游组织发展前景失去信心,双方关系紧张时,股东会放弃所持的旅游组织股票,这不但会使投入旅游组织的资金减少,还会使旅游组织所发行的股票价格下跌,对旅游组织形象造成不利影响。因此,良好的股东关系有利于稳定旅游组织的财源。而且,当股东愿意持有旅游组织股票时,说明对旅游组织发展前景有信心,这也能吸引更多的投资者,为旅游组织开拓资金来源。

(2)良好的股东关系有利于提高旅游组织的社会影响力。股东向旅游组织投入资金,其个人利益与旅游组织的利益有紧密的联系。旅游组织效益好,股东收入也会提高。因此,股东乐意利用其广泛的社会关系,在各自不同的领域为旅游组织做积极广泛的正面宣传。这不仅加强了各界对旅游组织的认识与了解,而且也赢得了各界对旅游组织的赞许与好感,从而有助于提高旅游组织的社会影响力。

(二)建立良好旅游组织股东关系的途径

建立良好的旅游组织的股东关系主要目标在于:树立旅游组织在股东心目中的良好形象,争取股东和潜在投资者的信任,稳定股东队伍,吸引新的投资者,进一步扩大旅游组织的财源。

股东是旅游组织的投资者,旅游组织的利益与股东的利益密切相关,因此股东普遍具有"主人意识"和"特权意识",他们对旅游组织的经营状况与发展动向极为关注,对组织的各类信息十分留意。在建立良好的旅游组织股东关系时就应该以此为出发点。

(1)尊重股东权利,激发其主人翁意识。自购买旅游组织的股票之日起,股东就成为组织的主人,拥有参与经营、处置股份、分配利润等多种法定权利。旅游组织在处理股东关系时,不论股东占有股票的多少,都要一视同仁,尊重股东的特权,维护股东的正当权益。这样才能满足其"主人意识"和"特权意识",激发其主人翁意识,产生与组织荣辱与共的责任感。

(2)加强与股东的信息交流与沟通。建立良好的股东关系,要保持与股东的经常联系和密切沟通。股东拥有对旅游组织相关信息的优先知情权。旅游组织要赢得股东信任、稳定投资人,就要针对股东关心的问题(如旅游组织的经营管理情况、赢利情况、业务拓展情况、分红政策等)向股东开诚布公。交流沟通的方式可视股东的具体情况而定,可以发布年度报告、召开股东会议、发函或邮寄调查表、编印内部刊物、邀请股东审查或试用新产品、个别走访,等等。

总之,不应当将股东关系仅仅当作是财务关系或者金融关系,由于彼此间经济利益关系的存在,旅游组织应当将股东视为组织发展最可信赖的重要公众,加强与其信息交流沟通,充分满足其"特权意识",从而稳定旅游组织的"财源",并利用股东的社会关系赢得更多的潜在投资者，为旅游组织的发展壮大提供更多的资金保证。

第三节　旅游公共关系的外部公众

外部公众与旅游组织无归属关系，是指除了内部公众之外与组织有某种利益关系的公众，主要包括了消费者公众、媒体公众、政府公众、社区公众、同业公众等。

外部公众与组织的关系虽然不像内部公众那样密切，但是却对旅游组织的生存和发展具有实际的影响力和约束力。外部公众构成了旅游组织生存和发展的外部社会环境。“组织存在的唯一原因，就是为外界环境服务”，没有外部公众，组织就失去了存在的价值和意义。处理好与外部公众的公共关系，是旅游组织公共关系工作的重点。

外部公众分布广泛，构成复杂，各自对组织所产生的影响也有所不同。因此，旅游组织在处理不同的外部公众关系时，所采取的方法和手段也会有所不同。

一、消费者公众

消费者公众是指购买、试用或可能购买、试用旅游组织提供的产品或服务的个人、团体或组织。旅行社接待的旅游团，旅游饭店、宾馆的客人，旅游车船公司的乘客，旅游景点的游人，旅游购物商店的顾客等均属于旅游组织的消费者公众。消费者公众是与旅游组织有直接利害关系的外部公众，也是各旅游组织对外传播沟通的重要目标对象，是旅游组织重点追求的公众。

由于旅游组织的性质不同，其产品也会有所不同。有的产品是实物，如饭店的饭菜，购物商店的纪念品；但更多的是满足心理、精神享受的服务，是无形的产品，如服务人员提供的服务、导游员的讲解、旅游景点所反映出来的文化价值，等等。因此，旅游组织的消费者公众是物质消费和精神消费的统一体。旅游组织只有满足了消费者公众的多重需求，才能稳定市场，实现产品的价值，实现旅游组织利润最大化的经营目标。

（一）良好旅游组织消费者公共关系的重要性

良好的消费者公共关系体现在旅游组织拥有一批固定的消费者群体，并且这一群体会随着组织的发展而壮大，在满足消费者需求的同时，组织自身的经营目标也能得到实现。

(1)良好的消费者公共关系有助于形成良好的销售环境,为旅游组织带来效益。消费者公众是旅游组织中人数最多的外部公众,他们构成了旅游组织的客源市场。而当今的市场环境,由于各企业激烈的竞争,产品的多样化,已经由卖方市场向买方市场转变。也就是说,消费者的需求引导着旅游组织产品的生产。一个旅游组织的经营目标能否实现,很大程度上取决于其产品被消费者接受和欢迎的程度,而消费者对旅游组织产品的赞许或消费量,则决定了组织的效益。因此,消费者就是"衣食父母",消费者关系就是旅游组织的生命线。旅游组织拥有良好的消费者公共关系就等于建立了良好的销售环境,拥有了稳定的客源市场,并能以此吸引更多的潜在消费者。这都能为旅游组织带来社会效益和经济效益。

(2)良好的消费者公共关系有助于旅游组织树立正确的经营思想,完善改革。良好的消费者公共关系的表现之一就是旅游组织拥有一批稳固并可能不断壮大的消费者群体。如前所述,在买方市场已经形成的前提下,旅游组织必须开发符合消费者公众需求的产品,才能拥有固定的消费者群,稳定市场。而要开发符合旅游消费者公众需求的产品,旅游组织首先就要树立起"消费者至上"的经营思想,以消费者的利益和需求为导向来制定组织的政策,从而实现旅游组织和消费者公众的双赢。"消费者至上"的经营思想也同时决定了旅游组织必须不断改革自身的管理,不断创新,才能适应不断发展变化的消费者需求。

(二)建立良好的旅游组织消费者公共关系的途径

由于多数旅游组织的产品具有生产与消费同时进行的特性,消费者更多时候是通过旅游组织员工提供的服务的质量来判定其所购买的旅游产品的质量的高低,这也就决定了建立良好的旅游组织消费者公共关系应遵循以下途径。

(1)全员公关,向消费者提供高质量的产品。旅游组织产品的质量要靠良好的服务技巧来体现,消费者消费旅游组织产品时,正是旅游组织员工对客提供服务时。因此,旅游组织的员工都有可能处在对外公关的第一线,旅游组织要通过服务过程的管理,加强全员公关意识的培养,通过每一位员工的努力,为消费者提供高质量的服务,建立良好的消费者公共关系,巩固双方关系。

(2)遵守行业规则和职业道德,诚信经营。基于上述旅游组织产品的特性,诚信经营对于旅游组织来说更为重要。消费者所购买的旅游组织产品并不都如购买实物商品那样可以直接接触,货比三家。很多时候是消费者付款在前而消费在后。这一点在旅行社产品上表现最为明显:旅游者只有参加了旅行团,才知道旅游线路符不符合广告所宣传的内容。这就要求旅游组织必须遵守行业规则和职业道德,使宣传内容与客观实际相符,承诺与履行的服务一致,这样才能确保消费者的利益，吸引回头客。

(3)加强信息沟通，增进旅游组织与消费者之间的相互了解。良好的旅游组织消费者公共关系强调的是“消费者至上”的经营理念，但是消费者追求个人效用最大化和旅游组织追求企业利润最大化的目标始终存在着矛盾。要在最大限度地满足消费者需求的同时实现自身的经营目标，旅游组织就要做到知己知彼。信息的沟通是双向的，旅游组织在让消费者认识和了解本组织的产品、经营宗旨、组织精神的同时，也要不断认识和了解自己面对的消费者的需求、爱好、对组织和组织产品的评价，以及不同条件下消费者态度的变化。双方间的相互了解是一个动态的过程，方式方法也多种多样，如利用互联网的互动优势建立消费者资料库等。只有加强信息沟通，旅游组织才能保持自身的活力，在竞争中立于不败之地。

(4)在标准化服务的基础上为消费者提供个性化服务。标准化服务是指按照行业或企业所制定的标准和程序提供服务。个性化服务是服务人员针对服务对象的不同个性特点和心理需要，结合具体情境，发挥自己的资源优势所采取的有针对性、灵活性的服务。由于旅游组织产品本身就是一种非标准化产品，消费者要求也是变化多端的，所以标准化服务只能使消费者对旅游组织产品感到物有所值，而个性化服务却能让消费者觉得物超所值。要想建立良好的消费者公共关系，在市场竞争中取得优势，标准化服务是基础，而个性化服务是关键。旅游组织应对消费者群体的行为进行准确的分析和合理的分类，根据组织现实和潜在的目标消费者群体的需求特点设计产品，从而为其提供个性化服务。

【补充阅读】

酒店业的金钥匙服务理念

金钥匙(Concierge)的徽章标志是两把交叉的金钥匙，它意味着尽善尽美的服务，意味着佩戴此徽章的人能满足你在旅游酒店中的各种需求。取名“金钥匙”，一方面是因为它开启了酒店的综合服务之门，更重要的是，它能为城市的国际化形象开启尊贵之门。

金钥匙服务理念的精髓包括以下几方面。

(1)先利人、后利己。这是价值观。只有有了全新的服务意识和先人后己的价值观才能做好酒店服务工作特别是金钥匙服务工作。

(2)用心极致，满意加惊喜。这是方法。它要求，所有宾馆酒店的服务人员和工作人员，都要全力以赴、竭尽所能地为住店宾客提供高质量、全方位、个性化的服务，不能有丝毫的懈怠。在竭尽所能为住店宾客提供高质量、全方位服务的同时，尽可能地让客人有超值享受或者说有额外的惊喜。

(3)在客人的惊喜中找到自己富有的人生。在客人的惊喜和满足中,在客人满意的眼神和赞许声中实现自己的人生价值,这是目标。

金钥匙的服务哲学,是在不违反法律的前提下,使客人获得满意加惊喜的服务。特别是目前中国的旅游服务必需要考虑到客人的吃、住、行、游、购、娱六大内容。

酒店金钥匙的一条龙服务正是围绕着宾客的需要而开展的。例如从接客人订房、安排车到机场、车站、码头接客人;根据客人的要求介绍各种特色餐厅,并为其预订座位;联系旅行社为客人安排好导游;当客人需要购买礼品时帮客人在地图上标明各购物点,等等。最后当客人要离开时,在酒店里帮助客人买好车、船、机票,并帮客人托运行李物品;如果客人需要的话,还可以订好下一站的酒店并与下一城市酒店的金钥匙落实好客人所需的相应服务。

让客人从接触到酒店开始,一直到离开酒店,自始至终,都感受到一种无微不至的关怀。从这,人们不难想象酒店金钥匙对城市旅游服务体系、酒店本身和旅游者带来的影响。可以说,金钥匙服务理念是星级酒店服务的最高境界!是所有酒店人孜孜追求的最高目标,金钥匙服务是新形势下高星级酒店服务的新形式和新发展!

(5)引导、培养旅游消费者树立文明健康的消费观念。文明健康的消费观念指消费者具有能够凭借自觉合理的消费需求、清醒的消费判断,选购自己所需的且质量好的商品,明确自己作为消费者所享有的权利,并且能够用合法手段有效维护自身权利的能力。具有文明健康消费观的消费者是成熟的消费者。旅游组织面对成熟的消费者越多,说明组织所处的市场环境越有序,越稳定。因此,引导、培养旅游组织产品消费者树立文明健康的消费观念,可以为旅游组织赢得一个有利于其发展的市场环境。要引导、培养文明健康的消费观念,旅游组织可以多运用信息传播和情感交流的方法,定期向消费者推介自己的新产品和服务特色,设立消费信息反馈机制等。

(6)及时妥善处理各种纠纷,认真对待消费者投诉。随着消费者消费观念的成熟,维权意识增强,消费投诉不可避免,特别是以对客服务为主要产品的饭店、旅行社等旅游组织更是如此。处理消费者投诉是旅游组织公关工作的重要内容之一。面对消费者的投诉,旅游组织要及时、耐心、诚恳地处理,要掌握第一手资料,查明纠纷原因,了解投诉者的真实想法和要求,尽快制定处理方案并加以实施。如果投诉确有其事,旅游组织要勇于承认错误,承担责任;如果投诉是出于消费者的挑剔,旅游组织也要本着"消费者至上"的经营思想,在处理"投诉"时"把对让给消费者"。总之,就是要让消费者觉得自己是受重视和尊重的,要尽力把“逆意公众”转变为“顺意公众”。

二、媒体公众

媒体公众也称为新闻界公众，传统上是指报刊、广播、电视等大众传播媒体，现在讲的媒体公众包括报社、杂志社、广播电台、电视台等新闻传播机构和记者、编辑、撰稿人、主持人等新闻界人士。

对于所有社会组织包括旅游组织来说，媒体公众是组织对外公共关系工作所面对的最为敏感、最为重要的工作对象之一。在西方国家，新闻媒体被看做是于立法、司法、行政之外的“第四种权力”。因为它能通过制造并影响社会舆论来操纵或改变社会大众的思想观念、价值取向和态度行为。

从旅游公共关系的角度看，媒体公众和员工一样也具有鲜明的双重性。一方面，组织要借助媒体公众作为其与其他公众之间沟通的中介；另一方面，媒体公众本身就是组织需要特别重视的被追求公众。这种中介与公众合一的双重性特征，使得处理好媒体公众与组织间的关系意义重大。

（一）建立良好媒体公众关系的重要性

（1）建立良好的媒体公众关系是运用大众传播手段的前提。媒体公众拥有强大的影响力。新闻媒介不是旅游组织所能独家占用的，广大公众都可以利用传媒进行社会监督。媒体左右舆论的作用，是旅游组织不能忽视的。另一方面，媒体公众拥有广泛的外部联系。媒体与社会各界有密切而广泛的联系，整理和传播来自各个方面的信息。旅游组织要想将自己的有关信息传播给广大公众并使之接受，必须依靠传媒的力量，而且旅游组织有关信息是否为媒体所报道，报道的时机、频率、角度等是由媒体自身决定的，旅游组织无法左右。因此，与媒体公众建立广泛、良好的关系，是组织实现与公众有效沟通的前提。

（2）建立良好的媒体公众关系有利于塑造良好的旅游组织形象。旅游组织形象的塑造和维护要靠公众舆论来完成。在现代信息社会中，新闻界公众是掌握、控制、引导公众舆论的权威机构。他们决定着哪些信息该中转、疏导、传播，哪些信息该中止、抑制、封闭，扮演着信息“把关人”的角色，大众传媒因此往往成为社会信息的“信度仪”。通过媒体公众传播的舆论，可以给旅游组织扬名，也可以给旅游组织毁誉。与媒体公众关系融洽，旅游组织容易获得公众舆论的认可，有良好的组织形象；如果与媒体公众关系欠佳，旅游组织就难以获得公众舆论的认可，难以塑造良好的组织形象。因此，建立和保持良好的媒体公共关系被认为是（外部）公共关系工作的“第一要务”。

（3）良好的媒体公众关系有利于扩大旅游组织的社会影响力。旅游组织不可能直接面对所有公众，要实现与大部分远距离的、大范围的公众进行沟通，大众传播是最好的途径。大众传播此时扮演着信息“放大器”的作用。通过现代的印刷、电子等传播技术，大众传播媒介将大量的、高速度的复制信息，传送给无数分散、匿名的公众。然而，旅游组织并无法直接掌握和控制大众传播媒介。对组织有关信息的报道，报道的时机、频率、角度等等决定权掌握在新闻界公众手中。因此，与新闻界公众建立广泛良好的关系，是成功运用大众传播的必要前提。在此基础上，旅游组织可以在更广的范围内提高自身的知名度和美誉度，扩大社会影响力。

【补充阅读】

旅游危机事件中的自媒体公众

事件回顾：“华山游客被捅事件”

2012年10月2日，华山因游客量超载造成数万名游客拥堵在景区。在大规模拥堵滞留情况发生后，华山景区管理方在广播里让游客自行走7.66公里路下山，但未提及退票及补偿事项，导致许多因长时间滞留而寒冷饥饿、情绪急躁的游客向周边景区管理人员讨说法，并拍打售票窗口要求退票。由于游客与管理方冲突加剧，华山景区调集了众多防暴警察、保安以及相关工作人员以维持秩序，在此过程中，游客的不满情绪愈来愈大，某些工作人员的态度也愈来愈恶劣，不时与游客发生肢体冲突。当晚22:30左右，来自内蒙古的游客董某某夫妇在退票维权过程中被几个工作人员（保安）用刀捅伤。事件发生后，有在现场的网友迅速在微博发布捅客事件图文微博，引起微博网友大规模转载和评论，又经过其他媒介平台的传播，酿成了使舆论哗然的“华山捅客事件”。

事件分析：

（1）在当前社会，以微博为典型代表的自媒体，已成为网络传播最活跃的主体和新兴舆论场。随着自媒体时代的来临，媒体逐渐从一个高门槛的专业机构操作，变成越来越多的普通人自己可以发布信息、传播信息。从论坛、社区到博客，再到微博，媒体变得越来越个性化、个人化，每个人发言的自由空间越来越大。微博对许多重点、热点事件都起到了重要的推动作用，这种推动不仅是对社会，也是对传统媒体的推动。

（2）在上述案例中，游客作为事件当事者，也是作为自媒体的事件参与讨论者。据调查数据显示，这次事件到10号为止出现了2次波动，一是10月3日、10月4日滞留山顶的游客发的求助微博、捅客事件目击游客发的图文微博形成的微博传播高峰和论坛转发高峰；二是长假结束后第一个工作日（10月8日），大众通过微博和博客分享假日出游体验的转发高峰以及因华阴警方宣布捅客案件破获而引发的第二轮发帖高峰和新闻报道高峰。该事件因游客在微博上爆出的图文微博,而引发大众的关注和讨论热潮,随着传统媒体也介入跟踪报道,产生了一系列的社会影响。

(3)综上可知,传统媒体公众随着自媒体公众的加入,使得信息的传播和扩散变得容易,公众的参与度不断提升。这就要求旅游组织在处理危机事件时,应充分考虑自媒体公众所起的重要作用。合理的利用自媒体塑造自身良好的组织形象,赢得公众的好感和认同,扩大社会影响力。

(二)建立良好媒体公众关系的途径

(1)尊重新闻界的职业特点。在实际工作中,媒体公众和旅游组织是相互依赖,互为中介的。一方面,旅游组织需要通过媒体公众将组织信息传递给各类公众;另一方面,媒体公众需要通过旅游组织获取新闻报道素材。而新闻界的职业特点是重视新闻报道的客观性、及时性及公正性,不受其他势力所左右。因此,对于同一个问题,特别是可能对组织产生负面影响的消息,由于内在利益和出发点的不同,媒体公众和旅游组织的态度可能是不一致甚至是相反的。对此,旅游组织的公关人员要有所认识,尊重新闻界"独立性"的职业特点,设法缩小这种与媒体公众的思想认识差距,使媒体公众在积极的意义上为旅游组织所用。

(2)主动保持与媒体公众的联系,及时提供有价值的信息。旅游组织不应当抱着功利的态度仅仅把媒体公众当成是扩大社会影响的工具,当有需要时才临时抱佛脚与之联系。在日常工作中,应本着互惠互利的原则,保持与媒体公众的联系,通过定期寄送资料、通报信息、访谈等方式及时向媒体公众提供有价值的信息,支持、配合媒体公众做好新闻报道工作。旅游组织还可以充分利用行业优势,主动创造机会与媒体公众保持经常性的友好交往,如联谊活动、配合在酒店进行的社会性活动报道等,以增进相互了解和友谊。

(3)正确对待媒体公众关于本组织的信息传播。对于正面的信息传播,旅游组织应将其作为自身继续发展的动力,保持谦虚、谨慎的态度,不忘记向媒体和公众致谢;对于媒体公众的批评,旅游组织应积极采取补救措施,认真总结经验教训,请媒体公众对改进过程进行监督并跟踪报道;对于媒体公众的误解,旅游组织也不能谩骂或诋毁,而应通过晓之以理、动之以情的商洽方式,向其澄清事实真相,请其再进行纠正性的报道,以正视听。

三、政府公众

政府公众指各级政府机构和职能部门及其官员、工作人员。政府公众代表全民利益和意志,对全社会实行统一管理。旅游组织是社会组织的一部分,自然也必须接受政府公众的管辖。政府公众是对组织最具影响力和具有社会权威的一类首要公众。在实际工作中,旅游组织与各级旅游局、公安局、卫生局、工商行政管理局、税务局等各个政府具体职能部门及其官员、工作人员存在形式多样的联系,任何旅游组织都免不了存在和政府公众的关系问题,建立与政府公众的良好关系是旅游组织公共关系工作的又一重要内容。

(一)建立良好的政府公众关系的重要性

政府是国家权力的执行机关,它依据统一的法律法规和政策,对社会活动进行管理和指导,对旅游组织的生存与发展起着极大的制约作用。任何一个旅游组织都必须处理好与政府公众之间的关系。

(1)建立良好的政府公众关系能够形成对旅游组织有利的政策、法律和社会管理环境。政府公众具有强大的宏观调控能力,具有政策、法律、法规的制定和执行权。处理好与政府公众的关系,可以获得来自于政府的多方面支持,为组织的生存发展创造有利的外部环境。

(2)建立良好的政府公众关系能够获得政府人、财、物及信息资源方面的支持。政府的职能决定了它可以协调、控制社会的各个层面,旅游组织一旦遇到困难,如果它拥有良好的政府公众关系,那么它就可以在政府的协调下得到社会各有关方面人力、财力、物力的支持。

(3)建立良好的政府公众关系能够获得良好的舆论环境。旅游组织一旦获得政府的信赖与重视,往往也会受到媒体公众的关注并予以报道。政府公众的权威性和客观性能使其他公众形成对旅游组织形成有利的评价与印象。

(二)建立良好政府公众关系的主要途径

(1)旅游组织在生产经营活动中要遵纪守法,服从各级政府的管理。旅游组织与政府保持一致,这是双方建立良好关系的前提。旅游组织必须以政府的政策来制定自己的方针,在遵守国家各项法律法规的前提下获得最佳的经济效益和社会效益。违法乱纪,不仅会损害国家利益和组织利益,败坏组织形象,还要受到法律制裁,丧失政府的支持。

(2)积极保持与政府的双向沟通,及时主动反映基层实情。一方面,旅游组织应详尽地分析政府的方针、政策、法规,以此来指导自身的一切活动,并随时按照政策、法规的变动来修正本组织的政策和活动;另一方面,由于政府制定政策的依据主要源于基层实际,旅游组织有责任和义务向政府及时主动反映基层实情,以提高政府决策的科学性和实效性,同时也能在政府制定政策时发挥一定的主动性。

(3)为社会创造更多财富,以国家利益为重。努力提高经济效益,为社会、国家多做贡献，是获得良好政府公众关系的有效途径。有良好的社会效益和经济效益的旅游组织，政府会从财政、税收等各方面给予有力的支持。而当旅游组织利益与国家利益相冲突时，旅游组织应以服从国家利益为重。只顾计较自身得失而置国家利益于不顾的旅游组织，必定会失去政府的信任与支持。

(4)扩大旅游企业在政府部门中的影响。旅游组织应把握有利时机，扩大企业在政府部门中的信誉和影响，使政府了解企业对社会和国家的贡献及成就。如饭店业，可以利用开业典礼、周年庆典、主题活动等机会，邀请、安排政府主管部门领导及党政要人出席企业的重要活动，主持仪式或剪彩。通过各种专题活动，提高政府部门对旅游企业的重视程度。

四、社区公众

社区公众是指在某个旅游组织所在地，与该组织共处于一个空间领域并与其有着各种交互关系的相关公众。旅游组织所在地的权力管理部门、地方团体组织、左邻右舍的居民百姓等都属于该组织社区公众的范畴。由于地缘的关系，旅游组织与社区公众有着千丝万缕的必然联系，可以说，社区是旅游组织的生存空间和根基。

(一)建立良好社区公众关系的重要性

(1)建立良好的社区公众关系能为旅游组织生存与发展提供多方保障。社区如同旅游组织扎根的土壤，没有良好的社区关系，旅游组织就会失去立足之地。旅游组织与社区公众之间的地缘关系，直接影响着旅游组织各方面的正常运转。社区公众是旅游组织最稳定的顾客，社区为旅游组织提供其所需的人力、能源和资源、社会服务，旅游组织接受所在社区政法权力机关的管辖。旅游组织生存在一个具体的社区环境之中，有良好的社区公众关系才能保障其发展。

(2)建立良好的社区公众关系能够使旅游组织获得良好的口碑，扩大社会影响。旅游组织与社区公众同处于同一地域，社区公众是旅游组织最可信赖的支撑性公众。与社区公众建立良好的关系，能够使旅游组织获得其好感与认同，形成社区内的良好口碑，扩大旅游组织的区域性社会影响。这种区域性社会影响一旦被媒体关注和报道，又会远播到外地，形成更大范围的影响。这为旅游组织谋求稳定、顺利的发展打下牢固的基础。

(二)建立良好社区公众关系的基本途径

(1)增强社会责任感，主动承担必要的社会责任和义务。旅游组织存在于一定的社区之中，本身也是社区居民之一，有其自身应尽的社会责任和义务，要自觉维护社区的环境和谐。组织对于自身有损社区居民利益的行为要自查自检，坚决取缔;否则只会损害旅游组织在社区公众心目中的形象,导致组织环境恶化。如饭店、餐厅要严格控制“三废”的排放,防止环境污染。若漠视社区利益,最终只会导致四面楚歌,无立足之地。

(2)为社区公众服务,谋求共同的繁荣与发展。旅游组织与社区公众的利益是紧密联系在一起的,社区繁荣则旅游组织得益。因此,旅游组织要积极投身于社区的社会公益事业之中,为社区公众服务,以实际行动帮助社区公众排忧解难,如为社区下岗人员免费培训厨艺,这样做也能使旅游组织在社区公众中树立起良好的形象。

(3)加强沟通,增进双方的相互了解。良好的社区公众公共关系是建立在旅游组织与社区公众相互了解的基础上的。旅游组织应积极采取各种传播手段,加强与社区的双向沟通,增进相互了解。一方面向社区公众通报本组织各方面的情况,积极为社区公众提供深入了解组织的机会;另一方面应主动收集社会公众对组织的各种反映,并认真做好反馈工作。

五、同业公众

同业公众一般指在同一行业里从事性质相同或相似业务活动的、相对独立的同行企业。由于旅游活动具有吃、住、行、游、购、娱六大要素,一个旅游活动的完成,需要包括酒店、旅游车船公司、景点、商店、娱乐企业、旅行社等旅游组织的配合。所以,旅游公共关系学中的同业公众指旅游业中为旅游者提供相关旅游服务的独立组织,包括上述各企业。这些企业有着各自的利益与目标,但彼此间相互依存,相互影响。

根据企业间的业务往来,可以把旅游同业公众分为同业合作公众和同业竞争公众两大类。同业合作公众是指为实现自身目标而与某一特定企业存在某种合作关系的旅游企业。如旅行社为酒店提供客源,酒店为旅行社解决旅游者住宿问题,两者之间既互为同业合作公众。同业竞争公众指在同一个市场上与本企业生产或出售同一类旅游产品或服务的其他旅游企业。如同处一地的同星级酒店。

(一)建立良好同业公众关系的重要性

旅游行业的健康发展既需要同业合作公众彼此间的支持与配合,也需要同业竞争公众之间的促进和推动。与同业公众建立良好的关系对任何旅游企业来说都是至关重要的。

(1)建立良好同业公众关系有利于合理配置社会资源,对客提供完善旅游产品。旅游业务所含内容多、涉及范围广,单一的旅游企业不可能完整提供六大要素所需的各项服务，这时不同旅游企业之间合作是必需的。良好的合作关系能相互促进旅游企业各自业务的发展。如旅行社客源的增加能刺激饭店、商店、景点的发展，而饭店、商店、景点等企业服务质量的好坏又会影响旅游者对旅行社服务质量的评价。最终，对客提供的是完善的旅游产品，各旅游企业在实现各自经营目标的同时又实现了社会资源的合理配置。

(2)建立良好的同业公众关系有助于创建理想的经营环境，推动旅游行业的健康发展。良好的同业竞争公众关系建立在同质旅游企业有序竞争的基础上。有序竞争能促进社会生产力的发展：由于要在竞争中争取优势，旅游企业只有从自身的产品着手，不断地优化与创新，做到“人无我有，人有我优”。这样一种不断进取的经营环境，对于旅游行业的健康发展是非常重要的推动力。如果存在竞争关系的旅游同业公众采取互相拆台的无序竞争手段，无疑会两败俱伤，甚至使整个行业遭受莫大的损失。

(二)建立良好同业公众关系的基本途径

(1)完善合同制，明确责权利。旅游企业的合作虽然建立在共同的利益基础上，但合作者最为独立的“经纪人”，都以各自利润最大化为追求目标，在合作过程中难免会出现矛盾。以经济合同的形式来确立各方的权利、义务和责任，并不断完善合同制度，这样不仅能确保各旅游组织自身经济利益的实现，而且能避免和正确处理各种可能发生的纠纷，从而促进合作关系在法律制约下更加稳固、和谐。

(2)加强沟通，及时通报信息，增强彼此感情。同业公众之间应该接受“协同”竞争的思维方式，旅游企业与竞争对手寻求共同利益，就能达到双方的“互惠互利”。通过行业会议、联合活动、联谊会、期刊交流、邀请竞争对手参观企业等活动，加强彼此沟通了解，促进信息流动，建立融洽的共赢关系。

(3)树立正确竞争观念。存在竞争关系的旅游组织之间要积极开展有序竞争，除了政府的支持之外还必须依靠各旅游组织共同努力。讲究竞争道德，树立正确的竞争观念。通过寻找对手的长处来发现、弥补自身的不足，而不是玩弄诡计、权术。理想的行业竞争机制要靠旅游企业来共同维护。

(4)遵循“平等互利，合作共赢”原则。不论是合作关系还是竞争关系，旅游行业同业公众间都应将双方关系建立在平等互利的基础上，在工作中互相尊重、谅解、信任、支持和帮助，树立“共存、共荣、共赢”的经营理念，共同将“蛋糕”做大，谋求整个行业的发展、壮大。

【重点提示】

旅游组织开展公共关系活动，首先要对公众进行科学的分类，才能制订相应的公关策略,获得事半功倍的效果。按照不同的角度划分,公众可以分为:内部公众和外部公众;首要公众和次要公众;临时公众、周期公众和稳定公众;顺意公众、逆意公众和中间公众;受欢迎公众、被追求公众和不受欢迎公众;非公众、潜在公众、知晓公众和行动公众。

从与旅游组织的归属关系的角度来划分公众,可以分为内部公众和外部公众。内部公众包括旅游组织的员工、股东;外部公众主要包括消费者公众、媒体公众、政府公众、社区公众和同业公众等。

■ 关键概念

公众　非公众　潜在公众　知晓公众和行动公众　心理定势　员工　股东　消费者公众　媒体公众　政府公众　社区公众　同业公众

■ 复习与思考

1. 简析公众的含义及特征。
2. 为什么要对公众进行分类?常见的分类方法有哪几种?
3. 简述公众心理定势的含义及特征。
4. 简述建立良好员工关系的意义及基本策略。
5. 如何对员工进行"情感投资"?
6. 简述建立良好股东关系的重要性。
7. 如何理解消费者是旅游组织重点追求的公众?
8. 怎样做到个性化服务与标准化服务相结合?
9. 如何理解媒体公众的双重性?
10. 自媒体对旅游公共关系提出哪些挑战?
11. 简述建立良好政府公众关系的重要性。
12. 简述建立良好社区公众关系的基本途径。
13. 怎样理解同业公众间的合作与竞争关系?

■ 案例分析

乔先生因业务关系到苏州出差。晚餐后,乔先生想起单位三位女同事请他在苏州代买几把江南苏绣工艺扇。于是他信步来到酒店商品部挑选着柜台里的团扇。

正当乔先生准备请服务员结账的时候,他身边的一位购物者小声嘟囔了一句:"这里的'双面绣'比街上的贵多了!"乔先生听后,一时犹豫起来。

“请问，酒店里的团扇，比街摊上的要贵多少？”他试探着问了一句。

“不瞒先生，这里的团扇要比街摊的团扇价格高一些，但相对而言，星级酒店商品部展示的工艺品，其质量要比摊点的商品可靠些。”服务员微笑着回答。

“酒店附近有卖团扇的摊点吗？”乔先生问完，又觉得有些好笑，心里想，都说“同行是冤家”，谁肯为他人的生意帮忙！

不想，商品部的服务员很认真地向他指明了酒店旁边团扇摊点的地点，并介绍了几个比较有代表性的双面绣产品。

乔先生有些困惑：“你怎么向自己的客人介绍别家的生意？”

“因为您是我们的客人，对您的提问，我们应该如实解答，尽量让您满意。还有，我们有义务为您提供旅游购物指南服务。”服务员依然微笑着回答。

“既然我们是服务与被服务的关系，我决定就买咱们这里的团扇！”乔先生被服务员的真诚所打动，兴致勃勃地买下了三把双面绣团扇，同时，又买了几款其他商品。他明知这几把团扇及商品比街摊上的价格要高，但他感觉很好。

案例思考：

案例中“乔先生”从稳定型角度看，属于临时公众；从对组织的态度来看，经历了从中间公众到顺意公众的转变过程，转变的原因是商品部服务员真诚态度和优质服务。在乔先生打听酒店外部团扇销售情况时，服务员详细介绍了酒店外购买点的情况，如实地承认酒店内的价格会比较高，但同时指出质量可靠，最终，乔先生根据性价比买下团扇，还买了其他商品。在乔先生表示困惑时，服务员坦然地告诉，这是提供购物指南服务，是酒店的义务。真诚消除疑虑，服务增强信心。服务员成功的公共关系（营销）工作所产生的效应，可能还不止于此。

第四章 旅游公共关系传播

课前导读与体验

1997年12月11日，比尔·盖茨在清华大学发表演讲。他说："我18岁开始参与计算机工作，那时计算机只是一种非常有限的电传打字设备，需要通过电话线与类似主机的计算机连接起来，但是我的朋友和我开始着迷于探索计算机能够干什么，未来会是怎样以及如何使用计算机等问题。当我们弄清了芯片技术的意义以及能够极大地提高芯片的功能时，我们意识到计算机将拥有非常光明的未来。我们花了很多时间编写软件，因为我们喜欢编写软件，许多大的硬件公司编写的软件没有我们的好。"

"19岁时，我意识到，如果我想首创一家公司，为这些新的廉价计算机编写软件，那么就需要联合我的朋友并立即行动起来，因此微软就成为给这些新机器编写软件的第一家公司。我们的设想目标是每一个办公桌上以及每一个家庭都拥有计算机。我相信，软件是真正能够发挥所有这一技术之功能的关键部件，能方便查找信息、创建信息、与其他人员进行通信。软件是这一切的核心，因此软件行业将成为全球发展最快的行业。由于全球计算机技能的匮乏，因此在中国，有着激动人心的机会来进行大量优异的工作。另外，Internet的出现使人与人之间的交流和沟通变得越来越紧密。而PC与Internet的结合，将成为未来共享信息的基本平台。"

比尔·盖茨很好地利用这次演讲，扩大了微软的影响。

据《跨世纪人才》1998年第2期

传播是公共关系工作的重要手段，是公共关系的基本要素，是促进公众了解和信任组织的一种重要方式。能否有效地利用各种传播媒体，是旅游组织开展各种公共关系活动的成功关键。旅游组织必须运用传播这一手段与社会公众相互沟通、相互了解和相互适应，运用巧妙的信息传播，去影响公众，引发公众行为，造就有利的舆论环境。要做好公共关系工作，就必须了解信息传播的基本原理，掌握科学的信息传播方法和手段，使公共关系工作取得成功。公共关系与传播的关系十分密切。公共关系的形成与发展，得益于传播学特别是大众传播学所提供的理论基础和实践知识，与大众媒体的进步是相辅相成的；而公共关系的发展，对大众传播也起到了很大的促进作用，随着公共关系活动的开展，传播的作用会越来越突出。因此，系统研究公共关系传播，对于卓有成效地推进旅游组织的公关工作有着十分重要的意义。

第一节　传播概述

一、传播的概念

传播一词源于拉丁文 communicate，原意为通信、传达、交流、交换、沟通等，它通常是指人与人之间通过一定的符号进行的信息交流与分享。信息传播是伴随着人类的诞生、发展而发展的，是人类普遍存在的一种社会行为，世界上有了人类就有了传播。人类发展过程中，每时每刻都离不开相互传递信息、交流感情和往来活动，这就是传播。我们听、我们看、我们说、甚至我们想，这都是在传播或被传播。从某种意义上可以说，人类就是在传播活动中发展起来的。所以西方传播学的奠基人美国的威尔伯·施拉姆说，“人类是会传播的动物”。

【补充阅读】

传播的概念。国内外对“传播”一词的解释不下 200 种，较有权威的也有六七种说法。1988 年出版的我国第一部《新闻学字典》将传播定义为：“传播是一种社会性传递信息的行为，是个人之间、集体之间以及集体个人之间交换、传递新闻、事实、意见的信息过程。”简单地说，传播是人们制作、传播、接收、储存信息的过程。公共关系传播是指双方通过一定的媒介手段，使信息达到交换、融通、分享的一种过程或活动。

传播是人类交流信息的一种社会性行为，是人与人之间、人与他所属的群体、组织和社会之间，借助语言文字或非语言文字的方式，直接或间接进行的信息传递、接受与反馈的行为的总称。传播就其表象而言是信息由点向面以及无限空间的扩散。传播与信息难以分离,信息是事物表现的一种普遍形式,它是事物本来属性的一种反映。人们采集和处理信息的目的是为了对信息进行传递和扩散,是为了交流知识、意识和情感,若无信息的存在即无传播可言。传播是以信息的存在为前提的,大千世界信息无处不有,无时不在。一个姿势、一副表情、一种语气、一声语调、一条标语、一举手、一投足等,无不携带着信息,向人们进行着不同意义上的传播。传播随着人类社会的发展其内涵也在不断地延伸和扩展。

传播不等于交流,交流常常指个人间或两方面交换意见、信息和情感,而传播则是指人与人之间、人们与所属集团、组织和社会之间分享信息的关系。交流不局限于信息,而传播一般是专指信息的传播。传播与宣传也有着细微的差别。宣传隶属于传播的范围,它通常指通过信息的扩散,有秩序地组织社会建立一种共同意识,创造一种以有利于宣传者自己的方法看待社会的公众。而传播的主观意志远不如宣传那样突出。在传播手段和工具运用上较之宣传也要温和一些。当然在公共关系中既存在着传播活动,又经常运用宣传武器来沟通和影响公众的意见,从而提高社会组织的知名度和声誉。在现代社会中对任何组织和个人来说,传播都是不可缺少的。传播是组织公共关系工作与公众之间进行沟通的工具,是公共关系工作的桥梁和纽带。

二、传播的特性

在现代社会,传播有如下特性。

1. 社会性

传播是人类为维持社会生活而进行的一种社会行为,任何传播行为都不能脱离社会。同样,社会也离不开传播行为。公共关系传播正是现代社会组织同各界社会公众、社会环境进行信息交流的活动。

2. 普遍性

传播行为无处不在,无时不有。小至日常生活琐事,大至报道信息、宣传政策、传授知识、国际交往等,都需要进行传播。公共关系人员要运用不同的传播方式,巧妙地传播信息。

3. 工具性

利用传播作为工具来进行监测环境、适应环境进而改造环境,公共关系工作者利用传播原理、传播手段为社会组织服务。

4. 互动性

传播活动是在人与人之间进行的,是双向对称的、相互的行动。完全单向的传播是传统的传播，其传受双方不对等，与宣传相似，公共关系传播是科学的、双向的信息交流。

5. 符号性

信息的表现形式——符号，包括语言、文字、音响、图画、形象、表情、动作等。在传播过程中，传播的一方制作、传递符号，另一方接受、还原符号。公共关系人员善于运用各种符号的特征来传递特定的信息。

6. 共享性

这是传播的目的，传受双方共同分享信息内容，能与对方共享信息、立场、观念并建立共同性才是最有效的传播。公共关系就是希望通过科学的、有效的双向信息交流，同公众与社会达到相互了解和相互支持的效果。

三、传播的过程和要素

（一）传播的过程

公共关系的过程就是信息的传播、交流和沟通过程。传播学关于传播过程的模式研究内容十分丰富，各种模式均力图勾画出传播活动中的主要因素、各因素之间的关系，以及这些关系所形成的过程。如果将复杂的传播过程加以简化，可以归纳成图 4-1 所描述的模式。

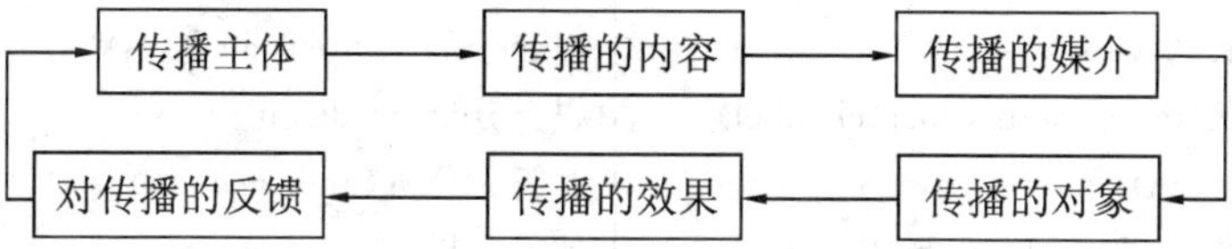

图 4-1　传播过程模式图

不能说这个模式很准确地反映了现实的传播过程，但它包括了传播过程中最重要的因素，并揭示出各传播要素之间最基本的顺序关系和因果关系："传播主体"（如某公司公关部）制作出"传播的内容"（如关于公司春节大酬宾的新闻稿），提供给"传播的媒介"（如报纸和电视台）发表，告知和影响了"传播的对象"（如消费者），引起了"传播的效果"（如大大增加的营业额），再"反馈"给"传播主体"。在这里，缺了任何一个要素，都要影响传播过程的完整性：传播过程或者不能发生，或者通路受阻，或者达不到效果等。

（二）传播的要素

图 4-1 的传播模式，是在著名的美国传播学者拉斯威尔的五 W 模式的基础上稍加修改而成的。拉斯威尔的五 W 模式可以用一句话来表示：Who says what in which channel to whom with what effect。意思是:谁通过何种通道对谁说了些什么,而后达到何种效果。五 W 模式可用图 4-2 来表示。

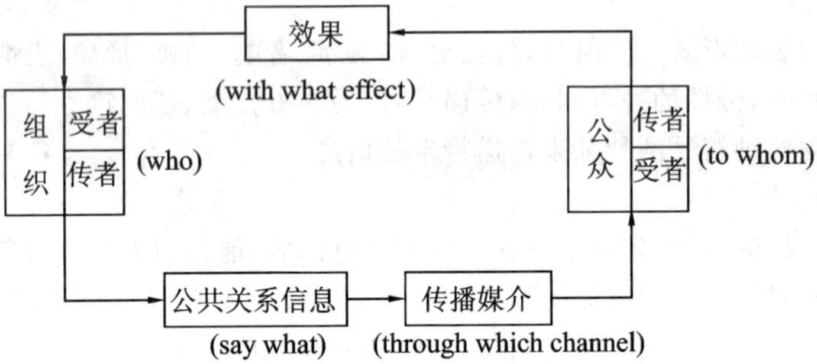

图 4-2 五 W 模式图

拉斯威尔通过五 W 模式列举出传播的五项要素,从而得出传播研究的五大领域,表 4-1 对应列举出这五项要素和五大领域。

表 4-1 传播的五项要素和传播研究的五大领域

传播的要素	研究的领域
谁(who)	控制分析(control analysis)
说了什么(say what)	内容分析(content analysis)
通过何种渠道(through which channel)	媒介分析(media analysis)
对谁(to whom)	阅听人分析(audience analysis)
产生了什么效果(with what effect)	效果分析(effect analysis)

(引自《传播学的起源,方法和应用》,赛佛林等,华夏出版社,2000 年)

图 4-1 所列举的传播模式与图 4-2 五 W 模式基本上是一致的,只是增加了"反馈(feedback)"一项。五 W 模式忽略了"反馈",使该模式的走向成为单向的,而不是双向的。"双向交流"、"传务求通"这两层传播(communication)的涵义就难以充分体现了。所以我们在五 W 的基础上增加了"反馈"一项,以求完善传播模式,从而概括出传播过程的六大要素,即:传播主体、传播内容、传播媒介、传播对象、传播效果和传播反馈。对这六大要素的分析,便构成现代传播学的主要内容:① 控制分析:研究传播主体(也就是"谁"的问题),即信息的来源和制作者。② 内容分析:研究传播的内容(也就是"说了什么"的问题),即信息内容的制作方式。③ 媒介分析:研究传播的媒介(也就是"通过何种通道"的问题),即媒介的类型、功能、特点等。④ 受众分析:研究传播的对象(也就是"对谁"的问

题)，即公众的分类分析等。⑤ 效果分析：研究传播的效果(也就是五 W 的最后一项)，即传播主体对公众的意见、态度、行为的改变程度等。⑥ 反馈分析：研究传播的效果如何反馈传播者，包括传播对象对传播主体的影响，以及这种影响对整个传播过程的调整(如信息内容的调整，传播渠道的调整等)。

四、传播的类型和方式

(一)传播的类型

从传播者的角度出发，传播可分为以下六种类型。

1. 自身传播

自身传播指个人受到外界信息刺激后，在头脑中进行的传播活动，也称人的内向交流或个人的自我沟通。如个人的自言自语、自问自答、自我发泄、自我陶醉、自我斗争和沉思默想等。自身传播是个人内心的思想活动，是一切传播活动的基础。

2. 人际传播

人际传播指人与人之间直接的信息沟通交流。人际传播有两种形式：一种是面对面的无媒介的沟通交流，另一种是通过媒介的非面对面的直接沟通与交流。这种传播有其优点：交流充分，反馈及时，信息真实，容易达成共识。但也有其缺点：传播范围小，速度慢。

3. 组织传播

组织传播即社会组织和其成员、社会组织和其所处环境之间的沟通交流。社会组织内部成员的关系通过交流达到和谐，社会组织与社会组织之间的关系、社会组织与其外部公众的关系，都必须通过传播沟通达到和谐一致，便利社会组织健康发展。

社会组织传播的方式一般可分为正式传播和非正式传播，其中正式传播又分为下行传播、上行传播、平行传播。下行传播是自上而下的沟通形式，是上级领导将政策、命令等传达给下级。上行传播是自下而上的沟通形式，是下层员工向上级领导反映情况、汇报工作和提出建议的正常渠道。平行传播是同级之间的沟通形式，是组织内外的同级机构或同级人员之间的横向沟通。这三种大多属于正式传播，正式传播是按行政体制和内部既定的程序所进行的传播，一般属于轴心化传播，有确定的传播网络。非正式传播是指社会组织内部的自由传播，前面讲的传播中也存在自由传播，属于非轴心化传播。社会组织传播的手段是全方位的，视其性质和规模的大小，利用各种手段和媒介进行传播，也就是公共关系传播。

4. 小群体传播

小群体传播即在十人左右的人群之间的直接信息交流,小群体是在特定的文化背景下的组织(经常表现为非正式群体),内部有特殊的沟通机制,成员间较为民主,意见反映比较充分,可以形成多向的沟通,感情交流充分,沟通程度深,对舆论的形成和控制具有重要作用。其优点是交流与反馈都较及时和充分,具有团体压力。

5. 群体传播

群体传播即少数人直接面对多数人的传播。如专题报告演讲会、展览会、大型演出活动等。其优点是传播速度快、范围大、反馈及时,易于创造热烈的气氛和舆论,形成轰动性传播效果,是社会组织对内对外常用的一种有效传播手段。

6. 大众传播

大众传播即职业传播者通过报纸、电视、广播、杂志、书籍、电影等大众传播媒介,将大量复制的信息大规模地向社会公众传递。大众传播的信源可以是社会组织也可以是个人,但传播媒体是一个社会组织机构,如报纸、电台、电视台等,传者与受者是间接的交流,受众一般是为数众多、范围广泛且互不联系的公众,传播渠道一般是单向的,由媒介到受众,即使有反馈也是迟缓和有限的。大众传播是影响力巨大的信息传播,是公共关系工作中最常见的、最现代化的传播类型。

以上几种传播类型存在着相互补充、相互渗透的关系,在信息传播的数量、质量、速度、范围、效果上相互补充和渗透,但不能相互替代。在公共关系工作中,应根据实际情况,选择不同的传播类型,有时也可综合运用各种传播类型,目的就是为了取得最佳的传播效果。

(二)传播的方式

1. 直接传播

直接传播是传播者不借助任何媒介直接向受众传递信息的传播方式。直接传播是应用最经常、普遍且最富有成效的传播方式。因为它具有传递信息速度快、信息不易走样、传递内容不受限制和反馈及时等优点。如面对面的群体传播、人际传播都采用这一方式。

2. 间接传播

间接传播是传播者通过媒体发送信息的传播方式。间接传播可以大量复制信息,强化信息,是组织塑造形象、控制舆论、宣传促销的重要手段,但间接传播容易使信息中断和走样失真,而且反馈慢。

3. 循环传播

循环传播是传播者把信息传递给受传者，受传者又把这一信息反馈给传播者，传播者对信息修正后再行往复的传播方式。特点是传者、受者角色互换，强调反馈，社会生活中许多传播属于循环传播。循环传播有利于强化、完整传播信息。

4. 螺旋形传播

螺旋形传播是信息的传播经过一个传播循环后，似乎回到了它原来的起点，但它不是简单的回归，而是向更高层次发展的一种传播方式。螺旋形传播能产生新的发现、形成新的见解、开始新的信息交流。

5. 多级传播

多级传播是信息的传播要经过几个层次，才能到达受传者那里。这种多层次的传播很容易发生信息走样，甚至传到最后受众那里的信息已面目全非了。

前面我们探讨了传播的概念、基本要素、过程模式和类型方式等，从中看到传播的重要性，可以说，没有传播就没有现代公共关系。

第二节　公共关系传播媒介

公关工作是一种针对各类公众的全方位的沟通、说服工作，因此它需要利用一切媒介来达到传播目的。公关传播可借助的媒介大体上可以分为两类：一类是大众传播媒介，在这类媒介中主要使用的是新闻媒介；一类是以人际传播为主的各类媒介。

一、大众传播媒介

大众传播媒介主要有报纸、刊物、书籍、广播、电视、电影以及互联网。其中，报纸、刊物、广播、电视和互联网都是新闻媒介，与公关工作关系密切，可以进一步把它们分为印刷媒介与电子媒介。

（一）印刷媒介

印刷媒介是指将文字、图片等书面语言、符号印刷在纸张等介质上以传播信息的大众传播媒介。印刷媒介的容量较大，可对信息做较详尽、深入的表述和表现；它易于保留、查找，便于受众选择阅读；它的价格比较便宜，受众可以通过一次性购买或一段时间的预购获得它们。但由于此类媒介的最终完成形式是印刷品，需要经过排版、印刷、递送（发售）等一系列操作过程，使得它们到达受众手中所需的时间较长，且每期之间有一定的间隔时间，因而时效性较差；另外印刷媒介要求具有相应的阅读能力,加之交通、成本等客观原因难以定期送达,因此相当多的社会人口不能成为它的受众。

印刷品一般是由需求量较大的文字、图片材料印制而成,印刷品多用于公开散发,是直接面对公众的发行物,主要有以下几种。

1. 宣传手册

宣传手册的主要内容为:主题理念展示,组织简介,总裁寄语,总裁像,首长关怀信息、参观、题词;管理组织机构图,国内销售图(地图)、驻外办事处及销售公司,历史荣誉、获国际国内大奖介绍(奖状、奖杯、文字纪录),产品类型展示,生产流程展示,拳头产品展示,产品介绍及广告语,系列产品展示,厂房设备展示;组织文化展示,公关活动、促销活动展示,组织标志及释义。这些都是旅游组织日常宣传必不可少的最基本的宣传内容。宣传手册应贯彻 CIS 设计与组织文化,并配有相应的照片、图示,标明组织的地址、联络信息等。切记不可只反复宣传产品,而忽视其他方面。

2. 产品介绍、使用说明书

此类材料应图文并茂,其内容是集中介绍产品的性能、特点、原理、使用注意事项、使用方法等。这类材料装帧印刷应较精美,文字流畅,风格清新,开版独特,使用方便,使受者乐于阅读,便于阅读。

3. 组织内部印刷品

组织在运行过程中要印制、散发各种各样的印刷材料,如操作规程、岗位公约、质量手册、组织报纸、内部通讯等。

4. 路牌、招贴

路牌、招贴有单纯标语口号类,有图文并用类。内容有宣传口号、广告活动通告。它们可悬挂、固定在街道旁、建筑物上、交通工具场站、墙壁上等。这类媒介形式醒目、制作费用较低,如果语言、画面等表达形式设计得好,可以吸引路人,取得较好的宣传效果。

(二)电子媒介

电子媒介是使用电子技术,通过无线电波或传导线发出声音、图像节目,受者要借助接收机接收的大众传播媒介。电子媒介使用多样的载体来传播,有文字、声音、图像。声像符号具有形象性,形式变化多样,使电子媒介具有更强的纪实性、生动性与感染力,对接受者没有文化水平的限制。电子媒介由于信道——电波的传播速度很快,以及发射手段的不断改进,因而传播迅速,传播信息量大。

1. 广播

广播以声音作为传播的载体。声音有语言、音乐、音响三种表现形式。声音形式的不同组合可以构成多种多样、多姿多彩的节目，并具有较强的写实性与表现力。广播节目的制作播出较为简便、快捷，因而在新闻报道中，它是最迅速的传播媒介。它很容易与电话等其他媒介连接，与听者双向交流。广播的频道多(几百个)、容量大，它的语言节目可以对新闻、社会热门话题作系统、翔实的报道与深入的讨论；它的音乐、音响节目又具有纪实性、生动性与感染力。广播诉诸听觉的单通道传播可使受者注意力集中，并同时有较大的想象空间。广播节目的送达范围可超越国界，早已成为世界性媒介。广播的接收机已实现小型化，人们可随身携带，随时收听。广播电台有播出新闻、教育、服务、娱乐等各类节目的综合台，也有只播出一类节目的专业台，如新闻台、音乐台、交通台等。

2. 电视

电视使用各类视听符号进行传播，它视听兼备，声画并茂，具有最强的写实性与表现力，是为各类公众喜爱的媒介，因而它对社会生活的影响力也非常之大。在可供受众使用的各类新闻媒介中，选择率最高的是电视，每日接触时间最长的也是电视，电视已经成为现代家庭的“第五堵墙”。电视新闻具有最强的形象表现力，它真实、生动，可以速报，也可以深入分析新闻事件。电视的娱乐功能在新闻媒介中最强，这是它吸引受众的重要因素。目前电视与卫星结合，已成为超越地域、国界的媒介，其作用大大提高。有线电视和网络电视迅速发展，弥补了无线电视制作数量有限的缺点，为电视发展开拓了广阔的空间。但是电视制作播出的设备、技术都较为复杂，这在一定程度上影响了新闻报道的速度；它的符号与接收的特点也影响了它的深度；它的节目制作费用较高，节目的多少与一国一地的经济状况有密切关系。电视接收虽然没有文化的限制，但由于接收机价格较贵，而且需要电力保证，因而对贫困地区、家庭经济拮据的公众，也有接收障碍。

3. 互联网

互联网是指全球最大的、开放的、由众多网络互联而成的计算机网络，以及这个网络所包含的全世界范围内的巨大信息资源。从网络的角度讲，互联网不仅是一个国际性的计算机网络集合体，即一种连接在一起的物理实体，更重要的是从信息资源的角度讲，互联网是一个面向全世界、全社会的巨大的信息资源，它能根据不同用户的不同需要提供诸多不同的信息服务。作为物理实体的计算机网络只是信息传播的载体，而巨大的信息资源才是互联网的生命力之所在，互联网的神奇、美妙和实用性就在于它拥有的信息资源本身。

互联网含有极丰富的信息资源，并能使处于异地的计算机方便地进行信息交流与资源共享。人们利用它可以进行科学研究、文档查询、联机交谈、网上购物等等。互联网向用户提供层出不穷的服务空间,从早期的门户网站新闻、电子邮箱,到现在的QQ、博客、电子杂志、论坛、网络视频、微博、微信等。从公共关系传播意义的角度看,互联网是现代电脑技术、通讯技术的硬件和软件一体化的产物,代表了现代传播技术的最高水平,是人类传播史上的一个重要里程碑。它的出现,根本改变人类的传播意识、传播行为和传播方式,并影响到人类社会生活的方方面面,因此,旅游组织在开展公共关系工作的时候,一定要掌握运用互联网这种全新的媒介技术。

二、人际传播媒介

人际传播虽然是人与人之间直接的信息交流,不需要各种中间环节,但方式方法也是多种多样的。有人认为人际传播是一种"无媒介传播",这是不确切的。一次工作午餐、一场交际舞会,都是一种人际信息传播方式。在公共关系工作中,相当大量的公关活动是通过人际传播实现的。在人际传播中,公共关系人员应该根据工作的内容、对象和本组织的具体条件,选择适当的传播媒介。在公共关系人际传播中,除去直接交谈这一简单的形式以外,常用的实施媒介主要有以下几种:

(一)电话(含移动电话)

电话在发达国家已经普及到每个家庭,不但同城电话网络发达,全国甚至国际间的直拨电话也十分普遍。近年来,我国电信事业发展迅速,已经接近国际先进国家水平。使用电话(含短信息)的突出特点是快捷、省事、节约时间和经济。它的缺点是打电话的双方尚无法察言观色,信息反馈不全面。此外,在电话中讨论重要问题需要辅以必要的记录。尽管如此,电话在重大公共关系活动的准备阶段常充当重要角色。通知、预约面谈、前期业务交流等人际传播中,电话的使用频率是很高的。

(二)会议

会议在组织传播中是一种重要的宣传媒介。会议都有中心内容和主题,所以信息集中,与会者可以得到综合的信息,并且交流和反馈都是双向的、直接的。会议本身并不一定都是公共关系活动,但公共关系人员可以利用会议这种人际传播方式进行大量的工作,如收集与会者及组织代表的各种情况,与重点对象建立了解和良好关系等。由于需要相应的场地和经费,因此在是否选用会议上,需要视条件而定并作综合考虑。

(三)展览

展览是一种自我宣传媒介,它的特点是针对性强,内容集中。由于实物、模型、图表、照片、幻灯、录音、录像等手段可以综合使用,因而真实性强,能吸引公众。展览中反馈及时,可以直接判断公众的态度和意见并及时做自我调整,因而常能收到良好的效果。展览的形式多种多样,但一般都需要一定的制作周期和较多的经费,故不能大量使用。

【重点提示】

举办展览会应注意的问题

第一,确定参展单位、参展项目和展览会的类型。可以采取广告和给有可能参展的单位发邀请的方法吸引单位参展。广告和邀请信要写清楚展览会的宗旨、展出项目类型、对参观者人数和类型的预测、展览会的要求和费用等,应给潜在的参展单位提供决策所需的资料。

第二,选择展览会的地点。在地点的选择上,首先考虑的是方便参观者,如交通方便,易寻找等;其次,要考虑展览会地点周围环境是否与展览会主题相得益彰;再次,要考虑辅助设施是否容易配备和安置等。

第三,培训工作人员。展览会工作人员的素质和展览技能的掌握,对整个展览效果发生重要影响。必须对展览会工作人员如讲解员、服务员等进行良好的公关训练,并对每次展出的项目进行最基本的专业知识培训,以满足展览会的要求。

第四,成立专门对外发布新闻的机构。专门的机构要负责制订新闻发布的计划和组织实施计划,负责与新闻界联系的一切事务。

第五,准备展览会所需的各种辅助宣传材料。如拍摄幻灯片和录像、制作各种小册子和目录等。

第六、准备展览会的辅助设备和相关服务。如处理对外贸易业务的部门、附设产品订购的洽谈室以及文书业务、邮政、检验、海关、交通运输、停车场等。在入口处应设置咨询台,贴出展览会平面图,作为参观者的指南。

第七,设计制作展览会徽志,备好展览会纪念品,提前印好入场券并分发出去,准备好售票的地点和窗口等。

(四)专题活动

有人也称“特别节目”。专题活动范围极广,是重要的人际传播媒介。本书第六章将专门讲述。

(五)馈赠纪念品

纪念品一般是通过各种专题活动散发的实物,如书籍、画册、纪念章、工艺品等,对访问组织的客人通常也赠送纪念品以表谢意。纪念品作为一种人际传播中的宣传性媒介,能起到宣传、介绍专题活动主办者的作用,它有利于密切人际关系和组织间的关系,增强彼此间的联系和感情。至于某些活动中滥发实物,甚至高档商品也都成了"纪念品",这是一种不正常的现象,是违背公共关系原则的。

纪念品首先应具有纪念性。它应和专题活动的主题相一致,这样才能使纪念品的受赠者产生一种荣誉和亲切感,从而去诊视它、爱惜它。其次纪念品本身应具有保存价值,失去了保存价值,也就失去了纪念意义。

(六)赞助

赞助也是一种人际传播媒介。赞助不同于广告,赞助一般是赞助单位对一些公益性或大众性的活动提供某种财政或实物上的资助,通过对活动冠名或现场广告来提高自己的知名度,扩大社会影响。如体育比赛、文艺演出、书刊出版、办学、各种奖学金、科研项目等等。赞助应选择最有利于扩大自己影响、社会效益显著的内容,同时也要考虑到赞助者本身的物力、财力情况,赞助是自愿的,摊派不是赞助,而是赞助的一种滥用。

【补充阅读】

提供赞助的决策依据

组织所提供的赞助,或者是由组织主动选择赞助对象,或者是在接到请求时再作出反应,组织为提供某项赞助而进行决策时,主要应考虑以下几点。

第一,赞助的社会效益。提供赞助时,应优先考虑社会效益,如社会的救灾活动、对残疾人的福利赞助、希望工程的赞助等。

第二,在考虑社会效益的前提下,也要考虑组织的经济效益,使二者能有机地结合在一起。

第三,在选择赞助项目时,还要优先考虑与本组织有联系或关系的项目。

第四,本组织的财政状况。应考虑组织目前的财政状况能否负担得起赞助的款项等。

第五,对于既无社会效益,又与本组织经济利益毫无关系的赞助请求,要敢于回绝。在当前我国经济生活中,拉赞助成风成灾,对这种不良行为应坚决抵制。

为此,组织的公关部门应把社会赞助活动作为搞好公关的一项重要任务。组织进行哪些方面的赞助,应进行认真的研究和分析,明确基本的赞助方向及重点,使组织和社会同时受益,防止各种与组织赞助方向相差太远的现象。

第三节　旅游公共关系与新闻媒介

新闻传播是一种典型的大众传播，它主要运用报纸、杂志、广播、电视和互联网等媒介进行传播。运用新闻媒介为公众提供信息，树立和提高旅游组织的形象与声誉，实现组织目标，已成为旅游公共关系传播中最常用的一种方式。

一、新闻传播的特点

新闻传播的过程应符合新闻传播的规律，要求传播的信息内容必须真实、客观、准确、公正、新鲜、生动。另一方面，新闻传播方式有不同于其他传播方式的优点，因而被广泛使用。

（一）新闻传播内容的特点

成功的新闻，在内容上应具有以下特征。

1. 新近性

新闻贵在"新"，失去了"新"，就成了旧闻。新，主要指内容新，即人们不知道的事情。要保证"新"，就必须在时间上"近"。一般来说，只有事情发生的时间越近，才能保证内容越新。西方新闻媒体都特别重视消息的新近性。各媒体之间争着首先获得和发表最新消息的竞争是很激烈的。大家都想以最快的速度向公众传递信息，争取公众。一家报社或电台、电视台，如果总是重复别人发表过的消息，那么它就丧失了可读性、可听性和可看性，将难以生存。因此，新闻在时间上要求严格，时间决定新闻的命运，越新越近的事实，其新闻价值就愈高，越能引起公众的兴趣和注意力。

2. 重要性

我们身边每天都有许多事情发生，但它们并不都是新闻。新闻不但要新，还必须重要，才有新闻价值。看一件事是否重要，主要看它与广大公众的利害关系的密切程度，它为公众所普遍关心的程度以及对社会进步的影响程度。以上几方面是衡量一件新闻事实重要性的客观标准。通常程度越高，则重要性越大；反之，则重要性越小，新闻价值也越小。依此我们可以分辨和判断身边的事件是否具有新闻价值，从而保证传播效果。

3. 趣味性

趣味性即指新闻事实所具有的吸引力、情趣或意味。在我们的生活中，有许多事情虽然重要，但并不能引起公众的关注。那是因为一方面公众对这些事情不感兴趣；另一方面，有些事情本身应是公众感兴趣的，但因传播者的传播水平有限，或语言贫乏枯燥，缺乏人情味，也不能打动公众，引起其兴趣。传播者应注意利用公众普遍感兴趣的事实，充分挖掘其中的趣味成分，并选择恰当的方式加以表现，以感染和吸引公众。当然，引起公众兴趣并不是目的，吸引公众注意力是为了让公众在知晓的基础上改变态度，引发行动，最终产生社会效益。

（二）新闻传播方式的优势

新闻传播不同于其他传播方式之处在于，它可以借助新闻真、新的特性，以及大众传播媒介传播面的广泛性来加强传播效果。具体来说，其优势有以下几点。

1. 可信度高

新闻报道强调客观、真实，这就要求新闻界站在公众的立场上说话。因此，当我们的信息通过新闻媒介传播时，比较容易获得公众的信任。特别是在我国，电台、电视台、报纸多为政府所办，公众对这些媒体报道的消息较为信任，又特别以新闻的方式报道的消息，更具有较高的可信度，容易被公众认可、接受。

2. 社会影响大

新闻在内容上要求有典型性和重要性。所有通过媒体以新闻的形式报道的事实，都是与公众的切身利益有密切关系、公众关注度很高的事情。旅游组织的信息如果通过新闻媒体报道出来，这个事实本身就表明这一信息一定是重要的、有典型意义的，它也将立即成为广大公众讨论的中心，成为有公众影响力的舆论话题。此外，新闻报道所凭借的大众传播媒介具有传播迅速、覆盖面广的特点，因此，消息一经传播出去，就能在最大范围内影响公众。

3. 传播成本低

新闻传播对组织来说是一种“免费传播”，只要提供的素材具有新闻价值，新闻媒体都是乐于报道的。它不同于广告宣传，需要花钱购买大众媒体使用权，如报纸的版面、电视的播出时间等。新闻宣传则主要依凭素材本身的新闻性和良好的媒介关系，它是所有大众传播形式中成本最低廉的。

正因为新闻媒介具有其他媒介无法比拟的优点，因而被社会组织广泛使用。从现实情况来看，新闻传播已是一种传播性质最强、公共关系操作意义最大的传播途径。

二、旅游组织的新闻素材

社会组织的信息是否能通过新闻媒介传播出去，一方面取决于组织与新闻界的关系，是否彼此信任，另一方面则取决于公共关系工作人员是否能向新闻界提供本组织的新闻素材。事实上新闻稿件的淘汰率是极高的，大多数稿件都不能与公众见面,主要原因就在于许多公关人员不了解新闻的特点或材料不充分。那么,哪些具体的事实可以算做是有新闻价值的素材呢?一般来说,新闻素材应具有以下特征:典型性、教育性、先进性、社会性、国际性、地方性、知名性、新鲜性、指导性、突发性等,具备以上特征之一的事实,便可能成为有价值的新闻。旅游组织内可能成为新闻的素材大致有以下几方面。

(一)管理特色

(1)旅游组织的特定文化、组织精神,特别是酒店企业的经营风格、管理哲学、营销观念及一些有特色的外在形象等。

(2)旅游企业在经营管理上的重大突破与改革。

(3)旅游企业新设备、新服务设施的使用,酒店新菜品、旅行社新路线的开发与推出。

(4)旅游企业对员工福利、社会环境等方面作出的重大改善。特别是旅游景点在环境保护上的新举措。

(5)旅游组织对突发事件的处理措施及效果。旅游界的突发事件(危机事件)往往是新闻热点,曝光后对旅游组织造成的是负面影响,但若事后处理得当,及时通过新闻媒介报道,不仅能获得公众的谅解,而且能重新树立形象。

(二)组织成就

(1)旅游组织(主要是酒店和景点)接待重要人物和知名人士,及其他重要团体。

(2)旅游企业员工优质服务及其他方面的动人事迹,或特殊的社会荣誉。

(3)旅游组织成员参加各种社会活动,如文体活动、本行业技艺大赛等方面取得的成绩。

(4)旅游企业在利润、创汇等方面的重要突破,对国家及地方财政的贡献。

(三)社会公益活动

(1)赞助各种文化性、体育性活动。

(2)捐赠慈善事业。

(3)赈灾及捐赠"希望工程"等献爱心活动。

此外,还有旅游组织的庆典活动、企业高级人员的任免、优秀人物的行踪等等。

总之,公共关系人员应该不断地结合社会发展和公众的要求,根据本组织的具体情况,挖掘本组织内有价值的新闻,及时报道,以达到树立组织形象、提高组织声誉的目的。

【补充阅读】

怎样撰写新闻稿

新闻稿的格式有很多,都是在新闻事业的发展过程中不断摸索出来的,不同时期格式也不一样。

一种是源于美国新闻界的“倒金字塔”式,这种格式由于迎合了受众的接受心理,于是得到了普遍的模仿,现在中国的很多都市报所使用的都是这种格式。基本格式(除了标题)是:先在导语中写一个新闻事件中最有新闻价值的部分(新闻价值通俗来讲就是新闻中那些最突出、最新奇、最能吸引受众的部分),比如一场球赛刚刚结束,观众、读者、听众们最想知道的是结果,或者是某个球员的发挥情况,就先从这里写起。其次,在报道主体中按照事件各个要素的重要程度,依次递减写下来,最后面的是最不重要的。同时注意,一个段落只写一个事件要素,不能一段到底。因为这种格式不是符合事件发展的基本时间顺序,所以在写作时要尽量从受众的角度出发来构思,按受众对事件重要程度的认识来安排事件要素。因而需要长期的实践经验和宏观的对于受众的认识。

另一种是一个中外结合体——新华体。我们国家的新闻报道一般是遵循时间顺序,但是这种“讲故事”的写法已经不适合受众的阅读习惯(一般人没有时间听你讲长篇大论),所以“新华体”在吸收中外新闻报道之长的情况下诞生了。基本格式(除了标题)是:先把事件中最重要的部分在导语中简明地体现出来。其次,在第二段进一步具体阐述导语中的这个重要部分,形成支持,不至于使受众在接受时形成心理落差。因而,第二段实际上是一个过渡性段落。再次,按照事件发展的时间顺序把“故事”讲下来。

三、制造新闻

新闻传播的主动权不在公共关系工作人员方面,而是在新闻界人士方面。因此,为了争取更多的新闻宣传机会,公关人员应在不损害公众利益的前提下,有计划地策划、组织、举办具有新闻价值的活动,吸引新闻界和公众的注意与兴趣,争取报道的机会,以达到提高社会知名度的目的。

制造新闻必须要能产生轰动效应,要能在社会上引起反响。公关人员必须选择最有代表性、最具权威性、最有影响力的事件制造新闻,具体应注意以下几点。

(1)利用公众关注的热点制造新闻。不同时期有不同的舆论中心,而公众总是对不同时期的社会大事件给予关注,当热门话题出现时,就是公关人员借机制造新闻、扩大影响的最好时机。可以安排一些活动,将旅游组织与社会热点联系起来，使社会公众在关注热点时了解到社会组织。如对重大的国际国内体育比赛进行赞助，在发生地震、水灾等自然灾害时慷慨解囊捐赠等，都能起到很好的新闻宣传效果。

(2)抓住“新”、“奇”、“特”的事件制造新闻。旅游组织要想宣传自己，引起社会公众的注意，树立形象，被动地等待新闻媒介报道，是远远不够的。而且，一些平平淡淡的事情，也难以引起新闻界的兴趣。只有匠心独具地抓住那些有新意、奇特的活动和事件，才能引起新闻界和社会公众的注意。如在旅游景点或酒店开展第 10 万名幸运游客活动或游客有奖活动，既可表明旅游组织有广阔的客源市场，值得信赖，又表明旅游组织对客人的尊重，而且壮观美好的仪式现场也能调动公众情绪，打动人心。诸如这类既有新意，又有特点的公关活动，是极具新闻价值的，往往能带来很好的宣传效果，关键是需要旅游公共关系人员用心开发和创造。

(3)借名人效应制造新闻。旅游公关人员在策划公关活动时，可借助名人的社会地位和影响来提高活动的新闻价值。通常，我们可借助那些人们普遍崇拜的人物或社会名流，以及“追星族”们追逐的各类明星等，通过赠送、邀请参加活动、给予荣誉头衔等手段，来扩大旅游组织的社会影响，提高知名度和美誉度，从而使自己的组织与明星同耀。如一家酒店的周年庆典，既可以成为新闻，也可能办得默默无闻。如果酒店能邀请到知名人士参加，同时举行记者招待会，发布酒店已取得的成果及为社会所作的贡献，那么这个庆典就有可能成为新闻。

(4)主动与新闻界合作，赢得其支持。与新闻界的友好关系需要旅游组织去争取。首先，应积极主动地为新闻界准备有关报道资料，介绍组织所发生事件、特点及社会意义，并为采访提供便利条件；其次，可直接与新闻界合作举办各类有意义的活动，如酒店为电台举办的活动提供场地，旅游景点为电视剧组提供外景地等。还有记者招待会、新闻发布会等，通过新闻媒介的报道，达到制造新闻的目的。

(5)利用旅游组织特点，借助社会活动宣传自己。酒店等旅游组织的经营场所，具备良好的举办社会性活动的条件，经常被租用于进行大型的、有影响力的社会活动。虽然酒店不是合作方，但也可利用这个机会宣传自己。有的酒店只看到社会活动给酒店带来的经济效益，而坐失了一次次“免费宣传”的机会。例如，某酒店举办了一场广告公司广告设计高级研讨会。省内外著名的广告设计专家在会上发言，热烈讨论了国内、国际广告设计的发展，报纸、电视台等新闻媒介报道了此次广告行业的盛会。但是，在报刊电视上竟然没有出现任何有关酒店的名称和形象，酒店失去了一次不花钱向外界推销自己的机会。要利用这种机会宣传自己并不难，只需在讲台上简单装饰有店徽，随着报告人形象的出现，酒店就“搭上了车”。操作难度不大，关键在于旅游组织公关人员要多用心。

【补充阅读】

上海蓓英百货服装店，是一家特约经销牛仔裤的个体集体联营商店。前几年，在服装业日趋萧条的情况下，店主想出了颇具公关意识的一招：定做了一条近 2 米长，腰围 1.3 米宽的特大牛仔裤悬挂在店堂，上面别着一张纸条，纸上写着“合适者赠送留念”，以此招揽顾客。这一别出心裁的做法，引来了不少高个子和大块头，他们苦于无处购买合适的牛仔裤而到此处碰碰运气，然而.这条牛仔裤实在太肥大了，他们只能望“裤”兴叹，但小店的名气却由此而大振：这种奇妙宣传逐渐引起了新闻媒介的注意。《上海经济透视》、《新民晚报》、《解放日报》等纷纷对此作了报道，使这家原本淹没在个体市场的小店，竟一下变得家喻户晓，尽人皆知了。人们普遍关心的是：“牛仔裤被穿走了吗？”没有！店主继续寻觅“合适者”。不久，第一个幸运者出现了，上海浦东陆行镇腰围 1.30 米的退休工人陆阿照穿走了第一条超大型牛仔裤，人们的情绪陡然高涨了，《解放日报》以《腰围 1.3 米的牛仔裤被穿走了》为题报道了这一新闻。蓓英百货服装店又一次名声大振。

在此期间，国家女篮的郑海霞曾到店里来试试，但因裤腰太肥而不无遗憾地走了，店里特意到广州重新定做一条，赶到北京去送给郑海霞。这样，蓓英服装店的名声从上海传到了北京。中国“巨人”穆铁柱是慕名而来的第三位幸运者，他光顾“蓓英”的这一天，这间只有一间门面的小店顿时热闹非凡，很多人围拢在此，争相观看穆铁柱穿牛仔裤的场面，在这位 2 米多高的巨人面前，一旁的售货员和观众简直成了小娃娃，在那些好奇的观众看来，这本身就是一大“奇观”。店主把穆铁柱送出店门之后，“穆铁柱穿上了牛仔裤”的消息不胫而走，各大小报刊纷纷报道，上海电视台、中央电视台也相继播放这条新闻。就这样，蓓英百货服装店没花一分钱广告费，仅用三条超大型牛仔裤就轻而易举地名扬全国，营业额翻了几番。

第四节　旅游公共关系广告

广告作为传播信息的工具、指导消费的钥匙、扩大交往的桥梁、树立形象的手段，正引起愈来愈多的社会组织的重视。随着市场竞争的日益激烈，企业不仅要通过广告推销自己的产品，而且要通过广告在公众的心目中建立自己的良好形象和声誉。后者就是公共关系广告要达到的目的，旅游企业广告也不例外。

一、什么是公共关系广告

广告从字义来看就是“广而告之”，即向广大公众告知某件事。广告分一般性广告和公共关系广告两类。一般性广告主要有商品广告、文体活动广告、社会服务广告等。公共关系广告是特指公共关系部门运用大众传播媒介为组织传播信息、推销组织形象的广告。公共关系广告与商品广告的区别主要表现在以下几方面。

1. 宣传的内容不同

商品广告直接宣传产品形象，公共关系广告不直接宣传产品，而传播产品之外各种与公众有关的企业信息；商品广告推销具体产品，公共关系广告则推销企业整体形象。

如果说商品广告的目的是要人们“买我的产品”，那么公共关系广告则要人们“喜爱我的企业”。因此，商业广告多传递有关产品品种、质量、性能、结构、售后服务、用户利益等内容；公共关系广告则主要传播有关管理、技术与经济实力、职工福利、人才培养、企业经营理念及社会责任等内容。

2. 宣传的模式不同

一般商品广告的宣传模式遵循公众→产品→企业的路径，先让公众认识企业的产品，通过产品再逐渐认识企业，它的重点是宣传产品；而公共关系广告宣传则按公众→企业→产品的模式进行，它先着力于让公众了解企业的整体形象、风格特征，在感情上认同并喜爱企业，继而再接受企业的产品。

3. 宣传追求的直接目标不同

商品广告侧重于产品的直接促销，注重产品的近期市场占有率，产品销售额的上升；而公共关系广告注重的是企业的长久的市场效应，不是直接对产品促销，而是通过推销企业形象而达到推销企业产品的目的。简单地说，商品广告追求的是产品销售额直接的上升，而公共关系广告追求的是树立良好的企业形象，赢得消费者的好感。

4. 宣传的效果不同

商业广告的主题是宣传或推销商品或服务，商业色彩较浓。广告发出后，能较快地增加商品销售量与营业额，经济效益比较明显；公共关系广告的主题是传播组织的观念、实力、善意和企业整体形象等，商业色彩较淡，经济效益并不突出。但社会效益好，能让公众记忆深刻，留下好印象，从而赢得理解和支持。如某药业公司的公益广告是“健康人生，温馨社会”。这里没有一字涉及产品，但它传递了公司对公众、对社会的爱心和承诺，使人感到亲切，让人对这家公司在感情上产生认同,这也就是公共关系广告的目的所在。

二、公共关系广告的类型

公共关系广告的类型多种多样,归纳起来,大致有以下几种。

(一)企业广告

企业广告主要是介绍企业各方面情况,使公众对企业的主要特征、自然状况、经济技术实力等有一个基本的了解,目的是树立良好的企业形象。一般包括以下两方面内容。

1. 介绍企业的生产和技术状况

有的企业在广告中列举本公司的高级技术人员的优秀成果,这样做能给公众造成深刻印象,认为该公司人才济济,技术力量雄厚,其产品具有质量的可靠性。有时候,公关广告也可以介绍企业的技术装备、产品的制造工艺、生产流程、质量检验方式等等。通过这些介绍,使公众对企业产生信赖感,从而达到创造购买气氛的目的。一些酒店在广告中也常展示其新设备、新服务项目、特色产品等,以刺激顾客消费。酒店大堂的小册子,就是这类宣传资料,目的在于让顾客更好地了解酒店,增强对其产品的信心。

2. 宣传企业的价值观和经营理念

企业在新开张或某项纪念活动时,通常会做广告介绍自己的业务范围和经营方针,这对于树立企业形象当然是必要的,但往往容易导致一般化。所以精通管理艺术的企业总是重视培养和宣传本企业的价值观和经营理念,并善于在广告中创造性地用一些口号来表达,使它成为一个基本的象征和基本的信念。对内产生凝聚力,对外产生感召力,使公司的形象通过它的口号(即公关广告)深入千家万户。像美国的麦克唐纳公司的“八字宗旨”(优质、服务、清洁、公平)就是如此。

(二)响应性广告

这类广告所要强调的是组织与社会生活的关联性,企业对社会重大事件的关切和自己对这一事件的态度。主要表现有以下两种。

第一种是对政府的某项措施或者当前社会活动中的某个重大问题,以企业的名义表示响应,即表示支持或反对。表示企业对社会的关心,对政府的支持,表明企业愿意为社会整体利益作出自己的努力。如 2008 年四川汶川发生特大地震,中央发出抗震救灾的号召,许多企业纷纷响应,在各种政府、民间赈灾现场,以企业的名义捐款捐物。这实际上是在进行公关广告活动,让公众了解企业与社会的唇齿相依、相互支持的紧密关系。

第二种是祝贺性广告。某公司成立、周年纪念,以组织或同行的名义刊登广告致以热烈祝贺。这表示愿意携手合作,相互支持,共同繁荣,也可以表示正当竞争,相互促进。这类广告可收到广结良缘之功效。

此外,在年节假日,向公众表示祝贺。特别是在一些特殊的节日,如教师节、母亲节、儿童节等,向这些特殊的对象祝贺,也是响应性广告的一部分,同样会收到良好的效果。

【补充阅读】

一夜成名的大堡礁

2009 年 1 月,澳大利亚大堡礁的小岛突然成为全球各大媒体争相报道的对象,因为那里有“全世界最好的工作”。“全世界最好的工作”的设计师、Sapient 公司澳大利亚全国管理总监——迈克尔·布拉纳说:“大堡礁虽然早在 1981 年就被列入世界自然遗产名录,但它周边的岛屿并不出名,对于打算去海岛度假的游客,他们首先想到的不外乎夏威夷、加勒比海、马尔代夫和爱琴海诸岛等。”让布拉纳更感为难的是如何使用区区 100 万澳元的预算,让大堡礁周围岛屿获得全世界认知。

2009 年初,金融风暴席卷全球,一份能让人乐意从床上跳起来的工作,是现实生活中人们最广泛和普遍的梦想之一。布拉纳团队策划理念产生了一次飞跃:让人们想象,能生活在大堡礁——不仅仅是旅游,而是拥有一份每小时 1400 澳元超高待遇的工作,而且工作环境又惬意,工作内容又轻松。这是“全世界最好的工作”,世界上的任何一个人都可以申请这份工作。

招聘的流程很漫长,还有很多环节,这是布拉纳团队特意设计的,因为这样,世界各大媒体就会有充分时间持续报道。广告投放也非常简单。他们仅在澳大利亚旅游主要客源国,如美国、欧盟、新西兰、新加坡、马来西亚、印度、中国、日本和韩国等,发放一些分类职位广告、职位列表和小型的横幅,引导人们登录网站。另外,布拉纳的团队还利用网络的交互性,比如 Youtube、Twitter、社交网站等,使活动影响力不断延伸。来自全球 200 多个国家 3 万多名报名者一度使昆士兰州旅游局官方网站陷入瘫痪,咨询大堡礁旅游的游客也蜂拥而至。

(三)创意广告

创意广告主要指以公司的名义率先发起某种社会活动,或者提倡某种有意义的新观念等等,并以此为主题制作广告。这种广告是用一种新的方式引起公众的注意。因为它的主要特点是创新性和号召性,因此具有领导视听的效果,能够在公众心目中留下强烈的印象。如旅行社企业号召同行抵制削价竞争,酒店业倡导微笑服务等,都能引起社会的广泛注意和好评,扩大自己的社会影响。

（四）解释性广告

解释性广告，是当公众对企业、产品缺乏了解、存有误会时，企业通过解释性宣传，说明情况、澄清事实、消除误会。如深圳一家饮料公司推出一种食用蒸馏水。由于人们在观念上总认为蒸馏水不含矿物质，对人体益处不大，所以一时打不开市场。针对这种情况，公司进行解释性宣传，说明水中矿物质不能被人体吸收，人体所需矿物质可从食物中获得。而蒸馏水的优点是不含任何有害物质，能有效发挥水的功能，国外已普遍饮用。这样就消除了消费者的疑虑，从而接受此产品。旅游企业也常面临向消费者进行解释宣传的任务。如游客常对旅游景点的安全性、旅途的艰苦性产生疑虑，这就要求旅行社企业通过各种有效途径做解释宣传，以取得人们的信任。

（五）歉意广告

歉意广告是当组织有某种过失或错误时，通过媒体向公众道歉，或以退为进，以谦逊的方式表示组织已获得的进展和进一步的发展。尤其是当组织有某种过失或错误时，如果能及时纠正、整改，并通过媒体将整改措施及效果传播出去，不仅能得到公众的谅解，而且能获得更深的信任。特别是旅游企业，经营管理环节多，工作中难免有不到之处，重要的是要敢于向公众承认工作中的失败和错误之处，及时取得公众的谅解，维护或重建企业形象。

以上列举的，只是一些常见的类型，公共关系广告应在实践中不断创新，应根据企业自身的特点，采用各种适当形式，以达到树立企业形象的目的。

三、旅游企业的公关广告策略

旅游企业主要以销售服务为主，与其他生产性企业比较，有其特殊性，要想在激烈的市场竞争中，获得更好的效果，必须在企业形象定位、广告设计、广告媒介选择等方面都能根据企业特点进行选择与确定，以便收到较好的效果。

（一）企业形象定位

所谓企业形象定位，就是在公关广告宣传中突出企业的主要特点，以此树立起企业这方面的声誉。形象定位又可分为技术定位、服务定位、品质定位等。

技术定位是在公关广告中重点宣传企业的技术状况，通过自身的技术实力的展示，在公众心目中建立技术可靠性的信誉，为产品的推广铺平道路。在旅游企业，应重点推介自己的新设备、新工艺的采用，以及企业拥有的特级技师等人才，如酒店的特级厨师以及其特长等。

服务定位是在公关广告宣传中重点突出企业对公众负责的态度。使群众看到企业不仅注重经济效益，更注重社会效益，从而赢得公众对企业的感情。所以这也可称作情感定位。旅游企业以销售服务为主，因此，在表明企业对公众负责的态度方面，应着重宣传企业为消费者提供的配套服务项目和免费服务项目，如酒店的车队接送服务、翻译、导游服务、医疗保健服务及代订机票服务等，让消费者感到安全、方便，从而产生好感。

品质定位主要是指企业在广告宣传中突出强调企业的一流工作质量，包括产品质量、工作质量和人的质量。通过树立企业的质量信誉，赢得广大公众的信赖。对旅游企业而言，质量不仅包括有形的“硬件”——设施设备、环境、工具的优良，更重要的是“软件”——员工素质及其所提供的服务。因此宣传的重点应放在比别的企业多的服务项目、企业倡导的微笑服务等提高服务质量的活动、员工的学历层次及不间断的培训等内容上。

（二）公关广告设计与制作

公关广告的设计与制作包含很多方面的内容，基本的要素有以下几方面。

1.广告目的

广告的总目的是宣传企业、产品、服务、吸引顾客，扩大销售。为了实现总目的，又有不同的策略和具体的直接目的，如有时是为了推销新产品，有时则是为了推销现有的“积压产品”，如酒店的空余客房、娱乐场所等。有时是为了远期效果，引导和培养新的消费意识和新的消费者群体而进行消费教育宣传等。不同的目的采用不同的方法。所以，在制作广告前，首先要确定这则广告要达到什么目的。

2.广告对象

广告对象，即这一广告是做给哪些人看的。只有确定了广告对象，才能使广告有的放矢。要确定广告对象，先得给商品定位，即给商品确定一个特性，它主要适合哪些消费者群体。如旅游企业中的酒店产品，就有不同的顾客群，有商务型、度假型、会议型、散客型等；旅行社有一级社、二级社等，接待与组团对象有不同要求。弄清自己产品的特征，有针对性地做广告，才能取得事半功倍之效。

3.广告范围

应根据产品销售范围确定广告传播范围，是地区性的？全国性的？还是世界性的？并据此选择传播媒介。如有些酒店专营海外驻本地办事处业务或专门接待海外商务客人，那么，其广告就应在世界主要客源国传播。一般来说，产品销售范围和广告辐射的范围一致，才能实现广告目的。

4. 广告的时间与频率

对于新产品，要选好“亮相”的时机。如重要节日、大型活动等较为被公众关注的时机，是新酒店开张，或旅游企业推出新的服务项目的好机会。另外，对于已在销售的重要产品，要提高广告频率或定期播出，以巩固和加深顾客印象，使产品的市场占有率能得以巩固。

此外，广告设计与制作时，还应考虑成本、企业的需要以及经济承受能力等因素，尽量花最少的钱，办最好的事。

（三）广告媒介的选择

关于传播媒介，在本章第一节中已详细介绍，在这里将常用的广告媒介的类别及选用原则做些说明。

1. 广告媒介的类别

广告媒介种类繁多，大致可归纳为以下几类：

(1)印刷媒介——包括报纸、杂志、电话簿、画册、挂历、列车（航班）时刻表等。

(2)电讯媒介——包括广播、电视、电影、电子显示屏幕、互联网等。

(3)户外媒介——包括路牌、霓虹灯、灯箱、旗帜、墙壁、车身、站牌、气球等。

(4)室内媒介——包括陈列柜、橱窗、吊牌等。

(5)商品媒介——包括包装盒、手提包、购物袋等。

以上媒介各有特色，企业应根据自身的特点和需要加以选择利用。

2. 公关广告媒介选择原则

(1)选用信誉好的媒体。做公关广告的目的是要让公众对企业产生信任感，从而支持企业的发展。因此，作为传递信息的媒介也应有好的形象，才能取得好的效果。随着商品经济的发展和新闻、出版界的改革，广告收入已成为新闻单位的主要收入，某些单位出于经济利益的考虑，有广告就做，忽视广告质量监督，假广告时有发生。所以借用信誉低的媒体做公关广告，只能适得其反。

(2)选用亲近感强的媒体。一般来说，人们对熟悉的东西，比较愿意接近，如果选用的媒体在公众心目中被认为是可亲可近的，那么经它传递的企业形象就容易被公众接受，最终达到好效果。如电视、报纸、路牌、车身、包装盒、手提袋等都与人们的生活较接近，是较好的公关广告媒体。

(3)根据广告目的选择媒介。如礼仪型（祝贺性）广告，在报纸或杂志上写“祝大家新年快乐！”和企业负责人笑容可掬地在电视上对观众说“向大家拜个早年！”这两种形式比较，显然后一种更亲切，更易打动人心。歉意广告和解释性广告可借用报纸、杂志、广播、电视作媒介，但若采用路牌作媒介，就会不伦不类，引起公众的反感。

当然，选择媒介时，费用问题也不能忽视。企业既要考虑媒介的效果，又要考虑到广告的费用（即“性价比”问题），尽力做到用较少的资金起到最佳的广告效果。

四、公共关系广告效果检测

公共关系广告传播效果是以社会公众对广告的收看、收听、认知、记忆等因素为依据，进行调查、计算的。其测定的内容包括注意率、认知率和记忆率，以及对广告质量的评价等。

（一）公众的注意、认知、记忆程度

公众对广告的注意率是指公众对报刊登载的公共关系广告，给予注意的人数与新闻报刊阅读总人数的比例。

认知率是通过电视、广播认知广告名称的人数与广告节目视听人数之间的比例。

记忆率是在认知的基础上，对公共关系广告重点内容，如组织名称、经营方式、服务宗旨等的记忆人数与阅读、视听广告总人数之比。在这里主要是对组织知名度的测定，其目的是为了掌握各类社会公众对组织公共关系广告印象的深刻程度。

（二）广告质量评价

公共关系广告质量的检测，也是通过对公众的调查获得结论。通常使用以下几种方法。

1.分类评价法

这种方法是按一定的分类标准将同类广告集中在一起，请调查对象对这些广告进行比较并打分。分类标准可以根据情况自己设定。按响应性广告分类，或按公益性广告等分类，然后选出一些被调查者，让他们按自己的感受给这些广告打分，看看哪个广告最好，哪个广告较差，其中的原因是什么，这些都可以作为今后广告宣传借鉴的资料。

2.回忆测验法

这种方法是将若干个广告放在一起，每一个广告向被调查者展示10秒钟，请调查对象说出对哪个广告印象最深，能记得哪些内容。这种调查可以了解广告是否有吸引力，刺激强度是否适当，内容是否有趣，手法是否有创新等等。

3.创新意向检测法

这种方法是将本企业的各种广告收集起来，向调查对象了解对这些广告是否满意,有没有可能设计更新的、更好的广告。同时也可以了解广告是否过分夸张,怎样表现更使人容易接受。然后根据调查对象所提的意见,在今后的广告设计中进行修改,使广告创作过程中总有新东西出现。

(三)广告效果检测

将企业单纯做商品推销广告时的促销效果与增加了公共关系广告后的效果相比较,可以看到公共关系广告的增加是否带来了销售量的增加。按市场学观点,增加广告费用开支一般可以带来销售额和纯利润的上升,但这种上升会逐渐减慢,最终会有一个饱和点,超过了饱和点,即使费用再增长,效果也不会增长,还可能下降。如果能在固定费用中增加公共关系广告的费用,则可望得到更好的效果。据经验估算,只增加 70%的费用做公共关系广告比用增加一倍的费用做一般商品广告所取得的效果要好。所以,我们对所做广告的市场促销效果进行分析比较,可以帮助我们确定今后广告投资的方向。

公共关系广告传播效果的检测,通常是通过调查来统计各类人数并进行计算。采用的主要方法有问卷调查法、访谈调查法等。

第五节　旅游公共关系与自控媒介

自控媒介是旅游公共关系传播的重要手段之一,它对塑造旅游组织形象、增强组织内部凝聚力,都起着极其独特的作用。

一、自控媒介的含义与特点

(一)自控媒介的含义

自控媒介是其所有权、支配权、使用权均属于社会组织,由社会组织自主控制的一种传播媒介。

旅游组织内部的宣传品、广播、橱窗、海报、标语牌、内部刊物、员工手册、墙报、计算机网络、微博、录像、幻灯等均属自控媒介。

(二)特点

自控媒介不同于其他媒介之处在以下几方面:

(1)可控性强。由于自控媒介由旅游组织自己掌握,所以,它能准确地、直接地表达组织的意图和目的。而且,可以自主采用各种不同方式与方法来表现,在操作上是独立的。宣传成本也可根据组织的经济状况加以调节。利用自控媒介传播可以一直做到让自己满意为止。

(2)媒介种类丰富。自控媒介种类繁多,旅游组织内的公关人员可在完全自主的情况下,充分调动各种手段。文字、图片、印刷、电子技术;幻灯、宣传栏、徽章、内部刊物、员工手册、录像等,各具特色,可以充分利用其长,采用不同组合运用,达到理想的效果。

(3)传播面有局限性。自控媒介与新闻媒介和广告媒介相比,其传播范围小,它对内辐射面只是企业内部,它的对外辐射面,也主要是与组织有密切关系的公众。如旅游企业自控媒介涉及的只有旅行社、酒店和旅游景点接待的游客以及与旅游企业有往来关系的其他公众。这一点是自控媒介不如大众传播媒介之处。

二、旅游组织自控媒介的种类

(一)内部刊物

所谓内部刊物是指以组织内部成员为读者对象,不向社会公开发行的刊物。具体有以下几种:

1.内部通讯

内部通讯主要传递组织内部政策、经营管理情况、各种动态、好人好事等,旨在与各成员交流信息,增进成员对组织的了解,激励员工做好本职工作。

2.专业性杂志

这种专业性刊物主要刊登特写文章、专论,以业务方面内容为主,供组织内各专业人员阅读。目的是加强业务人员的交流,互通信息,共同提高业务水平。

3.小报或简报

它们主要发表新闻、短篇文章、图片、组织的最新动态及通告等内容。周期短、反应快,常以周报、双周报、月报等形式出现。小报也常常被作为大型专题活动的宣传品。

4.销售简报

在企业中,为把握销售动态,销售经理与营销员之间常以销售简报的形式定期交流,一般一周一期。除此之外,销售简报还可向企业其他部门及其有关成员分送,供其了解企业经营管理状况。

组织内部刊物,从形式上又可分为报纸类和杂志类两种,报纸又可根据实际情况用电脑打印或复印等形式。杂志通常采用单色或彩印印刷,图文并茂。广州白天鹅宾馆的《白天鹅之家》,花园酒店的《花园之声》都是很好的员工刊物。

组织内部刊物对实现有效沟通和协调员工关系,起着重要作用,它是内部公关的重要媒介。

【重点提示】

"内部刊物"出版须知

内部刊物虽然具有自控性强的特点,但是不等于可以随心所欲。首先,内部刊物要向当地的政府宣传主管部门登记,获得正式批准方可出版;其次,内部刊物刊登的内容不能触犯国家法律法规,不能违背道德良心。

(二)报告与手册

组织不仅通过内部刊物传播信息,还常常采用各种报告与手册媒介等与内部公众进行沟通。

组织的报告通常有年度报告、季度报告、调研报告、各种工作报告及通报等。通过各种报告,组织向股东、管理职员及有关部门进行情况通报。报告是组织与股东、管理职员建立联系的重要媒介。它通常报道组织一定时期的工作进展情况,组织面临的问题、组织的发展前景等。

企业手册主要是有关企业经营理念、企业价值观、员工行为规范和企业各项制度的宣传教育类小册子。企业手册是规范员工行为、培养组织观念,增强员工归属感和凝聚力的有效工具。我国大多数酒店,都较重视员工手册的作用并制备了员工手册。

(三)对外宣传品和纪念品

这类媒介包括旅行社和酒店介绍、服务指南、服务索引、挂历、贺年卡、画册、宣传文集、海报、菜单、邮寄品(明信片、信封、信笺)等,以及宣传旅行社和酒店形象的其他纪念品。这类宣传品和纪念品,有些是提供给客人使用或留念的,有些可免费送给与企业有联系的其他组织和个人。这类宣传品和纪念品,不仅能传递企业信息,而且能联络、沟通与公众的感情,公关效果很好。

(四)内部电子媒介

电子媒介包括闭路电视、互联网、广播、幻灯片等。公关人员可通过它们创造性地将组织的信息传送给员工。通常,它们可用于以下几个方面。

(1)录制组织的新闻,这要比印刷媒介快一些到达内部成员那里。通常选在成员就餐、午休或其他方便的时间向员工播放。

(2)录制组织人事信息资料以及重要活动信息场面等。

(3)录制教育培训方面的磁带、幻灯片,从事对员工的职业培训。如服务方面、技能方面、推销技法等。特别对酒店企业,这种需要是经常的。

此外,组织重要领导人物讲话,也常常被现场录制播放。

(五)公告类媒介

公告类媒介主要有组织的公约、公告栏、各种橱窗和告示牌等。虽然现代电子媒介削弱了许多媒介的功能，但公告类媒介的功能却盛行不衰，国际国内的大小企业，大多都依靠公告栏与自己的员工沟通。

公告栏一般安置在办公楼前、楼内、食堂、礼堂、广场、路边等。它们通常被用来发布通知、发布工会活动、先进人物光荣榜、简报和公约。公告媒介，无论何种内容，凡融进了公关创意后，都能成为与内部公众沟通的最佳渠道。

（六）组织网站

随着信息技术的迅速发展，计算机网络在现代公关中的作用日益增强。作为工具，它不仅能很好地帮助公关人员写作编制各类公关文件，如商业信件、新闻稿件、宣传手册等，而且能接受和处理信息，通过网络能够十分迅速地将信息传播到四面八方。

组织网站的主要公关功能如下：

(1)通过组织网站传播组织的信息。

(2)通过组织网站使公众了解组织各方面的各类信息。

(3)制作大众传播信息。主要是设计图像、文字处理、排版印刷等，因其制作效率高，效果好，增强了传播效果。

此外，公关人员还可将组织的各种信息存入软盘制作成光盘，向公众传递。

组织网站已广泛使用于旅行社、酒店的日常经营与管理，如旅行社的预订业务、酒店各部门的数据管理，对于提高企业工作效率、协调各部门关系，起到了重要作用。若能充分利用网络传播企业信息，进一步实现与社会公众的沟通，将更有利于拓展企业公共关系活动的层面，增强公关效果。

（七）组织标识

人们对事物的认识往往是从视觉形象开始的，总是从感性认识上升到理性认识。公众对一个组织及其形象的认识和记忆，凭借直观的符号和标志，更能起良好的效果。对旅行社和酒店来说，更是如此。所以组织应注意外在形象的设计，在公关宣传中向公众提供引人瞩目的组织名称、标识、代表色、象征物等标志，以及物品包装、纪念品、人员着装的特色，使公众留下与众不同的印象。有差别与特色的视觉冲击，往往是引起注意的重要因素，有了注意，才会有态度和行动。公共关系传播的目的就在于最终能改变公众对组织的态度，引起对组织有益的行为。所以，不可忽视旅游组织视觉形象设计带来的公关效应。

■ 关键概念

传播　媒体　传播效果　新闻报道　公共关系广告　人际传播

■ 复习与思考

1.怎样完整、正确地理解传播?

2.为什么把反馈机制的出现作为传播模式研究上的转折点?影响传播效果的主要因素有哪些?应当如何优化?

3.试分析比较几种公共关系传播媒介的长处和不足。

4.旅游组织应当如何利用新闻媒介进行公共关系传播?

5.公共关系广告和一般性广告的根本区别在什么地方?

6.旅游企业如何根据行业特殊性制订广告策略?

7.为什么要进行公共关系广告效果检测?

8.为什么说自控媒介是公共关系的重要手段之一?

■ 案例分析

上海世博会公关事件评析

一、上海世博会背景

2002年12月3日,中国上海成功获得2010年世界博览会主办权。作为全世界人口最多的国家,中国在过去的20多年里,无论是在政治、外交、安全,还是科技、商业和文化等人类努力耕耘的每一个领域中已显示出全球领先地位。上海世博会对上海而言是一次独一无二的机会,对中国人民而言是一次与其他国家民众之间构架起一座持久坚固的理解桥梁的独特机会。

上海世博会主题"城市,让生活更美好"发生在一个全球城市化进程加剧的时代。作为全球最大也是发展最快的城市之一,上海市举办一届展示世界城市生活、工作和文化所面临的挑战和机遇的世界博览会的适当之地。

二、上海世博会公关措施

1.外交和官方途径

世博会组织者与参展国和国际组织通过政府间外交和其他途径开展沟通;在注册过程中与国展局成员国进行有效地沟通;通过国展局秘书长和中国政府总代表与高展局成员国进行积极高层沟通;通过那些积极参与和支持上海世博会的国展局成员国进行推介;通过中国常驻联合国、世界贸易组织等国际机构代表团和贸促会对非建交国进行参展沟通;学习以往世博会及国际通行做法,通过各国驻华使团进行沟通;充分利用2005年日本爱知世博会和2008年西班牙萨拉戈萨世博会进行沟通;举办一系列推介活动重点介绍上海世博会的计划和进程;在上海和世界其他目标市场举办一系列世博论坛。

2. 文化活动

举办各类文化节及学术交流活动。精心组织好上海世博会相关文化活动的开展和推广。编辑出版图文并茂的、多语种的文化宣传精品。在筹办期间,每年确定一个主题,集中拍摄一批宣传介绍中国历史古都景观的系列主题片;组织各类摄影、美术作品大赛:完成世博会会徽、口号、会歌、海报、吉祥物、会旗等征集活动。

3. 互联网的使用

通过与本地及海外的主流媒体、新闻网站、商业网站或其他国际网站的合作,上海世博会官方网站(http://www.expo2010.cn/)已成为向全球观众发布世博会独家新闻、信息、最新动态的信息源。上海世博会官方网站手机网络也推出了上海世博会无线官方网站和名为"Shanghai Daily"的英文手机日报。世博会主办方还把上海世博会官方网站与相关政府和门户网站进行链接,与中国著名网络媒体共同开设世博会平台,及时发布世博会各类信息,使民众及时了解上海世博会的进展情况。

4. 广告的利用

通过广告,世博会主办方可以塑造世博会独特的、易辨认的品牌,向世界各地的政府、企业、媒体、文化界及民众发布直接信息。

5. 媒体推介

充分发挥报刊、电台、电视台、网络等媒体的传播优势。拍摄、播放反映筹办上海世博会进展情况和民众热情参与世博的专题节目;在卫视频道开设上海世博会频道专栏。办好上海世博杂志。制订实施上海世博会出版工程计划,通过招标方式,组织策划和编辑出版具有统一标识、多语种的上海世博会专题系列出版物。

6. 旅游推介

充分利用中国及上海特有的历史文化积淀和民情风俗,积极开发具有特色的旅游商品,并使旅游商品形成内涵丰富的系列。组织上海世博会文化旅游纪念片设计大赛,并推出若干高艺水准、浓缩上海海派文化精神、能满足各方面需求的旅游文化纪念品。

联络相关旅游机构,在国内市场上进行公关促销,开发上海世博会旅游路线。在每年的国际旅游交易会设立宣传台,推出上海世博会国际旅游形象大使。加强在国内其他旅游热点城市之间的合作,联合设计和推广与世博会有关的专项文化旅游产品。

与旅游行业的机构、企业的多种合作与联系:包括重点国家、地区的旅游协会或旅游推广署、国际知名旅行社、航空公司、主要旅游媒体机器旅游频道、旅游节目、栏目等的合作与交流。

7. 合作赞助

主办方将邀请一部分在中国设立分支机构的知名跨国公司建立企业管,展示其最新的科技成果。上海世博会将为跨国公司提供赌徒的机会,以推广企业品牌,扩大企业影响,并与来自中国和全球各地的7000万人次的参观者进行直接的联系和交流。一部分企业可以在上海世博会建造自己的企业馆,展示其产品、服务和解决方案。

在利用各种媒介向跨国公司和其他企业推介世博会时,应明确三点:世博会蕴含商机,同时提供了市场营销的机会;企业可参与世博会建设和基础设施开发。

8. 门票销售

门票销售是整体宣传的重要组成部分,特别是在世博会临近开幕前的最后一年。世博会门票销售的目标是:教育、动员民众积极参与"世博会体验";通过有针对性的门票销售和教育活动,向企业、学校、政府、媒体、社区等传递2010年世博会的重要信息;提高知晓度、提升对门票的购买欲,并将其转换成直接购买行为。世博会主办方采取了以下策略:在本地市场宣传门票购买方法的简便、快捷(如通过电话、网络、报纸、售票点等);向本地消费者灌输世博会是"一辈子难得一次的机会"、"不容错过,也不要让你的孩子错过"、"每个人都受欢迎"等信息;通过区域性报纸、网络、电视、广播、社区中心、商店、企业赞助、办公场所及举办活动等方式,确保所有社区都能获得2010年世博会的门票销售信息;通过宣传,提升国民荣誉感,吸引国民购买门票。

9. 志愿服务

招募和培训志愿者是世博会主办方的重要任务。中国民众,尤其是高质素人才积极、广泛地参与到志愿者的行列中,才有利于上海世博会的宣传和顺利运行。筹办阶段志愿者主要从事世博会的宣传推介、环境整治、活动组织、外语培训、氛围营造等方面的工作;举办阶段志愿者将有十余万人在近30个岗位提供各类服务,服务内容主要包括翻译接待、秩序维护、医疗救助、交通协管、文明督导、礼仪讲解、向导指引、信息咨询、导游导购等方面。

主办方通过电台、电视台、报纸和网络等多种媒体,以及通过不定期组织丰富多彩的大型活动,做了积极有效、分步有序地宣传工作。通过对世博志愿者招募工作情况和进展的集中宣传,提高了志愿者宣传工作的社会覆盖面。

"心"形的志愿者标志,"世界在你眼前,我在你身边"的志愿者口号,以及由陈奕迅主唱的志愿者歌曲《我在你身边》已家喻户晓。特别是《我在你身边》的MTV中出现了上海世博会形象大使,公众所熟知的于丹、濮存昕、金晶。此外上海市政府还授予著名篮球运动员姚明为2010年上海世博会形象代表。

10. 奥运因素

在世博会宣传工作中,主办方一方面须避免信息的互相干扰或抵消,另一方面积极设计与奥运会相辅相成的推广策略。如在2008年设计了"成功奥运,精彩世博"活动,使全国媒体在2008年9月奥运结束时将关注焦点自然转向世博会,实现"华丽转身",取得奥运、世博共赢的传播效果。

案例思考:

从公关事件的三要素看,首先,"组织形象"是公共关系的主体,上海世博会作为一个国际活动,中国作为主办方,为了成功地举办世博会,我国成立上海世博局,专门为了筹备和举办上海世博会。世博局在本次事件中充分发挥其作用,积极履行它的职责,为上海世博会树立了良好的形象。其次,"公众"是公共关系的客体,组织形象的传播针对"公众"进行。在本次公关事件中,它的客体不仅仅是我国的人民,而是全世界的人民和世界组织。最后,"传播"是公共关系的媒介。上海世博局作为本次世博会的主要的主办方,通过不同的公关手段向全世界的人们宣传了上海世博会。不仅通过媒介,还有政府相关组织、利用公众等不同的手段与世界搭起了一个沟通的桥梁,让世界认识上海世博会、了解上海世博会。

从传播效果看,上海世博会立足于网络的大众传播技术、主流新闻媒体的报道、组织传播等手段,最大范围地传播了自身想要传导的海量正面信息。而一整个公关行动都是由具体的各个部分分门别类进行针对性负责的,保证了主体明确、有明确的执行单位,整个事件的管理也显得层次清晰,条理分明,管理到位。

从公关的四步法看,上海世博会公关行动严格按照"调查,策划,实施,评估"公关四步走。从世博会申请成功之后,到《中国2010年上海世博会注册报告》的通过,再到上海世博会的宣传措施的实施,最后到上海世博会的成功举办,"上海世博会"在执行流程上的正确合理性为整个公关活动有条不紊,有针对,有重点的展开把握了全局方向。

上海世博会也出现了危机公关,首先出现了"抄袭门"事件,最后上海世博局决定停使用歌曲《2010等你来》,并事件展开调查。第二个危机公关就是基于"健康世博"的理念,终止烟草企业2亿赞助捐赠合同。

总结:从上海世博会公关事件的整个流程看,我们可以得出结论,面对公关事件时,首先我们要有准确的定位,要把握好整个流程,做好一切准备。同时,从上海世博会的危机公关中得出结论，在处理公关事件的时候，我们应该谨慎地对待，并且，我们要培养处理危机的能力。

（摘自 http://wenku.baidu.com/view/fbcce627af45b307e87197ae.html）

第五章　旅游公共关系礼仪

课前导读与体验

一个欧美旅游团的欢送宴设在市内最豪华的一家五星级酒店的顶楼旋转餐厅，游客们受到了盛情而周到的款待，酒菜很丰富，宾主都十分欢愉。下午一点半，宴会接近尾声，客人开始退席，女导游员走到餐厅门口与餐厅服务员一起，有礼貌地与各位游客道别："多谢您的光临，请慢走。"

谁知道，有位游客先生下楼后没多久，又返回了餐厅。女导游员以为他忘记了什么东西，问他："先生，您有什么事呢？有什么我可以帮助的地方？"

"喔，没什么，"游客一本正经地回答："只是，刚才我忘记吻你一下了。"

虽然大家都明白他是喝多了，还是有很多人哄笑起来。游客先生站在那里不动，一副不吻不罢休的样子。在场的人都望着这位女导游员，不知她会如何应对这个场面。

只见她平静地走到游客面前，落落大方地伸出一只手，游客先生拿起她的手，吻了一下手背，然后满意地下楼去了。这一次他没有折回来。

一个可能十分难堪的局面，被这位女导游员处理得自然、得体，不留遗憾。

随着我国对外开放程度的不断加深，旅游服务人员可能会遇到各种各样的客人，他们有着不同的文化和制度背景、不同的价值观念和不同的性格特征。这些变化给旅游服务人员提出了更高的要求。服务人员必须了解和熟悉他的服务对象的文化背景和价值观念，才能提供更高层次的服务，才能更好地应对各种突发事件。该案例中的女导游员在面临这一意外时的灵活应对，既避免了尴尬局面，又使客人十分满意，得体的礼仪运用，体现了一个人的气质魅力和基本素质。

旅游公关礼仪是旅游从业人员在社会交往与旅游活动中共同遵守的行为准则和规范。学习、应用旅游公关礼仪是每一个旅游从业人员的需要。本章主要针对旅游从业人员的个人礼仪、公务礼仪、社交礼仪的内容和形式进行探讨。个人礼仪要求旅游从业人员学会熟练地运用语言、行为、服饰、仪表、姿势及仪容等方面的知识，给他人留下良好的印象。公务礼仪强调一切有关旅游活动的往来、事务接洽都要体现礼仪规范，合乎社会礼仪要求。社交礼仪强调的是旅游从业人员在旅游活动中面对不同的游客，如何使交际礼节产生积极的影响。通过本章学习的礼仪规范，可以帮助旅游服务(公关)人员塑造规范得体而又不失鲜明个性的职业形象，充分展示个人礼仪修养和旅游业的礼仪水准。

第一节　旅游公共关系礼仪概述

从 20 世纪 80 年代后期开始，旅游业经营管理进入一个现代化和专业化的时代，对从业人员的基本素质和专业水平的要求越来越高。作为旅游从业人员，由于经常要进行对内、对外的沟通与协调，因此对旅游公关礼仪的掌握就显得特别重要，旅游公关礼仪也就成了旅游服务人员在进行各项具体活动、在与公众交往时必须遵守的最基本的规范和准则之一，也就是说，旅游公关礼仪是旅游服务人员必须掌握并娴熟运用的人际传播技能。对旅游从业人员来说，礼仪不仅是与公众交往中的通行证，而且还是体现旅游公关人员自身修养水平和业务素质的一种标志。旅游公关礼仪是旅游从业人员在社会交往中的行为方式及与之相适应的标志、服饰等的总称。它受社会生活物质水平、文化传统、民族心理等诸多因素的制约和影响，亦随着社会生活的发展而发展。

一、旅游公关礼仪的涵义

(一)什么是礼仪

礼仪是礼和仪的综合。礼是表达敬意的通称；为表示敬意而隆重举行的仪式，叫做礼仪。换句话说，礼仪是指一个国家、一个民族、一个部门、一个行业、一个团体、一个家庭乃至一个人，在其内部和在其与外界进行各种交往活动时，必须遵循的道德行为规范和准则。礼仪的本质就是通过一些规范化的行为以表示人际间的相互尊重、友善和体谅。

礼仪是指人们在社会交往活动中形成的行为规范与准则，它是社会道德、习俗、宗教等方面人们行为的规范，是文明道德修养程度的一种外在表现形式。礼仪不是随便制订的，它是在人际交往中，以一定的约定俗成的程序、方式表现的律己、敬人的过程,涉及穿着、交往、沟通、情商等内容。各个国家、各民族在不同时期常有不同的礼仪规范,它源于特定的国家、民族长期形成的伦理道德观念和社会生活习俗,它是一种约定的行为规范。

(二)礼仪与礼貌、礼节

在日常生活中,人们常常使用礼貌、礼节、礼仪三个词。譬如,家长经常教育子女要有礼貌,要注意礼节,要懂得礼仪。显然,这是三个同义词。但仔细琢磨体味一下,礼貌、礼节、礼仪是既紧密相关而又不尽相同的三个概念。简单地说,礼貌是人们言语动作谦虚恭敬的表现;礼节是人们表示尊敬、祝颂、哀悼之类的各种惯用形式和具体要求;礼仪则是体现礼节的仪式和程序。虽然三者都与礼分不开,但是,礼貌多指个人的言语行为,而礼节、礼仪更多的是社会习俗的反映。礼貌是礼仪的基础,礼节是礼仪的基本组成部分。人们可以说"懂礼貌"、"懂礼节"、"懂礼仪",也可以说"知道礼貌"、"知道礼节"、"知道礼仪",还可以说"注意礼貌"、"注意礼节"、"注意礼仪";但是,人们经常说"有礼貌"或"没有礼貌",而很少说:"有礼节"或"没有礼节"、"有礼仪"或"没有礼仪";只能说"举行礼仪",而不能说"举行礼貌"或"举行礼节"。由此可见,礼貌、礼节、礼仪既有共性,也有差异,三者并非完全是一回事。

在礼的系统中,礼仪是有形的,存在于人际交往的一切活动中,其基本形态既受着礼的基本原则的制约,也受着物质水平、历史传统、文化心态、民族习俗等众多的影响。礼仪是文明的象征、道德的范畴。"礼"是规,是天地自然之道,也是德,也是治国之法规、律条。"仪"是矩,是准则,也是治国和做人的尺度。人类社会要发展,要推进,就必须弘扬、推行礼仪。

(三)旅游公共关系礼仪

旅游公关礼仪是旅游从业人员在现代旅游活动和社会交往中各种符合公关精神、准则、规范的交往方式、行为方式、社会活动,以及与之相适应的标志、服饰等的总称。

(1)从科学的角度来看,旅游公关礼仪是一门课程,传递的是一种知识。

(2)从教学的角度来看,旅游公关礼仪是一门学问,讲授的是一种方法。

(3)从个人修养的角度来看,旅游公关礼仪是旅游从业人员内在修养和素质的外在表现。

(4)从交际的角度来看,旅游公关礼仪是旅游从业人员交际中的一种艺术。

(5)从传播的角度来看,旅游公关礼仪是旅游从业人员与旅游者进行相互沟通的技巧。

二、旅游公关礼仪的基本特征

旅游公关礼仪的基本特征是时代特征与社会特征的完美结合。它以科学精神、民主思想和现代旅游生活为基础，以简易、务实、平等、灵活的形式体现出高效率、快节奏的时代特点。一般说来，主要有以下几种特征：

1. 国际性

国际性特征强调了旅游公关礼仪作为一种文化现象，跨越了国家和地区的界线。尽管不同的国籍、不同的民族、不同的社会制度所构成的礼仪有一定的差异性，但在讲文明、懂礼貌、相互尊重原则基础上形成的完善的礼仪形式，已为世界各国人民所接受并共同遵守。

2. 实用性

实用性特征是指旅游公关礼仪注重的是实际运用。它体现在两个方面：一是其自身的操作性。不论是旅游从业人员的日常行为还是旅游公关具体专项活动，都会表现出与不同公众的交往与沟通，这种交往的过程，既是旅游公关活动的过程同时也是运用各种礼仪的过程。二是其表现出的价值与意义。这主要表现在通过旅游公关礼仪的具体应用而产生的对一个社会组织的作用及对公众和对社会的特殊作用上。

3. 灵活性

灵活性的特征是指旅游公关礼仪在运用中的一种应变性。公众是多变的，旅游公关过程是持续的，随着环境的改变也应该做出不断的调整。公众的多变性可以是由于一个组织自身的政策调整，也可以是由于公众自身的改变，这种组织与公众间的互动性，无法保证一种旅游公关活动能完全按照预定的计划得以完成。在整个旅游公关工作中，最具有多变性、最能显示旅游从业人员创造性能力的，就是旅游公关的实施过程。因此，同样的计划在具体操作中往往会因旅游公关人员而异，同时也会因地而异、因时而异，这就需要把握好政策性与灵活性相结合的度。

4. 民族性

民族性特征要求旅游公关人员能熟练地运用各民族的礼仪规范，学会入乡随俗。由于不同民族的文化背景对礼仪有很大的影响，因此在跨文化交往时要尽可能熟悉对方的习俗与文化。为了避免交往中的失礼，必须事先了解客户的有关资料，了解问候用语、服饰规范、用餐知识、地理概况、赴约及赠送习俗等。在异国他乡学一些当地的言谈举止，有助于拉近彼此间的距离，并对业务有积极的影响。在跨文化的交流中，特别要学会尊重对方，不妄加评判。不同的国家，沟通的方式会有所不同,不能因为存在差异就认定对方不对。如欧美人认为,与人交谈时目光注视对方表示一种关注、真诚和尊重;而亚洲和非洲一些国家的人则认为,视觉会影响听觉的注意力,他们以回避目光的方式来表达尊重。

5.时代性

时代性特征强调旅游公关礼仪与时俱进。社会经济的不断发展,拉动旅游市场不断壮大,旅游业与各行业之间的互动日益频繁也促使旅游公关礼仪已经渗透到了社会生活的各个方面,表现出了较为强烈的时代特色。

三、旅游公关礼仪的作用

随着社会经济的深入发展,旅游市场不断壮大,旅游礼仪也在其中发挥着越来越大的作用。

(一)旅游公关礼仪有助于完整准确地沟通信息

礼仪也是一种信息,通过这种信息可以表达出尊敬、友善、真诚等感情,使别人感到温暖。在旅游活动中,恰当的礼仪可以获得对方的好感、信任,进而有助于业务信息、服务信息等的沟通。在这个意义上,有人说,一条信息的传递=7%词语+38%语音+55%表情。

(二)旅游公关礼仪有助于联络感情化解矛盾

在旅游活动的交往中,旅游者与旅游从业人员可能都会有不同程度的情绪体验。它往往表现为两种情感状态:一是感情共鸣,另一种是情感排斥。礼仪容易使双方互相吸引,增进感情,导致良好的人际关系的建立和发展。反之,如果不讲礼仪,粗俗不堪,就容易产生感情排斥,造成人际关系紧张。

【补充阅读】

某饭店。一位女客人怒气冲冲地找到大堂副理,说她放在房间卫生间的外国名牌洗发液不见了,肯定是让服务员给扔掉了。副理通过调查后了解到,的确是服务员看到洗发液只剩一点点,以为客人不用就扔掉了,而客人表示,这最后一点洗发液正是她准备在这里最后一晚用的。副理当即表示:“这件事的确是我们的过错。给您带来麻烦实在抱歉。看来这种洗发液本地没有卖的,是否可以这样办,我们照价赔偿,今晚您就使用本饭店的洗发液,您试用后或许会喜欢的。”副理的一番话有理又有节,客人见她赔礼道歉,态度诚恳,气也就消了,对饭店的过失完全原谅了。这就是,精诚所至,以心换心;礼仪到位,矛盾化解。

(三)旅游公关礼仪可以约束旅游从业者的行为

礼仪最基本的功能就是规范各种行为。在旅游活动中,人们相互影响、相互作用，如果不遵循一定的规范，双方就缺乏合作的基础。在旅游活动的众多的规范中，礼仪规范可以使旅游从业人员在旅游服务活动中明白应该怎样做，不应该怎样做；哪些可以做，哪些不可以做。在旅游工作中，自觉遵守旅游礼仪约束的人，才是被人们认可、符合旅游业要求的人。如果一个人我行我素，不能遵守礼仪要求，他就会受到人们的谴责和反对，最终被旅游业所"抛弃"。

（四）旅游公关礼仪可以提高服务质量

旅游业竞争，最根本的是质量竞争。服务质量是旅游业的生命线，保证了服务质量就保证了效益。质量的关键是服务，服务的核心是礼仪。

服务态度是影响服务质量的主要因素之一。态度是一种内在的心理准备，无法直接观察，只能从当时人的言行判断。旅游服务中优质的服务态度是要使客人在感官上，精神上有"亲切感"，有"宾客至上"、"宾至如归"的感觉。这种亲切情绪的体验，往往通过服务人员提供的实质性的服务内容和他们彬彬有礼、得体大方的言行举止、仪表仪容来传达。服务人员如果能够讲究礼仪礼貌，表达主动、礼貌的服务态度和服务技巧，使客人了解你、理解你、谅解你，使旅游者在旅游过程中对服务工作有亲切感、温暖感和信任感，对服务工作认可和满意，也就达到了对服务质量的要求。

（五）旅游公关礼仪有助于塑造个人和组织形象

旅游从业人员接待的不仅有我国的客人，还有其他国家和地区的客人，从一定意义上来说，旅游从业人员代表的是中华民族的形象和风貌，他们的行为要讲究礼仪，要符合礼仪标准，在旅游者面前树立良好的个人形象。一个组织的成员讲究礼仪，就会为自己的组织树立良好的形象，赢得公众的称赞。现代旅游市场竞争除了旅游产品竞争外，还体现为形象竞争。一个具有良好信誉和形象的旅游企业，就容易获得社会各方的信任和支持，就可在激烈的竞争中处于不败之地，进而创造品牌效应。所以，旅游服务人员时刻注重礼仪，既是国家和民族、组织和个人良好素质的体现，也是个人和所在旅游企业最终走向成功的需要。

第二节　旅游公关的个人礼仪

旅游从业人员的个人形象不仅仅是旅游业形象的体现，它更是一种宣传，也是一种品牌，同时还会产生一种效益。因此，旅游从业人员的个人礼仪就成了旅游公关礼仪的基本组成部分，要求从业人员学会如何给他人留下良好的印象，如何注意细节问题，如何熟练地运用语言、行为、服饰、仪表、姿势及仪容等方面的知识。

一、仪表礼仪

仪表是指裸露在外能被人看到的外表,如容貌、服饰、姿态、举止等。

(一)脸部修饰

脸部修饰第一步和最基本的是清洁。清洁面部可以去除新陈代谢产生出的老化物质、空气污染物、卸妆等残留物,同时也使肌肤清爽。洗干净脸后,紧接着应补充面部的营养,补充随污垢一起流失的水分、油脂、角质层内的 NMF(天然保湿因子)等物质,使肌肤恢复原来的状态,化妆水和乳液可以发挥很好的功效。

【补充阅读】

化妆水的任务是补充水分,用充足的水分紧缩肌肤,使之变得柔软,紧接在其后的乳液才容易渗入。化妆水补充水分后,再用乳液补足水分、油分,使肌肤完全恢复原来的状态,这点相当重要。乳液有水分、油分、保湿等肌肤必要的三种成分,且调配得十分均匀,是每日保养肌肤不可缺少的产品,它的主要目的是恢复肌肤的柔软性,并为接下来的化妆做准备。

(二)化妆

脸部化妆一方面要突出面部五官美的地方,使其更加美丽,另一方面要掩盖或矫正缺陷或不足的部位。经过化妆品修饰的美有两种:一种是趋于自然的美,一种是艳丽的美,前者是通过恰当的淡妆来实现的,它给人以大方、悦目、清新的感觉,最适合在家或平时上班时使用。后者是通过浓妆来实现的,它给人以庄重高贵的印象,可出现在晚宴、演出等特殊的社交场合。无论是淡妆还是浓妆,都要利用各种技术,恰当使用化妆品,通过一定的艺术处理,才能达到美化形象的目的。

(三)香水使用

香水不仅能添香,而且还能刺激大脑,使人兴奋,缓解或消除疲劳。最好将香水洒在手腕、颈部、耳后、太阳穴、臂弯里、脖子两侧及膝头等不完全暴露的部位,这样香水随着脉搏跳动、肢体转动而飘溢散发。为避免香水对皮肤的刺激,可洒在衣领、手帕处。千万不要将香水搽在面部,那会加速面部皮肤老化。如果是穿裙装可将香水洒在连裤袜上,当人在走动时,香气可由下而上地散发,效果较好。香水不宜洒得太多、太集中,最好在离身体 20 厘米处喷洒。如果在 3 米以外可以被人嗅到身上的香水味,则表明用得太多了。

(四)头发保养

要树立与众不同的自我形象首先得“从头做起”。头发的保养方法主要是洗发和护发。

(1)洗发。一般来说中性皮肤的人,冬天可隔4～5天左右,夏天可隔3～4天洗一次,油性皮肤和干性皮肤的人,要分别缩短或延长1～2天,夏季洗发基本没什么问题,要注意的是必须选用性质温和的洗发水,例如含有氨基酸、蛋白质等活性剂的洗发水。

(2)护发。有益于增加头发营养的食品,多来源于绿色蔬菜、薯类、豆类和海藻类等。专家认为,除了遗传因素,干枯的头发是长时间缺乏护理和化学品残留的后遗症。当然,精神压力、内分泌的变化以及饮食的平衡与否等等,也会对发质产生或多或少的影响。选用一种配方特别温和的、完全不含或只含少量洗涤剂但却能有效地补充水分的洗发水是很重要的。洗发不用过于频繁,当然不要忘记使用护发素。梳发及按摩也是保持美发不可缺少的日常修复手法。

(五)发型

头发整洁、发型大方是发式美的最基本条件。在旅游公共关系活动中,旅游从业人员的发式除了满足这两个基本条件外还应注意不能有碍于工作。具体要求为:男士发式侧不过耳、后不过领;女士发式则应前不过眉、后不过肩。女士若长发,工作时应将长发梳扎成束,不可随意散于肩背,这主要基于方便工作之考虑。整洁、美观、大方的发式易体现旅游工作者的朝气与活力,能够给公众以视觉的愉悦。

【补充阅读】

不同脸型的发型修饰

(1)方脸。方脸型的特点是棱角突出、下巴稍宽,就会显出个性倔强,缺乏温柔感。因而,在选择发型时,应掩盖太突出的棱角,使脸部看上去长一些,可以利用波浪形增加脸部的温柔感。宜将前额和头顶的头发上扬,露出部分额头,但切忌全部露出。方脸型的人在留额发时,宜遮掩额部的两角,额发要有倾斜感,使方中见圆。还可以利用卷曲的长发部分遮住下颚两侧,转化太宽的下颚线条。

(2)倒三角脸。倒三角脸与三角脸恰好相反,可以选择掩饰上部、增宽下部的发型。发型要造成大量的蓬松的发卷,并遮掩部分前额。具体选择时,最忌选往上梳的高头型,这样只会突出细小的下巴,使整个脸部更不平衡。可运用领部线条之美,使耳边的头发产生分量,并显示额角,令脸部变得丰满一些。

(3)三角形脸。三角形脸的特征是上窄下宽,在选择发型时应平衡上下宽度,可用波浪形发卷增加上部的分量,也可用头发掩饰较为丰满的下部。不宜将额发向上梳,以免露额头太窄的缺陷。分缝可采用正分或侧分,不宜选择双颊两侧贴紧的发型。刘海可留得美观大方而不全部垂下。脸颊旁的头发要梳得蓬松,显得很多,以遮掩较宽的上部分。

(4)椭圆形的脸。一般认为,椭圆形的脸是东方女性最理想的脸型,所以拥有这种脸型的人梳什么样的发型都不会难看。不过,如果选择中分、左右均衡的发型,更能体现娴静、端庄的美感。若留一袭黑色直发披在肩头,更有飘逸之感。

(5)其他脸型。脸庞较大的人,可选择使头发自然松垂在脸上、盖住部分脸颊和前额的发型。脸庞较小的人,可选择尽量露出五官的发型,把头发往上、往后梳。鼻子过于突出的人,可选择留浓密的刘海或将长发向上梳的发型,以平衡脸部,强调顶部。额头太大的人,可将额发剪成一排刘海。下巴内陷的人,可将头发留长,以使下巴显得丰满起来。

(六)男士仪容

生活与观念的进步使开放的现代社会生活正在起着巨大的变化,男士的仪容也越来越受到重视。男士仪容仪表折射出男士从容、宽阔的心态、责任和对环境的尊重。

(1)皮肤的保养和化妆。眉须是男性的性征,不同留须方法会有不同的性格特征反映。一般年轻人、旅游公关人员应将胡须刮得干干净净,用水调理皮肤的紧张感,选中性润肤品护理并拍打片刻,使皮肤保持弹性。出入公共场合,不妨用与肤色相同的粉底液薄薄地抹匀,然后用干爽的面纸吸去多余油分,使其自然。

(2)眼睛要明亮清晰。眼睛要用白色眼影粉在眉间扫匀,用眼线笔在眼睫根部加深底色,眼尾用少许灰色修正眼影。用透明睫毛油梳理睫毛使之光泽自然,如此可使男子双眸明亮有神,充满魅力。

(3)双唇要显滋润效果。尽量避免干燥的嘴唇出现,除多喝水之外,要常用护唇油、护唇膏,有时可选择肉色的或透明珠光的唇膏修饰唇中,使双唇滋润,更有魅力。

(4)鬓角要干净。发式因人而定,但发色的乌黑亮泽是男性健康的标志之一。每两三天要洗发一次,用护发素,让头发自然晾干,不要过多吹发。用少许摩丝拉出发丝形状,使鬓角油亮整齐。

(5)适当的香味。选用合适的香水,可以显出不俗的品位。

(七)服饰

1. 着装原则

着装的原则可以归纳为:TPO,即时间(time)、地点(place)、场合(occasion),指人们在选择着装时,应注重时间、地点、场合这三个元素。

(1)时间原则。时间涵盖了每一天的早间、午间、晚间等三个时间段,也包括每年春夏秋冬四个季节的更迭，以及不同时期。人们在着装时应考虑时间因素，做到“随时更衣”。根据时间的不同而及时变化。

(2)地点原则。特定的环境应配之以与之相适应、相协调的服饰，以获得视觉与心理上的和谐感。地点也是决定如何穿衣的重要因素。穿着除了要求与身材、体型、肤色、个性等相协调之外，还要与人的职业相配合。不同的职业有不同的着装要求。例如导游，穿着要时尚而利落，给游客以清新而干练的感觉。

(3)场合原则。人们的服饰也要与特定的场合和气氛相协调，所以有必要选择与之相配的服饰款型与色彩，实现人景相融的最佳效应。旅游从业人员的穿着应根据场合的原则，有目的地、灵活地进行选择。工作场合不同，穿着的规矩也就不同。

2. 西装的穿着

西装是一种国际性服装，是世界公认的男式正统服装，西装一般也是酒店管理人员的工作制服。男士在所有社交场合都可以身着西装。经常出入社交场合的旅游公关先生应自备合体的西装，并做到：衬衫洁白、领带典雅大方、西裤裤线笔直、皮鞋打油上光等。

(1)西装的选择。西装的选择和搭配是很有讲究的。西装的面料应该非常挺括。作为正式礼服使用的西装可采用深色，如黑色、深蓝色、深灰色的全毛面料制作。日常穿着的西装颜色可以有所变化，面料也不必太讲究，但必须熨烫挺括。西装基本上可以分为成套服装、不配服装以及搭配服装三大类，日常穿用的西装可以随意选用。

西装外套选定后，要配以合适的衬衫。衬衫最能体现人的风度与气质。衬衫的质量最重要是看面料的好坏，优质面料以纤维纤细、触感柔软光滑、颜色花纹独具一格为特征。衬衫的式样，主要看领子的形状。着西装必须穿带领的衬衫。衬衫领子的形状与脸形、肤色、服装的色调及款式搭配要协调。衬衫的颜色很重要。一般说来，穿深色的西装要配上白色的衬衣；花衬衣配单色西装外套比较好；单色衬衣配条纹或带格的西装比较适宜。

【补充阅读】

怎样选择合体的西装

选购合体的上衣，有一个简便的计算方法，即以站立时从脖子算起到地板距离的1/2为最佳的衣长。但矮个子的人为了使自己的腿看起来显得长些，上装的下摆可以从臀部围线附近往上移1.5公分左右，会收到很好的效果。长短适当是西装裤美观的关键，裤子太长，裤管容易产生许多皱纹；裤子太短，袜子清楚可见，给人以肤浅的感觉。最理想的裤长是，当站立时，前片裤脚刚刚碰到皮鞋鞋面为最适宜。

(2)西装的着装规范。穿西装必须穿长袖衬衫,衬衫领子一定要硬扎、挺括。外露部分一定要平整干净,衬衫下摆要均匀地塞在裤内。领子不要翻在西装外面,西装领子应紧贴衬衫领子并低于衬衫领 1.2 厘米。衬衣的袖子要长于西装上衣的袖子 1.2 厘米,西装上衣应与下垂手的虎口持平,袖长和手腕平。

西装的衣袋或裤袋里,不宜放太多的物品。西装左胸外侧口袋是一只装饰袋,只能用来放折叠好花式的装饰手帕。这类手帕和普通手帕不同,它要小得多,多为麻纱、丝等质地,完全是为了在交际场合里显得体面。手帕叠成一山型、二山型、三山型等,在袋口露出一点。装饰手帕的颜色应随西装颜色的变化而变化。

西装纽扣的扣法也很有讲究。穿双排扣的西装,一般都要将扣子全扣上,否则会被认为是轻浮和不稳重。如果是单排两粒纽扣的,扣上面的扣子是正规;不扣显得潇洒,坐下时也不扣;两个全扣显“土气”,只扣下面不扣上面就有点“流气”。如果是三粒纽扣,应只扣中间一粒纽扣或都不扣。如果是单排一粒扣西装,可扣或不扣。

(3)领带。在男士穿西装时,最抢眼的,通常不是西装本身,而是领带。只有一套西装的男士,只要经常更换不同的领带,往往也能给人天天不同着装的感觉。领带的长度以到皮带扣处为宜。系领带时衬衫的领扣要扣好,如不系领带,应把领口解开,不要让人觉得是忘记打领带了。起固定领带作用的领带夹夹在衬衫的第三、四粒纽扣之间为宜。

(4)鞋袜的穿法。穿西装时,鞋子只能选择皮鞋。最适合于西装套装配套的皮鞋,只有黑色一种。就连棕色皮鞋,往往也会大受排斥。袜子最好是纯棉、纯毛制品。有些质量好的以棉、毛为主要成分的混纺袜子,也可以选用。最好不要选择尼龙袜、丝袜。

3. 女性职业服装

(1)职业服装的选择。女性出席职业社交活动着装应该文雅、端庄、无华,色彩不要太鲜艳,款式不宜太暴露。选择服装时,首先要把高雅、大方、整洁作为基本要求,款式要尽量简洁,其次是穿脱方便并且宽松、舒适、不易起皱。

(2)职业服装的着装规范。女性职业服装忌透:不能使内衣、内裤等若隐若现。忌乱:不可穿着不讲究,卷袖子,敞扣子,颜色过多,饰物过乱等,这会被视为极端的不礼貌。

女性服装的样式可选择连衣裙或套装或套裙。服装应略长一些,日间服装应避免领口开得过大,臂膀过于裸露。公共关系人员工作与外出时,着装不能露出乳沟、肚脐、脊背、腋毛及腿毛等。制服不可过于紧身，以致内衣、内裤的轮廓外显，这样既不文雅也不庄重。

4.服饰配件

服饰配件使用得当能让人外在美和内在素养得到充分的展示。在旅游公关活动中，应遵循一条原则：配件越少越好。男士绝对不可戴耳环；女士则应该选择式样简洁而雅致的耳环，但只能佩戴一副。从事旅游公关工作时佩戴胸针可增色。但在工作场合戴手镯脚链则被认为是不妥当的。

二、仪态礼仪

体姿是指一个人躯体的协调姿态。包括肢体姿态以及站姿、坐姿、蹲姿、睡姿、俯姿及仰姿等由人体不同动作构成的各种姿态。姿态美有一种说不出的迷人魅力，一个相貌平平的女人，如果能有美丽的姿态和风度，她在交际场合便可以发挥无穷的魅力。

(一)微笑

旅游公关人员在与公众的交往中，应提倡微笑待人，让微笑成为人际关系的净化剂，为旅游组织赢得更多的公众。微笑是人愉悦心情的自然流露，人人都会，但并非人人都能做到亲切、自然。微笑待人是需要训练的。微笑时应目光柔和，神情友善、愉悦。微笑很重要的一点是：自然、真挚。切不可假笑、皮笑肉不笑或轻浮地嬉笑，这不会使人产生美感，反而令人产生厌恶和不适。礼仪只有德诚于心，才能形秀于外。换句话说，旅游公关人员心中有对公众的尊重、爱心和诚意，有对自己所从事的职业和事业的热爱，才会使微笑可人和使人愉悦。

(二)站姿

站立是人们在交往场所最基本的姿势，是其他姿势的基础。站立是一种静态美，是培养优美典雅仪态的起点。在日常生活中，人们的站立姿态虽然不像标准的站立姿态要求那样严格，但也应保持一定的姿态。

1.站姿的规范

正确的站姿应从整体上给人以挺、直、高的感觉。标准要求是：头正、颈挺直、双肩放松展开，双臂自然下垂，双手搭放于小腹位或后腰际；收腹、立腰、提臀；两腿并拢，膝盖挺直，小腿向后发力，重心保持在两腿之间；男士站立时，双脚自然分开与肩同宽，女士双脚成“丁”字形。

2.不良站姿及纠正

交际场合不得倚墙靠壁，也不宜出现双手叉腰、双臂抱胸等失礼表现；不可驼着背、弓着腰，不可一肩高一肩低，不可双臂胡乱摆动，不可双腿不停地抖动。

不宜将手插在裤袋里，眼睛不可不断左右扫视，更不要下意识地做小动作，如摆动打火机、香烟盒，玩弄皮带、发辫，咬手指甲等。这样不但显得拘谨，给人以缺乏自信和经验的感觉，而且也有失庄重。

【补充阅读】

优美站姿的锻炼方法

(1)“五点一线”，即脚跟、小腿、臀、肩胛骨、后脑勺五点在一条直线上。尽量收腹贴墙站立。

(2)头部练习。颈部自然挺直，微收下颌，目光平视前方，头部尽量向上顶，保持正直。也可把一本书放在头上走动，书不能掉。

(3)腰腹部练习：脊背挺直，收腹、挺胸，将呼吸控制在横膈以上。脚跟离开墙面10厘米左右；头、肩胛骨、臀部贴墙，然后尽量收腹，并使腰部贴墙，可矫正挺腹的毛病。

女士站立时，脚跟并拢，脚尖分开但不宜过度撇向外侧呈“V”字形。穿旗袍时，可站成“丁”字形，颌略收，双手交叉置于肚脐位置上，双臂自然放松，将右手搭在左手上，四指并拢，虎口张开，拇指交叉，体现女性线条之美。保持面带笑容。

男性站立的基本要求是：全身正直，双肩稍向后展，抬头挺胸收腹，双臂自然下垂，两脚间距与肩同宽，也可呈“V”字形。双手放到体侧，体现男子阳刚之美。如果站立时较长，可交换双脚的位置，将身体的重心交互落在左右脚上。与人谈话时，身体应直立并稍前倾，双臂可随谈话的内容做一些手势，但幅度不宜过大，以免显得粗鲁无修养。

（三）坐姿

坐，是生活静态造型。体现礼仪规范的坐姿，传递着自信练达、友好诚挚、积极热情的内涵，也展示着高雅庄重、尊重他人的良好风范。在社交活动中，对于坐姿，有着较高的礼仪要求。坐姿的原则是给人以端正、大方、自然及稳重之感。

1. 坐姿规范

(1)入座时要注意轻、稳、紧。轻即是指接近椅子的动作要轻。要控制自己的身体，以轻盈和缓的步履，从容自如地从椅子的一侧入位，转身背对椅子，轻而稳地落座，不要轰然“砸”在椅子上。入座时腰部、腿部的肌肉要紧张，髋臀部的肌肉应收紧，身体不可以前后左右摆动，背部与椅背平行，缓慢安静地坐下。

(2)坐姿要稳重。落座之前，先要环视四周，看看长辈、领导、女士们是否已经落座，不要自己抢前坐下。在西方，还有从左侧入座离座，男士要帮助女士入座的传统。女性穿裙装入座时，要用双手把裙摆收拢后，再平稳坐下，而不是坐下后再欠身整理。坐定后，两脚着地、膝盖呈直角，腰部立起，上体保持正直，头部保持平稳。两眼平视，目光柔和，嘴微闭，面带微笑，双膝并拢，鞋尖方向一致。女士落座后，双腿要并拢，无论是一腿前一腿后，还是两腿叠放；不管是垂直于地面，还是斜侧着，两条腿必须并拢。男性就座时，腿距与肩宽大致相等，两脚自然着地，也可以架腿（俗称二郎腿），但不可以叠成“4”字腿，即将一只脚的脚踝部位叠放在另一条腿的大腿上。也不可双腿张开成“八”字形或将脚伸得很远。随意抖动脚，脚尖向上翘，都是失礼的表现。

(3)两手位置适当。双手掌心向下，自然地放在膝头或者座椅的扶手上。也可将左手轻放在腿面上，右手掌搭在左手背上。女性坐下后，两手与站立时相同，肩部放松，自然下垂，交握在膝上，五指并拢，两手交叠，才显得优美。女性不宜将双手置放在两边的扶手上，否则会显得不谨慎。男性入座后，可以将两手自然地放在腿上，也可以交叉着自然地垂放在腹部、沙发扶手、桌面上。谈话时，手臂可以作一些辅助说明性的动作，但不宜过多。

(4)不坐满座。就座时一般只坐满椅子的2/3，并且不要靠背，休息时可轻轻靠背，坐满座椅或坐在椅子的边缘都是有失风度的。应当依照腿的长短，决定坐势的深浅。一般说来，女性不应坐得太深。因为女性通常腿部较短，若是坐得太深，整个大腿就要紧贴在椅面上，显的腿部过粗并呈松懈的姿势，很不雅观。椅背是休息时用的，一开始就靠在椅背上是不礼貌的，与人会面，在最初的10分钟里是不可以松懈的。

正面对坐，会产生压迫感，应当稍微偏斜。如果需要侧坐时，应将上体与腿部转向同一侧，头部稍稍前倾，面向对方，形成优美的“S”型坐姿，轻松自然。入座后要尽可能保持正确的坐姿。如果坐的时间过长，可以稍调一下姿势。比如，男士将并拢的两膝略微分开一些。女士则可将右腿后撤小半步，或者将身体重心后移，背部微靠在椅背上。当然，还可以两腿膝部交叉，一脚内收与前腿膝下交叉，两脚一前一后着地，双手稍微交叉于腿上。起立时，右腿向后回收半步，用小腿的力量将身体支起，并保持上身的直立状态。

与长辈见面或是欲表示敬意的场合，一般皆以“正坐”为基准。此时，必须双脚靠拢、抬头挺胸，不能把座位坐满，也不能十分放松地靠在靠背上。

挺直的坐姿，目不斜视凝视对方，能使对方产生诚实的良好印象。脊背挺直的人看起来富有活力、干劲十足；弓着背的坐姿容易被认为是缺乏自信、难以与人相处。

2.不良坐姿及纠正

下列不良坐姿必须坚决纠正：腿不停地抖动，脚离开鞋而晃动；前俯后仰；双腿搭在椅子、沙发和桌子上;支肘、抱头、托腮、抱臂、扣鞋弄袜及抻衫拽裤;手上不停地转笔等小动作。

(四)行姿

走路时的步态与速度能反映一个人的个性修养与性格,从步态的矫健、轻松与拖沓之中,大致可以推测出一个人的行为作风。正确的行走要从容、轻盈、稳重。协调稳健、轻松敏捷的走姿都会给人以美感。

1. 行姿规范

以站姿为基础,行走时要保持明确的方向,身体微向前倾,重心稍前倾落在前脚掌上,并随着脚步的移动不断向前过渡、左右交替。抬起头,挺胸收腹提臀,上身正直,目光平视前方,面带微笑;双肩自然不摇晃,双臂一前一后自然摆动,两腿直而不僵;脚步轻盈,步幅适中,走出步韵来。在与他人同行时,注意调整步伐,尽可能与他人相协调,既不超前也不要落后。

女性正确的步态是端庄、轻捷而有韵律感,以碎步为宜。女性着裙装时,步子前进在一直线上,使裙子的下摆随着步伐显出韵律;着裤装时,步幅稍微加大,走成两直线,显得生动活泼。鞋跟高,腰线也随之提高,裤管几乎将鞋子遮蔽,更显示出端庄文静、含蓄典雅的女性窈窕美。

男性行走要抬头挺胸,收腹直腰,上体平稳不动,双肩齐平,目光平视前方,步履稳健大方,步幅适当,一般70厘米左右。男性双脚走出的是两条平行线,步频步幅适中为宜,显示出刚强雄健、英武豪迈的阳刚美。

2. 不良走姿及纠正

行走最忌的是内八字和外八字;不可弯腰驼背、摇头晃肩、扭腰摆臀;不可膝盖弯曲,或重心交替不协调,使得头冲前而腰臀滞后;走路时不把双手插在裤兜;不可左顾右盼;不可无精打采,身体松垮;不可摆手过快,幅度过大或过小;不要拖拖沓沓,更不宜鞋跟拖地;不可叉腰或倒背着手行走。

在日常生活中,人们往往因为对立、坐、行等身体姿态及其内含的信息含义关注不够,而使之将负面信息传递出去了,自己却浑然不知。

三、言谈礼仪

“言为心声”,旅游公关人员与人交谈要符合一定的礼仪规范,要学会恰当的使用各种礼貌用语,这样才能树立起自身完美的形象。

(一)称呼

称呼恰当合宜,往往是社会交际成功的开始。恰当的称呼,除了自己的亲属、同事之外,应从对方的年龄、身份、地位、仪态深入的观察所得,不宜一概用

"同志"两字。

对长辈，可以"大叔"、"大妈"等相称；有些特定的职业也作称谓，如"老师"、"大夫"、"律师"等；职务称谓"书记"、"经理"等；姓名称谓，如"老王"、"小张"等；有些职称亦可作称呼，如"工程师"、"教授"等。同事朋友之间彼此熟悉，对年长一些的加一个"老"字，如"老赵"、"老钱"，可以互称，对年轻点的称"小"，如"小孙"、"小李"，也可互称。对德高望重的老学者、老前辈，称"老某"显得不够尊敬，称"某老"就比较适宜。目前，时尚称男性为先生，称女性为小姐，称已婚女性为某太太。总之，称呼运用是否得当，得看场合和对象。

（二）问候

在人际交往中，贴切真诚的问候，是温暖的春风，能让人感到温馨，能激发交往的兴趣和欲望。要注意用问候语来表达交往愿望。问候是交谈的导入阶段，也是交谈的第一礼仪程序。虽然问候语本身没有多少意义，但是问候可以打破陌生人之间的界限，缩短人与人之间的感情距离，导出交谈的话题。因此，把问候语比作人际关系发生的起点是很有道理的。

随着时代的发展，社会在变化，问候语也随着人们生活节奏的加快而日益变得简捷。现在公众场合中最常见的问候语仅两字"您好"。"您好"这一问候语适用于各种场景、各色人物。它体现修养的问候和礼貌，营造和谐的人际关系。当你向他人道一声"您好"时，许多的误会、偏见也许会在这问候中得到谅解。为了显示你的教养和身份，与人交往时你应常用"您好"。

热情简捷的问候语是交往的润滑剂，如"您好"、"早上好"、"晚安"、"久违了"、"最近身体不错吧"等这些问候语，通常应是男士先问候女士，年轻人先问候长者。在日常生活中与社交场合里，主动问候对方是一种礼貌，在问候时还可伴有点头或举手示意、或主动上前握手。有人以为主动与人打招呼或问候对方，会使自己掉了身份，其实正好相反。

（三）答谢与致歉语

当接受了他人的帮助或恩惠时，要用答谢语及时表达谢意。"谢谢"两个字虽然很简单，但它既是对对方的尊重，也可以反映出答谢者受过良好的教育。

在必要时向对方表达歉意也是一种礼仪。由于你的言行给他人造成了负面影响，包括在与人际交往过程中言行举止有所失礼，即便是无意的，也应立即说声"对不起"。有时几个人谈兴正浓，处于某种必要你必须插话，应首先向对方示意，"对不起，打断你们一下"，得到对方明确地表示后再插话，这是起码的交往礼仪。

不管是答谢还是致歉，都要真诚，都要堂堂正正，而不能把这种礼仪理解为一种无奈。当然，如果你确实没有过错，仅仅是为了息事宁人，便向对方致歉，那也不一定可取，不妨把事情搞清楚后再考虑下一步应该做什么。

（四）请求与谢绝语

请别人帮助，即使是上级请下级做一些工作之外的事情也应说一声“拜托”、“劳驾”、“请多关照”之类的话。同样，当有人求你帮忙或约你参加某项活动，而你确实无法办到，不管你出于你的能力有限还是其他原因，你都要有礼貌的谢绝，而不能简单粗暴的拒绝。如，遇到熟人漫无边际的闲聊，可抓住对方讲话的间隙说：“见到您真是太高兴了，要是有时间多聊一会儿该多好啊！可惜我得去开会了，下次有时间再聊好吗？”适当的使用推辞和拒绝的语言，才会使自己摆脱困境。当然，谢绝的语言应注意礼貌与分寸。

（五）禁忌

禁忌，俗称讲话中的避讳，禁忌语是人们在长期的语言交往中形成的一种特殊的习俗，这种习俗根深蒂固，支配着人们的言行。主要涉及一些不好直说或不愿直说的事物或现象。上海人看望病人不能带苹果，因为在上海话中“苹果”与“病故”同音。北方人给朋友送结婚礼品不能送钟，因为送钟与送终谐音，很不吉利。

禁忌语在商业用语中更为明显。生意人怕蚀本，怕财运不通。因为财运的好坏直接关系到人们的切身利益，言谈中的不祥字眼，总会引起他人的不悦。因此，凡是和“蚀”、“折”、“干”、“亏”等有关系的词都要改口。

许多禁忌语都有强烈的地方色彩。不同的地域、不同的民族甚至不同的行业都可能有自己特殊的禁忌语。身处异地、入乡随俗时，应了解当地民俗中有哪些禁忌语，尊重这样的语言禁忌，才不会在交往中失礼。

四、举止

举止是人的外显的可观察的动作，运用肢体活动体现了一个人的礼仪修养、文化水平和自制能力。有的人不善言谈，说话没有惊人的妙语，但他的举止行为却热情而不失态、自然而有礼节，因而在人际交往中赢得社会的尊重。

（一）手势

手势是人们交际活动中不可缺少的体态语言。手势美是动态美，要能够恰当地运用手势来表达真情实意，彬彬有礼、优雅自如的手势，会使交际形象增辉。

与人交谈，手势不宜过多，动作不宜过大，更不可手舞足蹈。打招呼、致意、告别、欢呼及鼓掌等都属于手势的范围，要注意其力度的大小、速度快慢及时间的长短。比如,为人指引方向,正确的姿势是:右手五指并拢,掌心斜向上,指尖和手臂保持正直,水平摆向所指的方向。这种手势有诚恳、恭敬之意。又如鼓掌,正确的姿势应该是用右手有节奏地拍击左手,右手主动,左手几乎不动,处于被动的状态。在任何情况下,不可用拇指指自己的鼻尖或用手指指点他人。谈到自己时,可用手掌轻按自己的左胸,显的端庄、大方、可信。

不同地区、不同国家、不同民族的同一种手势往往含意不同。不加区分地滥用手势可能会引起不必要的误会。例如,在中国伸出一个指头表示数字"一",在美国是一种有关性污辱的手势;抬起手,手心向下摆动,中国人会认为他在招呼自己到他的身边,可是,在西方,唤小狗才会做这种手势。手势之间往往只是差之毫厘,意思就谬以千里。例如,竖起食指和中指,指肚朝前,表示胜利;指背朝前,表示不满和抗议。可见,对于不明就里的手势使用要谨慎。

交际场合不可当众搔头皮、掏耳朵、抠鼻孔、剔牙、剜眼屎、搓泥垢、修指甲、揉衣角、用手指在桌上乱画及玩手中的笔或其他工具;切忌乱做手势,或指指点点;咳嗽、打喷嚏时,要用手帕捂住口鼻,面向一侧,避免发出大声。口中有痰要吐纸中或手帕中。手中废物要扔进垃圾桶。

(二)握手礼

握手是现代社会活动以及各种社交场合中运用最为广泛和频繁的礼节形式。握手礼的动作简单而便捷,包含着十分丰富的情感信息——友好、客气、欢迎、礼貌;祝贺、感激、慰问;理解、信任、支持;谅解、鼓励、保重。老朋友相逢时握手,欣喜之情便会涌上心头。好伙伴分别时握手,珍重再会之意便十分清楚的表露。

握手的基本次序是:上级在先,长辈在先,女士在先,主人在先;而下级、晚辈、男士、客人应先问候,见对方伸出手后,再伸手与之握手。若是旅游接待,不论男女,都要主动伸手表示欢迎,若一方忽略或不知先后次序,先伸出了手,对方应立即回握,拒绝握手是很不礼貌的。

标准的握手方式是:握手时,两人相距约一步,上身稍前倾,伸出右手,四肢并起拇指张开,两人的手掌与地面垂直相握,可以轻轻摇晃,一般二三秒为宜,握手时注视对方,微笑致意或简单地用语言致意,这是一种自然而平等的纯礼节意义上的握手方式。

【补充阅读】

一天傍晚,巴黎的一家餐馆来了一群中国人,老板安排了一位中国侍者为他们服务,交谈中得知他们是东北某县的一个考察团,今天刚到巴黎。随后侍者向他们介绍了一些法国菜,他们不问贵贱,主菜、配菜一下子点了几十道,侍者担心他们吃不完,何况菜价不菲,但他们并不在乎。

点完菜,他们开始四处拍照,竞相和服务小姐合影,甚至跑到门外一辆凯迪拉克汽车前面频频留影,还不停地大声说笑,用餐时杯盘刀叉的撞击声,乃至嘴巴咀嚼食物的声音,始终不绝于耳,一会儿便搞得杯盘狼藉,桌子、地毯上到处是油渍和污秽。坐在附近的一位先生忍无可忍,向店方提出抗议,要求他们马上停止喧闹,否则就要求换座位。侍者把客人的抗议转述给他们,他们立刻安静了。看得出来,他们非常尴尬。

第三节　旅游公关的公务礼仪

公务礼仪在旅游活动中极为重要,因为它是增进彼此友谊和相互信赖的催化剂。是解僵局的润滑剂,是不花本钱(或本钱极小)而收获甚大的"魔棒"。旅游经营管理人员,必须了解和掌握旅游交往中的一些基本礼仪。

一、迎送礼仪

迎来送往,是旅游交往接待活动中最基本的形式和重要环节,是表达主人情谊,体现礼貌素养的重要方面。尤其是迎接,是给客人良好第一印象的最重要工作。好的第一印象形成的思维定势,对今后的工作会产生有利的影响。

(一)迎接礼仪

具体接待是完成接待工作任务的主要环节,这其中有许多方面的礼仪需要重视,如称呼礼仪、介绍礼仪、见面礼仪、握手礼仪、乘车引导礼仪、会谈礼仪等。其中一些内容在前面已有介绍,这里只讲几种。

1. 迎客礼仪

(1)接站。对远道而来的客人,要做好接站工作。要掌握客人到达的时间,提前等候在迎接地点,迟到是很不礼貌的。接站时要准备一块迎客牌,上书"欢迎(恭迎)×××代表团"等文字,高举迎客牌,以便客人辨认。做好这些工作,可以给客人以热情、周到的感觉,使双方在感情上更加接近。

(2)乘车。如果迎接地点不是会客地点,还有注意乘车礼仪。接到客人后,应为客人打开车门,请客人先上车,接待者坐在客人旁边或司机旁。在车上,主人要主动与客人交谈,告知客人访问的安排,征求客人的意见。向客人介绍当地的风土人情,沿途景观。到达地点后,接待者应先下车,为客人打开车门,然后请客人下车。

(3)会面。"迎三步,送七步",这是我国迎送客人的传统礼仪。客人按时到达，主人应主动迎接，不应在会谈地点等候。见到客人应热情打招呼，先伸手相握，以示欢迎，同时问候客人。

2. 待客礼仪

（1）敬烟。客人入座后，接待者应给送上客人水果，请客人品尝。如客人有吸烟，应请客人烟，如果有女士，礼节上也应一并让到。如客人接受烟，应为其点着；如陪客吸烟，要等客人点着后自己再点；如果客人不抽烟，自己最好也不抽；自己吸烟，一定要征得客人同意，以示对客人的尊重。但现代文明社会越来越倾向于取消敬烟礼仪。

（2）上茶。中国人习惯用茶水待客。客人坐定后，要上茶款待。敬茶时应先客后主，如客人较多，要以尊长为先。上什么茶要事先征求客人意见。近年来，茶道经常用来款待贵宾。

（3）宴请。中国人习惯为客人“接风”或“洗尘”，以示热情欢迎。一般来讲，正式的宴会大多是由主人事先定好菜单、安排好席位，客人光临，司席者就将客人带到预先安排好的席位上。待客人坐好后，告知服务员上菜。宴请最好以客人感到稀缺之物待客。

在进餐时，要照顾好每一位客人，不要冷落了客人中的某些人。宴会开始时不过多谈公务，以免引起对方的不满和猜测。在进餐的初、中阶段，谈论一些有关旅途劳累的问候语，对客人不辞辛劳来到此地表示欢迎的寒暄语，或者拉拉家常等，以此增进了解和互相信赖。在进餐接近尾声时，渐渐把话题引向有关的日程安排。

（4）陪访。陪访是一项重要接待工作。在陪同客人参观、访问、游览时要注意一些方式方法。首先，接待者要事先做好准备，熟悉情况，以便给客人作详细的介绍。其次，陪同时要遵守时间，衣着整洁，安排好交通事宜。再次，陪同时要热情、主动，备妥茶点饮料。

（5）文娱活动及游览名胜古迹。在公务活动中文娱活动往往是必不可少的。它可以轻松一下紧张的神经，也可以增进彼此的信赖和友谊。在安排文娱活动时，要根据客人的民族、语言、风俗习惯，安排一些使客人看得懂、听得清、有兴趣的活动。

如同文娱活动一样，游览名胜古迹也有其积极的作用。但安排游览名胜古迹，不但要适时、适度，还要根据不同对象作不同安排。安排游览活动，不应安排得过于密集，以免客人疲劳，影响正常的活动。最好安排对游览点情况熟悉的人陪同，以便随时进行讲解和介绍，使客人更加满意。

3.送行礼仪

送客礼仪是接待工作的最后一个环节。如果处理不好,将影响整个接待工作,使接待工作前功尽弃。送客时应注意以下几点。

(1)婉言挽留。当客人准备告辞时,都要婉言挽留。如果客人执意要走,也要等客人起身后,主人再起身。送客时应主动与客人握手送别,并送出门或送到楼下。最后还要用热情友好的话语欢迎客人下次再来。

(2)安排交通。送客时应按照接待时的规格对等送别,不能虎头蛇尾,无论双方目的是否达到,都要做好交通方面的安排,使客人感受到除了商务以外的浓浓情谊。

(3)礼品。如果客人来时带有礼品,在送别时也要准备一些具有地方特色,且有象征意义的礼品回馈。要注意尽量以公司的名义送给个人,而不指明送给对方的公司。在给对方一行送礼时,要平等对待,不要厚此薄彼。

二、会访礼仪

会议是有组织、有领导、有目的地通过集会形式商议事务、研究问题的活动。会议礼仪就是在会议中应遵守的礼节和仪式。不管召开什么形式的会议,在注重礼仪方面的要求是一致的。

(一)拟订方案确定接待的规格

拟订方案是对会议进行总体的策划。包括会议的内容、要达到的目的,会议的日期、规模、参加对象,确定会议的地点及经费的预算等。根据会议的方案,确定会议的规格。企业内部的会议,一般讲究效率,不拘形式。如果是规模较大,影响较大的会议,则应确定与会人员的名单,根据与会人员的身份,确定会议的规格,安排相应的接待。

(二)及时发出会议通知

按照会议确定的范围,及时、准确地发出通知。会议通知必须写明开会的时间、地点、主要内容、会议范围等。对外地人员应说明乘车路线、接站方式等。发通知的时间要有个提前期,以便与会代表做好准备。对一些重要代表,在会议召开之前,应设法落实能否出席。

(三)会场的布置

会场的布置要视会议的具体情况而定,隆重、大型的会议,可在台上设主席台,场内可悬挂横幅,门口及会场周围张贴标语、条幅,会场内摆放各种鲜花盆景。庄严、隆重的会议,主席台上应悬挂国旗、党旗、国徽、党徽等。主席台的桌子上可摆放茶杯、饮料等，应擦洗干净，摆放整齐、美观。主席台上座次的安排应适合会议的要求和气氛，讲究礼宾次序。会场的照明、空调、音响设备应完好。

（四）商讨洽谈的礼仪要求

（1）态度要诚恳。所谓诚恳，就是真诚恳切、与人为善。尊重现实，不翻陈年旧账。因为商讨的起因与结果，都是为了现实问题的解决。

（2）例证确凿，情理交融。商务洽谈中必须条理清楚，表达严紧，言简意赅，以事实讲清道理。同时要突出主题，不要东拉西扯，分散注意力。要抓住关键问题，不要纠缠无关紧要的细枝末节，当然尚需留心对方的狡辩或诡辩。

（3）做一个忠实的听众。一个健谈者，同时也应该是一个好的听者。他能从对方的谈话中发现问题，从而据此有的放矢地打动对方，那种口若悬河，看似"能说会道"的形象，实际上常常会使对方产生反感。

（五）洽谈中冷场的处理

在商务洽谈会上，时常会碰到冷场，大家坐在那儿，一言不发。一般来说，冷场的出现，一种是因为与会者无话可说，便用一言不发的方式来等待洽谈结果，另一种是在洽谈中碰到了难堪或棘手的问题，与会者认为很难再讨论下去。此时会议的主持者在冷场出现后，应该主动插话或调换话题，再纳入正题。如果双方都有诚意，那么就应该适当调整自己目标，作出必要的妥协与让步。

三、宴请礼仪

（一）宴请的形式

宴请的形式可以分为宴会、招待会、工作餐、茶会等。宴会是较为隆重的设宴请客的聚会，它是正式就餐，坐下进食，由招待员顺次上菜。宴会又包括国宴、正式宴会、便宴、家宴等。国宴是国家元首或政府首脑举行的庆典，是规格最高的宴会。宴会厅内要悬挂国旗，安排乐队演奏国歌及席间乐。餐前有致词仪式和祝酒活动。正式宴会规格大体和国宴相同，但不悬挂国旗，不奏国歌。宾主均按身份就座，有的请柬还注明服饰要求。家宴，顾名思义就是在家中设宴招待客人的一种宴会形式。在西方，人们喜欢用这种形式，以示亲切友好。家宴往往由主妇亲自下厨烹饪，全家共同招待。出席家宴时一般需要带礼物，如鲜花、酒等，若是乔迁之喜则可带一些居家什物。便宴是形式简便的宴请，随便、亲切，属于正式宴会，常见的有午餐、晚宴和甚至早宴。宴请的形式，应尊重当地的习惯做法。

一般来说，正式、规格高、人数少的宴请以宴会为宜，人数多则以招待会更为合适。妇女界活动多用茶话会,在对外交往中提倡多举办招待会以代替宴会。招待会是不备正餐的较为灵活的宴请形式。备有食品、饮料,通常不排座位,可自由活动;有酒会和冷餐会等两种形式。酒会也称鸡尾酒会。招待品以酒为主,因此而得名。略备小吃,便于广泛接触交谈,不设座椅,仅设小桌和茶几,便于走动。冷餐会一般不排座位,以冷食为主,也可以用热菜,因此而得名。又由于菜连同餐具陈设在菜桌上,供客人自取,因此又称为自助餐。可自由活动,可多次取食。工作餐包括午餐、晚餐、早餐。这是利用进食时间边吃边谈问题的一种非正式宴请形式,只请与工作有关的人员参加,规格较低,菜的道数较少。往往安排座位,尤以用长桌为多,便于交谈。

(二)宴会的礼仪

正式宴会一般都要排定席位,也可只排部分客人的席位,其他人只排桌次和自由入席。无论采取哪种做法,都要在入席前通知每一位入席者,现场还要有人引导。较为正式的宴会都要按主宾顺序入座。在中国,座次高低一般以进门方向为准,面门方为上位,背门方为下位;以左为尊。无论桌子形状如何,均如此。如果客人是成双成对的,就成对的安排入座,或男女相互交错状,主人坐下位。但是,西方的习惯不同。排座位一般不考虑进门方向,而是以主人位置为准,桌次以主桌远近和左右而定。两桌以上的宴会,其他各桌第一主人的位置可以与主桌位置同向,也可以面对主桌的位置为主位。

第四节　旅游公关的社交礼仪

社交礼仪指的是人们在社会交往中使用的礼仪。本节强调的是旅游从业人员在旅游活动中面对游客不同的习惯,如何使交际礼节产生积极的影响。

一、见面礼节

见面是交往的开始,见面礼仪是人与人交际时的第一个礼节,是人们情感的初次交流,它将给对方留下第一印象,对双方交往的深度常常起着重要的影响作用,是社交活动或公关工作能否成功的起点。旅游活动中常见的见面礼仪有介绍礼仪、名片礼仪、鞠躬礼仪、致意礼仪、拥抱与亲吻礼仪及拱手礼仪等。

(一)介绍礼节

1.为他人介绍

介绍最好由第三者进行,由一个双方都熟悉的人作为介绍人,社会交往就自然、方便多了。

(1)介绍的一般规则。先将男士介绍给女士,将年轻者介绍给年长者,将职位低的介绍给职位高的,将客人介绍给主人;未婚者通常也先介绍给已婚者,除非前者比后者年纪大得多。比如聚会时,客人们相互间有不认识的,主人应一一介绍,可以用“请允许我向您介绍一下”或“让我来介绍一下”这类敬语开头。女主人可在女性之间作介绍,男主人在男性之间作介绍。通常,被介绍者应主动、及时的站在对方的面前,目视对方,待介绍人介绍完毕之后,应与对方握一下手,起码也要点头示意,同时说一些诸如“你好”、“认识你很高兴”、“幸会”、“请多关照”之类的话。男女之间相互介绍时,先介绍男子的姓名,再介绍女子的姓名。

(2)介绍的另一规则。客人到来一般有先后,先把晚到的介绍给早到的,再介绍其他在座的客人,介绍时,男性必须起立,女性可免。但如果男性年纪大得多,年轻的女性也不应坐着。

偶然相遇的介绍,不一定要向对方介绍自己的同伴,除非认为有这个必要,希望他们交往。如果两个相识的女子相遇,有一个男子与其中一位女子相伴,他应知趣的退到一旁,至多点一下头表示礼貌。

2. 自我介绍

(1)自我介绍的时机。在没有第三者介绍的情况下,社交场合通行自我介绍。

(2)自我介绍须知。最好能先对交往对象的个人兴趣、性格、爱好、特长及成就等做一些了解,然后再作自我介绍,相识后,话题广泛,关系也较易融洽。在作自我介绍时,要用亲切自然的面目表情和微笑的眼神表达美好的感情。同时在对方回应自己的姓名或有关事物的信息时,应全神贯注地倾听,最好用口头重复,以示尊重。自我介绍要真实诚恳,实事求是。在自我介绍中切忌为抬高自己的身份而漫无边际的自我吹嘘。

(二)名片礼节

名片是个人作为业务往来和社会交际的通行证。名片既是身份的说明,也是收集资料的来源之一。由于名片文字简短、文明脱俗、使用灵活、携带方便,所以其适用范围十分广泛,以业务交往最为普遍。

自己的名片要随时准备好。名片要放在易于掏出的口袋或皮包里固定的习惯位置。出示的名片应有型有款,不能又皱又摺。不要把自己的名片和他人的名片或其他杂物混在一起,以免用时手忙脚乱或拿错名片。

递交名片要用双手或右手,递交时要目光注视对方,微笑致意,可顺带一句“请多多关照”。递送名片时应用双手拇指和食指执名片两角,让文字正向朝向对方;接名片时也要用双手,并认真看一遍上面的内容。如果接下来与对方谈话,不要将名片收起来,应该放在桌子上,并保证不被其他东西压起来,这会使对方感觉你很重视他。参加会议时,应该在会前或会后交换名片,一般不在会中交换名片。

不同国家的人士交换名片时,有着不同的礼仪:在日本,无论接受名片还是递上名片,都必须双手,都应当微微弯腰。在阿拉伯地区,绝对不能用左手接受名片,更不能用左手递名片给阿拉伯人。西方社交礼仪是,一个男子去访问一个家庭时,若想送名片,应分别给男、女主人各一张,再给这个家庭中超过 18 岁的妇女一张,但决不在同一个地方留下三张以上名片。

交换名片的礼仪同握手的礼仪相似:通常是年长者或职位高者采取主动。如果他们没有表示,你应该递上你的名片然后向他们提出请求。交换名片应在私下进行,每次只在两个人之间交换。像发扑克牌一样分发名片,做法不妥的。

(三)鞠躬礼节

鞠躬是在国际交往时经常采用的礼节,它最早起源于中国,最初指的是弯曲身体,代表一个人的谦恭姿态。后来演变成一种弯身的礼节,表示内心的谦逊恭敬。

鞠躬礼节一般是下级对上级或是同级之间,或是初次相见的朋友之间的礼节。日本人见面时要鞠躬并相互问“您好”。行鞠躬礼时必须脱帽,用右手握住帽前沿中央,将帽取下,手垂下后身体对正,成立正姿势,两目注视受礼者,以身体上部向前倾 15 度左右,而后恢复原来姿势。行鞠躬礼必须注目,不可斜视,受礼者也同样。当然,上级、长者或尊者在还礼时,可以欠身点头或同时伸出右手以答之,不鞠躬也可以。

(四)致意礼节

致意是公关人员经常使用的见面礼节。在公共场所遇到相识的朋友但距离较远时,一般是举起右手打招呼(不可大声)并点头致意。与相识者在同一场合多次相遇,不必每次问候握手,只点头微笑致意。对一面之交的朋友或不相识者,在社交场所见面时,均可点头微笑致意,表示友好。在公共关系活动场合遇见身份高的领导人,要恭敬地点头致意表示欢迎,不可主动上前握手。只有领导人主动伸手时,方可趋前握手问候。若遇身份高的熟人,一般也不可径直前去问候,而是在对方应酬活动告一段落后,再前去问候致意。

(五)拥抱与亲吻礼节

拥抱礼节和亲吻礼节流行于欧美国家。随着旅游市场大开发,出入境旅游的增多,拥抱与亲吻礼节也越来越多的得到应用。

行拥抱礼时，两人相对而立，上身稍稍前倾，各自右臂偏上，左臂偏下，右手环拥对方左肩部位，左手环拥对方右腰部位，彼此头部及上身向右相互拥抱，之后再向左拥抱一次。

行亲吻礼时，往往伴有一定程度的拥抱，不同关系、不同身份的人，相互亲吻的部位不尽相同。在公共场合和社交场合，关系较近的女子之间可以吻脸，男子之间是拥肩相抱，男女之间一般是贴面颊；晚辈对尊长是吻额头；男子对尊贵的女宾可以吻手指或手背。在许多国家的迎宾场合，宾主往往以握手、拥抱、左右吻脸、贴面颊的连续动作，表示最真诚的热情和敬意。

（六）拱手与合十礼节

拱手是人们互相见面时以双手合抱致敬的礼节。拱手礼是我国古代的礼节之一，常在人们相见时采用。行此礼时，不分尊卑，拱手齐眉，自上而下。

旅游活动中，单位团体成员大家相聚在一起相互祝贺，就常以拱手为礼；有些经理、厂长，在供销会、产品鉴定会或订货会上，为了求得协作单位的帮助和上级单位的关心，常采用一边向大家拱手致敬，一边说："请大家多多关照！"；导游带团时，希望游客们配合行动，也会说："拜托了"。经常用拱手礼。

二、交谈礼仪

讲究交谈艺术是交际礼仪中最重要的内容。在旅游活动中，与游客交谈是日常的主要工作。在交谈时，应时刻记住倾听是谈话的重要技巧。交谈的目的是取得彼此的了解，信任，建立良好的人际关系。

（一）专心倾听

交谈时，应目视对方，与说话人交流目光，以示专心静听。聆听者可以通过赞许性的动作语言如眼神、点头或手势、适当的发出"哦"、"嗯"等，表示自己在专心地倾听，从而鼓励对方说下去。一个出色的聆听者具有强大的魅力，它能使谈话者感到自己的重要性，引起对方继续讲话的兴趣。

（二）适当的情绪投入

听者应轻松自如，神情专注，应随着说话人情绪的变化而伴之喜怒哀乐的表情。即聆听者宜在对方谈话时注意自己的反馈。否则，对方激昂愤慨，你毫无反应，他就没有情绪说下去了。如果不同意，要克制，以礼貌的方式表达否定意见。

（三）适当的提问或插问

通过一些简短的提问或插问，暗示对方确实对他的话感兴趣，或启发对方，引出感兴趣的话题。

(四)避免"煞风景"的话题

交谈中应避免"煞风景"的话题,诸如:对方的收入和财产、对方的年龄和婚姻状况、对方的隐私和忌讳、对方不感兴趣的事物、与对方身份不符的话题、对方的缺点和过失等。

(五)善用言辞:愉快的交谈

应当使用令人愉悦的语言,也就是我们常讲的:"您好!""请!""谢谢!""对不起!"等礼貌用语和尊敬语。麻烦别人时说"打扰";请人解答时用"请教";等候客人时用"恭候";中途走开时用"失陪";求人原谅说"包涵"等。切不可言俗,谈话格调低下。

三、电话礼仪

电话是沟通信息、建立友谊的桥梁,接打电话实际上是在为社会组织和通话者树立一种电话形象。电话形象,即人们在整个通话过程中的语言、声调、内容、表情、时间感等的集合,它能够真实地反映出个人的素质、接人待物的态度,以至通话者所在单位的整体水平。因此接打电话必须讲究礼貌,符合礼仪规范。

(一)打电话的礼仪

(1)选好时间。一般说来,若是利用电话谈公事,尽量在对方上班 10 分钟以后或下班 10 分钟之前通电话,这时对方可以比较从容地听电话。若是亲友间谈私事,除非事情紧急,打电话时间不宜过早(早上 7 点钟以前)和太晚(晚上 10 点钟以后),以免打扰别人休息。

(2)事先准备好通话的内容、顺序和所用的资料。打电话者是电话交谈的主动行动者,要做好充分准备,免得接通电话以后结结巴巴,语无伦次,让人不得要领。尤其给陌生人或者上司打电话时,应该给对方以沉着、思路清晰的感觉。电话机旁应备有笔与记事簿,以免需要记录时因忙乱而耽误对方的时间。

(3)用语规范。通话之初,应说"您好!",然后立即简要报明自己的身份、姓名及要通话的人名。如果电话拨错,应表示歉意,说声"对不起"、"打扰您了"等等。切勿直接挂断电话,不作任何解释。

(4)结束通话应有礼貌。打电话的一方,应该先结束话题,应该让对方先收线。结束时要说些客套的结束语,如"拜托了!"、"打扰您了!"、"麻烦你了!"、"请多多指教!""谢谢!""再见!"等礼貌用语。话筒应轻放。

(二)接电话的礼仪

(1)电话铃响时,应尽快接电话。旅游服务岗位宜在铃声响过两遍时,立即拿起话筒。

(2)接电话人在拿起话筒后,先问“您好”,再报本单位的全称或规范简称及个人姓名,让对方明白电话是否打对。

(3)拿起电话同时,请中断任何交谈。作为工作电话,最忌讳一边说笑、吃东西,一边接电话,通话的对方往往首先对接电话的人反感,继而对这家企业产生不佳的印象。

(4)如果电话是找其他人,要用手轻捂送话筒,然后再呼喊远距离的受话人。如果受话人距离太远,对来电方应说“请您稍等一下”,然后去找,不宜在楼道或门口大喊大叫。

(5)通话完毕应让对方先挂断电话。当电话交谈结束时,可询问对方“还有什么事吗?”、“还有什么要求?”之类的客套话,这既是尊重对方,也是提醒对方。最后可以说“再见”,等对方放下话筒后,自己再放下。

(三)手机礼仪

(1)凡上班、开会、会见重要客人或是观看演出时,应主动将手机关掉,或调到只震动而不发声的一档。防止制造噪音、妨碍了他人。请不要在教室、图书馆、会议室、音乐厅、电影院等公共场所接打手机和编发短信。

(2)使用手机通话时,请视周围的环境决定自己接打的音量。不要在公开场所大声通话。

(3)正与人谈话时要接手机,请说:“对不起,我先接个电话。”

(4)请有风度地对待打错电话的人。

(5)上医院、乘飞机请您关机。

(6)请不要制造无聊的、不健康的短信;收到此类短信请立即删除,不要传播。

四、馈赠礼仪

商务活动中为表示对公众的谢意,体现双方的友谊,或为赢得公众更多的友情等不同目的,有些组织常赠送公众予不同的礼物。尽管这种赠礼的目的完全是从公务立场出发,希望与其他社会组织建立良好的沟通渠道,与有些组织和个人奢望过送礼“投桃报李”,炫耀自我的不良动机有本质区别,但如果不能因人、因事、因时而赠与恰到好处的礼物,或方式不合乎礼仪规范,同样收不到好效果。

(一)要明确赠礼的性质

礼品是为生日、喜庆而赠,还是为初次见面、欢送、迁移而赠,或是逢年过节而赠礼,在选购和送出之前必须明确。

(二)明确赠礼对象的身份、国属、性格、爱好和习惯

同样一份礼品,对于不同的收礼者会有不同的反应。如送俄罗斯人一份名酒,他会很高兴,而送给阿拉伯人同样的名酒他会面呈难色,甚至拒绝,因为伊斯兰教不允许喝酒。赠送日本友人一份带有服务单位标记的礼品,他会愉快地收下,并留作纪念。而对英国人来说则不屑一顾;如果赠送姑娘一份逗趣的小动物玩具,她会爱不释手,而赠与一个性格内向的长者,他会嗤之以鼻,不予理会。

(三)要掌握好赠送的时间

对方生日、结婚时送上礼以示道喜;对高升、录取发榜之后,送上礼以示祝贺;逢年过节之前送上礼以示祝愿,这是适时的赠送,会使对方牢记、感激和喜悦。

(四)要选择赠礼的适当场合

初次在办公室或公开场合见面就送上一份赠礼,会有行贿之嫌,而在庄严场合或大庭广众面前,赠送女性衬衣、丝袜或食品之类的礼品,会给对方以俗气、尴尬的感觉。在礼仪场合,宜送大方、体面、高雅的礼品,书籍、纪念徽章、花束等便是上乘的选择;而在小范围或个别场景下,赠送吃穿用生活礼品也会受到欢迎。

(五)要注意礼品的价值

一份名贵的礼品,并不就是好礼品;一份价格低廉的礼品,也不一定不成敬意。随着社会文明程度的提高,人们对礼品的选择更注重于它的社会意义、思想意义、情感意义和纪念意义。如一束鲜花、一纸贺卡都是公务活动中赠礼的佳品。但鲜花为礼品赠送时,应该首先了解这束花的象征意义,及这种象征是否符合你想表达的含意,是否符合你想表达的思想;是否符合对方的特点和场景,否则不仅给双方带来不快乐,弄巧成拙。

五、社交中的文化差异

一个民族在交际中的表现形式与该民族所拥有的文化之间存在着密切的联系。在跨文化沟通中,不同文化之间的差异对于旅游活动交往具有十分明显的制约关系。

首先,不同的文化给交际语言打上了各自不同的独特印记。如,汉语中的“恭喜发财”,英语中的“上帝保佑”经常只是表达一种祝愿而已。

其次,文化的差异形成不同的价值观。文化价值观是蕴含于文化之中的一些普遍的规范性的价值观,它通常成为文化背景的一个主要部分,因而往往成为制约文化沟通的一种关键因素。

【补充阅读】

故事里的文化差异

有一个中国人，一个印度人和一个美国人结伴旅行。一天，他们来到一个大瀑布面前，三个人同时感到惊讶，但却发出不同的感慨。中国人叹道："多么壮观的景色呀！"印度人面对从天而降的瀑布不禁肃然起敬，喃喃地说："神的力量真大呀！"而那个美国人却另有一番感想，他惋惜地说："多可惜的能源呀，白白地流失了，这里本可以建设一座大型发电站"。这则故事生动地说明，对同一事物发出的不同感慨反映了来自不同社会的人们的不同价值观。天人合一的文化传统使中国人倾向于从自然美的角度去欣赏瀑布；宗教神学文化传统使印度人首先想到的是神的力量；而美国人则从经济的实用主义去看待事物，反映了其商品社会的价值观的特征。

再次，文化差异主要涉及跨地域、跨时代和不同角色之间的沟通。不同的地域有着不同的文化构成和文化背景，因而从语言的表达和形式反映出来。在交往过程中，中国人处于对人的关心、好意，常说"天气转冷了，多穿点衣服，别感冒了！"之类的话。对这类劝告、建议性的话语，美国人不仅不会感谢对方的好心，反而会讨厌对方，认为对方把自己当作了一个连穿衣服都不知道的小孩。

■ 关键概念

礼仪　礼貌　礼节　旅游公关礼仪　文化差异

■ 复习与思考

1. 为什么称礼仪为人际关系的通行证？
2. 规范的站姿、坐姿、行姿对从事旅游公共关系有哪些重要意义？
3. 如何做到耐心的倾听？
4. 自我介绍需要注意哪些问题？
5. 简述交换名片的礼仪。
6. 简述握手的基本要领。
7. 礼品的选择与赠送应注意哪些方面的技巧和礼仪？

■ 案例分析

你今天对客人微笑了没有？

美国希尔顿旅店以微笑称雄全球。希尔顿年轻时并不富裕，他只身离开出身之地新墨西哥州到德克萨斯州，利用他父亲去世时遗留给他的微薄财产，买下了他的第一家旅店。

当他稍有成功时,他向其母亲炫耀自己的成绩。但其母亲淡然道:“照我看,你跟以前没什么两样。你必须把握比 5000 万美元更值钱的东西(当时希尔顿已有资产 5100 万美元)。除了对顾客诚实之外,还要想法使每一个住进希尔顿旅店的人下次还想来住,你要想出一种简单、容易既不花钱又行之有效的办法,去吸引顾客,这样的旅店才有前途。”希尔顿苦思母亲的忠告,终于悟出了“微笑”这一高招。

希尔顿要求员工用微笑对待自己的事业,用微笑对待顾客。他确信,微笑会使希尔顿旅店获得世界性的大发展。

1930 年美国经济大萧条,在美国的旅馆倒闭了 80%,希尔顿也亏损不堪。此刻,希尔顿用微笑鼓励员工,要求员工的脸色以愉快代替阴云,微笑去迎接旅客。经过努力,很快使希尔顿出现云开日出的好局面。后来,希尔顿旅店买了一批现代化设备。希尔顿却对员工说,一流的设备重要,一流服务员的微笑更重要。还说,缺少服务员的美好微笑,好比花园里失去了昔日的太阳和风。

他写过一本书叫《宾至如归》,并以此视为“圣经”教诲员工。他常用一句话提问员工:“你今天对顾客微笑了没有?”希尔顿运用这个“微笑魅力”,使资产发展到数十亿。今天的希尔顿旅店已从发达国家向发展中国家扩张。

案例思考:

1. 希尔顿旅店的“微笑魅力”与旅游业的形象力、核心竞争力是什么关系?
2. 怎样理解“微笑是最好的名片”?
3. 以“微笑是全人类最美好的共同语言”为题写一篇演讲稿。

第六章　旅游公共关系专题活动

课前导读与体验

宏大创意遭遇完美细节——AIG“丝绸之路”庆典活动案例

美国国际集团(英语:American International Group,简称 AIG)是全球首屈一指的国际性保险及金融服务机构,总部设于纽约市的美国国际大厦。1919 年康那利斯·斯达在上海创立了一家小型保险公司,进军人寿保险市场。在这之前根本没有其他西方公司做过这门生意,康那利斯·斯达其后将业务扩展至西方,令 AIG 成为全球知名的机构。业务涉及保险、金融、资产管理及相关投资等。其成员公司通过世界保险业最为庞大的财产保险及人寿保险服务网络,竭诚为各商业、机构和个人客户提供服务。

经过多年发展,美国国际集团业务遍及全球 130 多个国家及地区,旗下子公司包括:美国友邦保险有限公司、美国美亚保险公司、友邦资讯科技有限公司、国际金融租赁公司、美国国际集团(亚洲)投资有限公司、瑞士友邦银行有限公司、友邦华泰基金管理有限公司等。

2005 年,AIG 决定举行一次规模空前的庆典活动,来庆祝公司悠久的历史以及所创造的辉煌成就。此次组织者福莱公司意识到只有注意细节,耐得麻烦才能避免于千头万绪中出现慌乱。活动进行的每一个步骤,组织方与活动方的协调,来宾的安置,来宾与活动的融合,等等,都需要确保万无一失。尽管 AIG 丝绸之路庆典只在北京举行了为期 3 天的活动,但实际上,福莱公司却为了准备实施这个案子经历了整整 3 年的筹备工作。

为期3天的庆典活动在2005年6月初举办,参加人数近400人。

居庸关长城圆了绚丽的东方梦想

追本溯源,AIG在中国这片土地诞生,在西方成长,"丝绸之路"这一主题恰如其分地表达了AIG与中国的关联。

首要任务,是寻找一个蕴含东方气质的户外场地。在这场为期3天的活动中,第二天晚上的户外晚宴需要特别斟酌。北京的历史景点确实不少,如午门、太庙、故宫、天坛、颐和园等都是上上之选。可要是再考量场地容量、交通、租金、报批手续和搭建等因素,现有的选择竟然无一完美。居庸关长城最终为所有人圆了一个绚丽的东方梦想。但是莫测的天气变化让户外晚宴极易遭受风雨侵袭,而长城自身没有室内场地容纳如此巨大的人群和餐饮供应。

那么,备选场地将设在哪里?福莱公司在距长城只有10分钟车程的"长城脚下的公社"找到了理想的室内备选场地。即使下雨,蜿蜒在山间的长城仍然隐约可见。场地的确定,赋予现场布置以极大的发挥空间。在辽阔深远的夜空下,以雄伟的长城做大背景,运用光影勾勒历史的轮廓并彰显现代的华丽。此时此刻,欣赏一组大气而纯粹的中国风味的演出,已成为所有来宾的期待。

活动内容尽情演绎阳刚与柔美兼具东西方神采的表现形式是庆典的点睛之笔。公关公司经历了一个艰苦的提案、推翻、再提案的过程。为了保证表演的质量,福莱公司的工作人员在一年半的时间中,与数个知名的文艺团体进行接触和协商。最后确定了少林武僧表演,由于近年来少林武僧作为中国文化交流的使者经常出访欧美国家,他们已经在国外树立起很高的知名度和美誉度。与至刚至猛的少林武术反差极大的是女子十二乐坊的柔美和玲珑。

计划制订周详　措施落实得当

完美富有创意且周详安排,加上完美的执行细节,使组织者看到了最后的成功。2005年6月7日,一场盛大的充满中国特色的晚宴给活动画上了圆满的句号。3天的活动,客户得到了满意的答卷,组织者获得了宝贵的经验财富。

案例来源:http://www.cnki.com.cn/ 经改编

【重点提示】

通过本章的学习，可以认识和理解各种公共关系专题活动的概念、基本特征和作用；熟悉怎样实施各种专题活动，明确其应注意事项和组织原则；了解各种公共关系专题活动的实施程序，能够根据旅游组织的要求，有效地开展公共关系专题活动。

旅游公共关系专题活动，是指服务于组织整体公共关系目标的各项专门主题的活动。常见的旅游公共关系专题活动有：新闻发布会、展览会、社会赞助、庆典活动、公关谈判、演讲、组织参观等。这些公共关系活动是一个旅游组织进行理性的、科学的公共关系工作的重要内容，是旅游公共关系三大基本活动之一。结合旅游组织的特点，本章主要阐述公关谈判、新闻发布会、展览会、社会赞助、庆典活动等公共专题活动的特点、类型、如何组织以及策划这一类活动。

第一节　公共关系谈判

旅游组织在其运行的过程中，必然会和她的各类公众在追求合作与沟通的前提下，发生一些利益上的分歧和冲突。为了解决这些分歧和冲突，并在解决过程中既维护自己的权益，又兼顾到公众的权益，这就需要公共关系谈判。

一、公共关系谈判概述

(一)公共关系谈判的概念

美国谈判学会会长尼尔伦伯格认为："只要人们为了改变相互关系而交换观点，只要人们为了取得一致而磋商协议，这就是谈判。"谈判是一种协调人们行为的基本手段。严格说来，谈判就是指面临共同问题的双方或多方在谋求合作的基础上，通过讨论协商，为实现利益均沾的目标而进行的信息沟通与交流活动。

从定义中我们可以看出谈判活动包含几个要素：谈判活动在两个或两个以上的组织或个人之间展开；谈判活动是一项合作的过程；谈判双方或多方面都有着共同的利益需求；谈判是一种信息的沟通与交流活动。

谈判活动包括"谈"与"判"两个方面。"谈"，就是各方充分地阐述其追求的目标、利益需求，应承担的义务、建议、意见等，"判"则是对各方共同认可的事项的确认。谈是判的基础，判是谈的结果。但是谈与判的过程并不能轻易实现，谈判各方为了自身的利益，会采取各种各样的方法和手段从多方面展开较量。成功的谈判是知识、信息、修养、口才、风度和团队精神等诸多要素的综合较量。从这个意义上说，谈判是一门高深的学问，是一门复杂的技术，是一门语言技术。

在现代社会中，旅游组织的公共关系部门常常要协助组织协调内外关系，解决矛盾和纠纷、处理突发性事件。公共关系部门同有利益关系的对方进行磋商、交换意见、沟通信息、直至达成协议，这实际上就是公共关系谈判。公共关系谈判属于谈判的一个局部范畴，指旅游组织与社会公众之间，为寻求一致的观点和利益，通过洽谈、协商，最终达成一致协议的一系列活动的总称。谈判是旅游组织公共关系部门的重头戏。因为旅游公共关系的重要职能是沟通和协调。因此，作为一名旅游公共关系人员，必须要了解谈判的知识，懂得谈判的技巧、方法，否则就无法胜任本职工作。

(二)公共关系谈判的基本特征

1. 组织性

公共关系谈判不同于一般谈判的一个显著特点就是整个谈判的非私人性，即具有组织性。公共关系谈判是有计划、有目的的组织行为。整个谈判从目的、过程到结果均是从组织角度出发，以公事为核心内容。

2. 利益性

公共关系谈判可能进行的条件是，各方都存在尚未满足的欲望与需求。因此，需要与需要的满足是谈判的共同基础，成功的谈判是双方利益都能获得相对满足，应该是“双赢”的结果。

3. 多样性

公共关系谈判的种类是多种多样的，如单边谈判和多边谈判；交易性谈判和非交易性谈判；建设性谈判和矫正性谈判；经济性谈判和非经济性谈判等。无论哪种类型的谈判，为了达到预期的目的，在谈判过程中需要运用一定的策略和技巧。只有针对不同的情况和条件采用不同的谈判策略，才能取得圆满的谈判结果。

(三)公共关系谈判的原则

1. 开诚布公

谈判双方是为了追求一个共同的目标和利益才走到一起的，因此，各方都应该实事求是地说出自己的意图和合理要求。任何弄虚作假、欺骗双方的行为都会使谈判受阻，甚至中断谈判。

2. 平等互利

在公共关系谈判中谈判的双方主体在地位上具有平等性。无论组织大小、实力强弱，也不管谈判者的地位高低、身份贵贱、人数多寡，都应一律平等。对于谈判中出现的不同观点和意见，只能以协商的方法妥善解决，以适当的让步寻求一致，不能强迫对方接受自己的条件。

3. 求同存异

公共关系谈判是在合作的基础上谋求共同利益，各方应该识大体、顾大局、求大同、存小异。即在基本利益需求得到满足之后，适当妥协，不要在细枝末节或次要的分歧方面斤斤计较，否则，会导致谈判失败。

4. 灵活多变

在公共关系谈判中，谈判的目标要确定，应用的策略技巧要灵活。确定的目标是努力的方向，灵活策略是保证实现目标的方法和措施，两者的有机结合才能取得谈判的成功。

5. 遵规守法

遵规守法原则要求公共关系谈判的内容及所签订的契约，必须严格遵守国家的有关法律、法规、政策。公共关系谈判双方必须明确，在谋求各方利益的同时，必须兼顾国家、社会整体利益、绝不允许钻法律的空子。

二、谈判的一般程序

随着经济的快速发展和对外交流的不断扩大，公共关系谈判所涉及的范围越来越大，涉及的关系越来越复杂，谈判中所面临的问题越来越多。与这一趋势相适应，谈判者往往都将谈判划分为若干阶段，并针对不同阶段的具体情况采取不同的策略与技巧，于是逐渐形成了具体、完备的谈判程序。

一般正规的谈判过程，多数可分为以下几个阶段：

（一）准备阶段

谈判前各方的准备是否充分将直接影响谈判的进程和结果。谈判准备工作做得好，谈判者对谈判进程和方向的控制把握性就大，手段的运用就比较合理，进而有效地提高谈判效率，避免出现纠缠细节的情况。

旅游组织在谈判准备阶段需要确定谈判对象、谈判目标和谈判方案。在确定了谈判对象和明确了谈判任务、目标之后，首先要调查对手的背景，对彼此的状况作一次全面细致的分析。其次还要进行谈判方案的研究。谈判者在谈判中的地位不同，谈判的方案应符合各谈判者的身份。因为不同身份的谈判者对于问题的理解、看法和要求可能是一致的，但他们理解问题的角度、看待问题的深度、制订的谈判方式、采取的谈判策略等可能各不相同。

具体来说，准备阶段包括以下几个方面的工作：

1.收集信息

即摸清对方的实际情况,以求“知己知彼,百战不殆”,这是进行谈判的必要条件和重要步骤。主要搜集的信息包括对方的历史资料和资信能力、产品信息、谈判对手的资历、地位和谈判风格等。

2.确定谈判目标

谈判目标可分为三个,即最高目标、可行目标和最低目标。谈判目标的制订,一定要留有余地。目标定得高一些,一旦对方还盘次数多,迫使目标降低,也不至于损害自身的利益,还可以给对方留下一种谦让、大度的印象。

3.制订谈判计划

首先要用精练的语言准确地描述谈判的主要议题;其次是确定谈判人选和对策,预计在谈判过程中可能发生的问题及处理方法,分析谈判成功的概率等;再次是安排谈判过程的日程和进度。

4.拟定谈判策略

即在收集信息的基础上,对自己和对方的情况进行充分的估计和认真分析,研究谈判对手的风格后,根据旅游组织谈判目标的要求确定各种相应策略。

5.做好物质准备

主要是指谈判场所的布置,各种资料的准备,谈判人员的食宿安排,以及安全保卫等工作。

(二)接触阶段

这是参与谈判双方相互认识的过程。经过这一阶段,双方都有一个比较概括性地了解,分清对方谈判组成人员的主次地位,能够有针对性地实施谈判计划。这一阶段,时间要短,气氛要活,力求创造一个轻松愉快的谈判氛围。

(三)交流阶段

这是谈判双方相互了解彼此意图的阶段。通过这一阶段,双方都对对方的谈判要求有一个初步的认识,并想探明对方虚实。所以在交流过程中,应广开言路,对各种合作途径进行探讨,不要局限单一的话题,也不要相互询问,更不要纠缠于枝节性的具体问题。在这一阶段,应敏锐地体会对方的意图,有针对性地调整原定的谈判方案、谈判策略,为下一阶段的正面交锋做好准备。

(四)交锋阶段

谈判双方的对立状态在这个阶段真正凸现出来,气氛趋向紧张,这是谈判的关键阶段。谈判各方列举大量的事实和理由说服对方、反驳对方,希望对方理解并接受己方的意愿;而对方也会同样列举事实和数据反驳,从而坚定自己的立场。这个阶段也正是谈判策略与技巧的充分发挥的阶段。在进行交锋时，特别要注意以下几点：对对方宣泄性的责问要保持高度的自控能力；从对方的谈话、姿态、表情、动作中揣摩其心理和用意；不以势压人，避免无意义的争执；巧妙扭转谈判中出现的僵局；根据出现的新问题随机应变地修改原定的谈判方案。

（五）妥协阶段

经过交锋阶段，谈判双方已经掌握了可能妥协的范围。谈判从紧张激烈的交锋阶段转向气氛缓和的妥协阶段。妥协的范围是指己方估计对方所能接受自己要求的底线和对方估计己方所愿付出与自己最大限度要求之间的差距。对谈判双方来说，妥协的结果可能和原定的谈判最高目标有一定的距离，但是如果双方不作一定程度的退让，前期的谈判工作就会功亏一篑，那么这次谈判就是失败的。所以，谈判双方只有在合理范围内的妥协，谈判才能成功。

（六）协议阶段

这是谈判双方经过交锋、妥协之后，认为已经基本上达到自己的目标而拍板定案的阶段。在这一阶段，双方各代表自己的一方在协议书上签名、盖章，握手言和，谈判过程宣告结束。

【重点提示】

谈判前的准备和谈判中策略的运用是决定谈判成功与否的两大主要因素。公关人员在组织或参与谈判时，应该认真对待，精心设计、精心组织，特别要注意做好以下几项工作：①谈判前的准备工作，尤其是有关资料的搜集、背景情况的调查、对自身实力和对方实力的评估；②要善于调节或缓和气氛，使谈判重新步入正轨，特别是当谈判陷入僵局、濒于破裂时；③在谈判过程中，要认真倾听各方的意见，了解对方的确切意图或发现问题，及时为己方的主谈者出谋策划等。

三、谈判的策略

1. 模棱两可策略

模棱两可是谈判中特别是开始阶段常用的一种技巧。一个有经验的谈判者不但应当擅长使用模糊语言，而且要善于识破对手使用模棱两可语言的真实意图。精明的谈判者很少运用“肯定如此”、“一定要”、“毫无疑问”之类的词语，而较多运用“据我了解”、“我认为”、“我假设”、“是否可以这样”等说法来阐述自己的真实意图。实践证明，模棱两可的语言和态度，可以较好地表达意见，较少失言和出错，也可能使对方放弃成见。

2. 后发制人策略

参加谈判者，坐在谈判桌前，先要注意观察对方的表情，留心倾听对方的陈述,从中捕捉对方语言中透露出的信息,领会其真正的意图,并从对方的谈话中寻求向对方发问的线索,以明确掌握对方的言外之意,并据此陈述自己的观点,提出问题。这种沉着应战,后发制人的策略,可以寻求有利的机会,向对方发起攻势,掌握谈判的主动权。

3. 出其不意策略

"攻其不备,出其不意"是我国古代名著《孙子兵法》的一种军事策略。在谈判中,主要是指突然改变谈判方针、方案,令对手措手不及。当谈判处于以下情景时,可以采用"出其不意"的策略:第一,成交的条件不具备或者根本不想成交;第二,对方在某一个问题上占用绝对优势,而该问题又是己方的利益需求所在;第三,对方轻易接受条件,己方难以判断对方的真实意图时,通过改变方案测试对方的反应,把握谈判的主动权。

4. 适度让步策略

在谈判中,一方向另一方让步,甚至双方都做一定程度的让步是常有的事。但是不能随意让步,让步时要遵循以下原则:每一次让步都应争取对方的回应,不作无谓的让步;让步要恰到好处,即以最小的让步使对方感到获取了最大的满足;在重要问题上力求使对方先让步;让步幅度不应过大。

5. 以攻为守策略

如果己方对谈判作了充分的准备,在这一前提下,可以采取积极主动进攻、以提问为主、咄咄逼人的以攻为守策略。在谈判中,寻找更多问题适时发问,是占据主动地位的一种方式。提问也是一种技巧,提出的问题越尖锐、越多,就可以从对方的答复中获得更多的信息。

6. 沉默忍耐策略

沉默是处于被动地位的谈判者常用的一种策略。在谈判中,占主动地位的一方可能会表现出咄咄逼人的姿态,这时,对对方的态度不做反应,采取忍耐的策略,以静待动,以忍耐磨其棱角,挫其锐气,反弱为强。如果被动的一方忍耐下来,对方反而可能会公平地与你谈判。另外,对自己的目标要求也要忍耐,如果急于求成,反而会暴露自己的底细,被对方所利用。运用这一策略的前提是,头脑要清醒,忍耐力要强,情绪要平稳。

7. 情感沟通策略

情感沟通是一种迂回策略,就是先通过其他途经接近对方,彼此了解,联络感情,沟通了情感之后,再进行谈判。在谈判中利用感情的因素去影响对手是一种可取的策略。可以有意识地利用空闲时间,主动与谈判对手一起聊天、娱乐、谈论对方感兴趣的问题,也可以馈赠小礼品,请客吃饭,提供交通食宿的方便;还可以通过帮助解决一些私人问题，达到增进了解、联络感情、建立友谊的目的，从而侧面促进谈判的顺利进行。

8. 最后期限策略

大多数谈判常常是到了谈判的最后期限或者临近这个期限才达成协议的。谈判的任何一方都有期限限制，谁的期限临近，谁承受的压力就越大，谁让步的可能性就越大。在谈判过程中，对于双方一时难以达成妥协的棘手问题，不必操之过急地强求解决，而要善于运用“最后期限”的策略，规定出谈判的截止日期，在最后的期限到来之时，对方迫于这种期限的压力，会迫不得已地改变原先的主张，以尽快求得问题的解决。

【补充阅读】

商界礼忌

与东南亚商人洽谈商务时，忌跷起二郎腿，乃至鞋底悬着颠来颠去。如果这样，会引起对方反感，交易会当即告吹。

中东阿拉伯国家的商人，往往在咖啡馆里洽谈贸易。与他们会面时，宜喝咖啡、茶或清凉饮料，忌饮酒、抽烟、谈女人或拍照，也不要谈中东政局和国际石油政策。

到英国洽谈贸易时，忌系有纹的领带；忌以皇家的家事为谈话的笑料；不要称呼他们为“英国人”。

和法国人洽谈贸易时，忌过多地谈论个人私事。

德国商人很注重工作效率。因此，在洽谈时忌乱聊或闲谈。

与美国人洽谈贸易时，不必过多地握手与客套，贸易谈判可直截了当地进入正题。

第二节　新闻发布会

新闻发布会是旅游组织与新闻界保持联系的一种重要方式，通过新闻发布会，旅游组织可以将有关的重要信息快速地传递给社会公众。在新闻发布会上，旅游组织不仅可以公布一些重大事件，而且还可以利用新闻发布会的影响力，主动处理一些棘手的问题，以达到澄清事实、说明原委、减少误会的目的。

一、新闻发布会的特点

新闻发布会又称为记者招待会，是指旅游组织把有关新闻机构的记者召集在一起，宣布本组织重大消息，并让记者就此进行提问，然后由专人回答的一种特殊会议形式。它是旅游组织广泛传播各类消息、吸引媒介报道并搞好媒介关系的重要手段。

新闻发布会的特点表现在以下几个方面。

1. 权威性强

旅游组织通过新闻发布会传播的信息，其形式比较正规，规格比较高，所发布的信息具有不容置疑的准确性和真实性，因此新闻发布会的权威性强。

2. 针对性强

旅游组织一般是针对某一个具体问题来举行新闻发布会的。在新闻发布会上，问答是信息交流的主要方式，记者可以就自己感兴趣的问题进行提问，旅游组织则给予回答，针对性强。

3. 影响大

旅游组织一般是在有重大信息需要发布时才举行新闻发布会，这些信息具有较高的新闻价值。新闻发布会所邀请的相关记者在得到有价值的新闻信息后，能在第一时间内将新闻信息通过自己的传播媒介，在全国各地各层次的社会公众之中进行传播，容易引起社会的广泛关注，影响范围比较大。

4. 要求高

新闻发布会对主持人和发言人的要求很高。在准备新闻发布会时，需要精心筛选相关的信息、考虑好回答问题的必要策略；在会议进行中，主持人和发言人须要头脑清晰、思维敏捷、逻辑性强、应变能力强等。因此，相对于其他公共关系专题活动而言，新闻发布会对各方面要求比较高。

二、新闻发布会的主题和举办时机

（一）新闻发布会的主题

主题是新闻发布会的核心内容，整个活动都要围绕这个主题展开。确定新闻发布会的主题应该从旅游组织的自身利益和新闻价值两方面考虑。在召开新闻发布会之前，首先根据旅游组织的公共关系目标确定新闻发布会的主题，同时也从新闻媒体和社会公众的角度出发，进一步考察主题的重要程度，审视组织所选定的主题是否具有较高的新闻价值，能否对公众产生重大影响。简而言之，就是明确为什么要举办新闻发布会，想要达到何种公共关系目的。

（二）新闻发布会的举办时机

新闻发布会的举办时机是新闻发布会得以召开的依据。对于旅游组织而言，在下列时机可以考虑召开新闻发布会。

(1)旅游组织新产品或新项目的开发,如新景点的开发、新线路的推出等;

(2)旅游组织新设施、新科技的引进和运用等;

(3)旅游组织经营方针的变化、结构重组等;

(4)旅游组织高层的变动、人员的变更等;

(5)旅游组织的开业、扩建、合并、创业周年纪念等;

(6)旅游组织的其他重大事件或重大事故、危机处理的关键时机等。

三、新闻发布会的筹备

(一)根据主题准备资料

新闻发布会之前要准备好各种相关资料,主要有发言稿、组织宣传材料、答记者问的备忘录和为记者准备的新闻稿等。旅游组织应该成立专门的发言起草小组,全面调查、收集相关的资料、信息,通过充分讨论,统一意见,形成发言提纲和报道提纲。各种宣传材料无论是书面文字、实物、图片或者模型等,要注意尽量全面、详细、具体、生动形象,以便到现场分发、展示、播放,增强新闻发布会的传播效果。

(二)选定主持人和发言人

主持人和发言人必须对将要发布的旅游信息的重要性和社会价值有清醒的认识,他们必须思维敏捷、反应迅速、逻辑性强,有很好的口头表达能力和灵活应变能力,并具有较高的文化素质。一般来说,旅游组织新闻发布会的主持人应该由具有较高的旅游专业知识和公共关系技巧的人来担任。主持人应该对被邀请的记者和新闻媒体有相当程度的了解,与记者有较好的工作关系和个人之间的人际关系。主持人不仅要宣布新闻发布会的开始和结束,而且还能清楚、准确地阐明会议的宗旨和主题,能够根据对新闻单位和记者的了解,恰当地、合目的地选择记者——给予提问机会。新闻发布会的发言人一般都是旅游组织的高层领导,因为他们除了对新闻发布会主题涉及的问题有较为深刻的专业性把握外,还对本组织的整体发展状况、方针、政策等非常清楚,他们的发言和回答具有很强的权威性。

(三)确定会议的时间和地点

新闻发布会的时间安排应尽量避开节假日和有重大社会活动的日子,以免记者分身乏术。一周之中,周末不大适宜举行新闻发布会;一天之内最好安排在上午十点和下午三点左右,会议时间控制在一个小时左右为宜。新闻发布会地点的选择主要应考虑能否给记者创造各个方面采访的条件。如是否有录像、拍摄的辅助灯光、照明设备、视听设备、幻灯或电影的播放设备,是否有适合记者使用的桌椅、电话机、传真机等,交通是否便利,会场是否安静等。总之,新闻发布会地点的选择要符合交通便利、设施安全、环境良好等原则。

(四)拟订被邀请的记者名单

旅游组织应该根据新闻发布会的规模和内容、经费和预算、影响区域和范围、传播速度质量等因素拟订应邀记者的名单。如果事件涉及全国,则应该邀请中央新闻单位的记者出席;如果事件的影响范围仅仅限于本地区,则应该邀请当地的新闻媒体记者参加;如果事件涉及较为专业的知识,则应当邀请专业的旅游媒体和新闻单位内部从事旅游专门报道的记者出席。在举办条件允许的情况下,邀请的记者覆盖面要广,各方新闻媒体机构都应该考虑到,不仅要有报纸杂志的记者,还应该有电台、电视台的记者;不仅要有文字记者,还应该有摄影记者。要特别注意的是,要对记者一视同仁,不能厚此薄彼。落实记者名单后,要提早发出请柬。请柬内容应包括此次新闻发布会的主题,主要发言人的姓名,举办的时间、地点、联系电话等。新闻发布会正式举行前两天再向被邀请的记者打电话,确认一下他是否来参加,是否需要派车接送等。

(五)制定应变措施

新闻发布会上免不了会有记者提出一些事先没有预料到的问题,这类问题有的是一时回答不上来,有的是一时回答不了,有的是一时不便回答,有的可能涉及旅游组织的机密不可对外公布,对于这类问题,一般应采取回避的态度,但必须注意回避的方式,可以通过言语变化,在不知不觉中转换话题,切不可强硬地拒绝回答,否则会导致会场气氛的紧张。

(六)预算会议经费

新闻发布会成本一般较高,对会议所需费用要做好预算并留有余地。新闻发布会的预算计划可按发布会不同的规格和规模去进行制订。一般新闻发布会的预算费用由租用费和相关费用组成,如:场地租用费、音响器材租用费,会议布置费用、印刷品、邮费、饮食费、礼品、文书用具、交通费、电话费用等。

四、新闻发布会的会议程序

新闻发布会的会议程序要安排地详细、紧凑,避免出现冷场和混乱局面。

1. 来宾签到

旅游组织要在会议接待站设签到处,让来参加会议的人首先要在签到簿上写下姓名、单位、职业、联系方式等。在接待过程中,最好要有组织的一个主要人物出面迎宾，一方面表示出主人的礼貌和会议的郑重，另一方面也可以通过问候沟通感情。

2. 资料发放

在会议正式开始前，旅游组织的公共关系人员要将准备好的资料有礼貌地分发给与会的每一记者，让他们对会议有一个粗略的了解，以便在主持人发布信息时对会议主题有更进一步的认识和理解。

3. 会议开始

新闻发布会开始的时候，先由主持人对召开会议的目的，所要发布的消息和有关情况作说明，并对新闻发布会的人物、背景等作简要介绍。主持人介绍完毕后发言人讲话。发言人在发言时注意讲清重点，吐字清晰，切忌过长的讲话和冗长的发言。若同时有几位发言人，应事先安排好顺序，并在内容上各有侧重。

4. 答记者问

发言人在回答记者提出的各种问题时，态度要诚恳，语言要精练，对于保密的事情或不好回答的问题不要回避，而要婉转、抽象、幽默地“回答”。当发布会接近尾声时，主持人应提醒记者“下一个问题是最后一个问题了”。

5. 会议结束

主持人宣布会议结束，简短评述会议，向与会者致谢。会议结束后，旅游组织的公共关系工作人员应站在门口，以笑脸相送，感谢对方的光临，从而为以后更好的合作打下良好的基础。

【重点提示】

安排记者专访也是新闻发布会的重要环节，通常放在新闻发布会结束时。尽量把新闻发布会一结束的专访留给那些主流媒体(尤其是非常注重新闻时效性的电视记者或者日报记者)，因为专访通常被认为是挖掘独家信息和深度素材的好机会。非现场的会后专访可以再安排给周报或者杂志记者。

五、新闻发布会的效果评估

新闻发布会结束后，要检验其效果是否达到了预期目的。具体的评估方法有以下几种。

1. 自我总结

尽快整理出新闻发布会的记录材料，对会议的组织、布置、主持和回答问题等方面的工作进行回顾总结，从中吸取经验和找出不足，并将有关资料编成档案存档。

2.检查新闻稿件

统计各到会记者在报刊上发表的稿件,进行归类分析,找出舆论倾向,同时对各种报道进行检查,若出现不利于本组织的报道,应作出及时的应对策略;若发现不正确或歪曲事实的报道,应立即采取行动,说明真相。

3.收集反馈信息

追踪和调查记者对新闻发布会准备与组织工作的反应,尤其是关注与会者对新闻发布会筹备、组织工作状况,以及在接待、服务等方面所表示的不满或提出的建议,以不断提高新闻发布会的质量。

六、新闻发布会的注意事项

1.做好会议组织和主持工作

在新闻发布会开始以后,主持人要充分发挥组织和主持作用,促成会议顺利进行。言谈既要庄重,又要有幽默感,注意活跃整个会议的气氛,引导记者踊跃提问。要切实把握发布会的主题,当记者的提问离主题太远时,应巧妙地将话题引向主题。当会议出现紧张气氛时,应及时缓和气氛,维持发布会的秩序,使发布会及时顺利地进行。同时,要掌握好会议时间,避免重复提问,各项议程不要拖拉,不能随便延长会议时间。

2.准确无误的发布信息

新闻发布会所发布的信息必须是真实准确的,似是而非、模棱两可的信息不能作为新闻发布会的内容。真实准确既包含事实确凿,又包含用语确切、态度真诚和坦率。

3.掌握回答问题的方式和方法

发言人要掌握好回答问题的方式和方法,随机应变。发言人不要和记者争论,也不要回避问题;对于不愿或不能发表的内容,应该婉转地向记者说明,不能简单地说"不清楚"、"无可奉告"等;不要随便打断记者的提问;不能以任何动作、表情和语言对记者表示不满。对于记者有挑衅或有偏见的问题,发言人不可激动和愤怒,应以良好的素养、确凿的事实予以纠正或反驳。

4.避免厚此薄彼

对所有新闻机构及来宾都要一视同仁,避免厚此薄彼。能公布的信息对所有来宾公开,不能公布的信息则一律封闭。要尊重所有来宾,对每个记者提出的问题都要回答,即便是无礼的要求也要表现出极高的修养,冷静地予以应对。

【重点提示】

公关人员要善于处理与媒体的关系

公关人员与新闻界人士交朋友，要尊重他们的职业习惯和职业尊严，对新闻界朋友不论其单位、其个人名气大小，一律热情接待，不能因是小报记者就冷落他们。作为一个旅游公共关系人员，与新闻界人士交恶是所有愚蠢行为中最愚蠢的。一个得不到新闻界人士好感和信任的公关人员，对任何组织都毫无用处，甚至是有害的。如果能够得到记者、编辑的信赖，这将是一个公共关系人员所拥有的最重要的财富。因为，良好的新闻媒体关系才会给旅游组织带来大众传播的机会和好处。

第三节　展　览　会

展览会是旅游组织通过实物、文字、照片、录像、模型、图表等来展现其特征、形象和成果的一种公共关系专题活动。它是一种综合性的传播媒介，有着其他传播形式所不具备的特点和不可替代的作用，是现代公共关系专题活动中一种重要的活动形式。

一、展览会的特点和作用

（一）展览会的特点

展览会是一种综合运用各种传播媒介和手段推广产品，宣传组织形象和建立良好公共关系的大型展示活动。它通过实物、文字图表来展示成果，图文并茂的展示，给公众以极强的感官刺激，从而加深公众的印象，提高组织和产品在公众心目中的可信度。

旅游组织在公共关系活动中经常采用展览会的形式进行宣传，因为与其他传播形式进行比较，展览会具有以下特点：

1. 复合性

展览会是一种复合性的传播方式。所谓复合性传播方式，指的是同时使用多种媒介和手段进行交叉混合的传播方式。展览会通常可以同时运用的传播媒介，包括声音媒介如讲解、交谈和现场广播，文字媒介如印刷的宣传手册、介绍资料，图像媒介如各种照片、幻灯片和录像，实物媒介如产品等。由于展览会这种复合性传播方式综合了多种传播媒介的优点，生动而形象，具有很强的渲染力和吸引力。

2. 直观性

展览会一般以实物展出为主,并配以专人的解说和示范产品的使用演示。展览会这种十分直观、形象、生动的传播方式,能激起参观者的观看兴趣,使参观者对展品留下较为深刻的印象,增强公众对旅游组织和旅游产品的认可和信赖。

3. 双向性

展览会可以给旅游组织提供与公众直接双向沟通的机会。一方面旅游组织介绍产品,宣传自己;另一个方面公众通过洽谈、讨论、咨询,甚至对产品提出意见等方式反馈信息,有利于旅游组织和公众的沟通和交流,从而收到较好的效果。

4. 关注性

展览会一般有许多旅游政府部门、旅游企业和旅游产品参展,是一种高度集中和高效率的沟通方式。各类展览会,尤其是大型综合性的旅游展览会,往往会引起各种传播媒介的关注,成为新闻媒体追踪报道的对象。而新闻媒介对展览会和展品的传播,会对公众产生很大的影响力,这就给地区旅游业、新企业和新产品提供了一个扩大知名度的好机会。

(二)展览会的作用

展览活动是一种直观高效的传播活动。旅游组织通过展览会不仅能树立组织的形象,提高公众的认知度,也能增进同行之间的交流和合作。对旅游组织来说,展览会的作用主要表现在以下几个方面。

1. 提高知名度

在展览活动中,旅游组织通过生动的图片、形象的文字、声情并茂的讲解、直观的实物等多种展示方式向公众直接地介绍其特色和成就,能吸引广大公众注意,从而增进公众对旅游组织的了解,提高旅游组织的知名度。

2. 促进销售

一个成功的展览活动也是一个成功的广告。旅游组织在举办或参加各种旅游贸易展览会的过程中,不仅可以面向公众树立其形象,而且也可以与同行交流合作,促进旅游产品或服务的销售,并巩固发展与各行业的关系。

3. 促进交流

旅游业历来都是社会文明展示的窗口,充分利用展览这一活动形式,参加各项国际旅游展览活动,能把中国的政治、文化和民族风情传播出去,并能招徕世界各地众多游客来华旅游,增进国际或地区间的政治文化交流。

二、展览会的种类

（一）贸易型展览会和宣传型展览会

按照展览会的性质划分，展览会可以分为贸易型展览会和宣传型展览会。

贸易型展览会是一种以销售为主的展览会，其特点是在展出实物产品的同时又进行产品的销售工作，目的就是做实物广告。它通常以实物展出为主，也辅以文字、图表、图片等宣传手段，目的是让参观者能很好而直观地了解某种商品，促进商品销售。宣传型展览会主要是为了树立组织和产品的形象，宣传某种思想、观念、成就等，通常通过展出图片、资料、图片和有关实物等来达到宣传的目的，其特点就是只展览不销售。

（二）综合型展览会和专题型展览会

按照展览会的内容划分，展览会可以分为综合型展览会和专题型展览会。

综合型展览会具有广博性，参展项目繁多，通常是全面介绍一个国家、一个地区或一个组织的情况，因而展览会规模较大，范围较宽，内容更全面，有一定的整体性和概括性，展览的期限一般在三个月以上甚至长达一年。这种展览会一般由专门单位举办，参照单位通过报名参加，须缴纳一定的费用和办理一定的手续，组织举办单位需要有很高的组织能力和举办技术才能办好这类展览会。专题型的展览会通常是围绕某一特定专业、特定行业或特定内容而举办的，一般内容单一，规模较小，但是展出的内容集中且有一定的深度。

（三）室内展览会和室外展览会

按照展览会举办的地点划分，展览会可以分为室内展览会和室外展览会。

大多数的展览会都是在室内举行的，显得比较庄重，而且室内展览不会受到天气变化的影响，举办的时间比较灵活，期限可长可短，可以展出较为精致、价值高的产品。但是，室内展览的设计布置较为复杂，花费也相对较多。室外展览会的最大特点就是布置工作较为简单，费用较少，但是室外展览会容易受到天气变化的影响，往往会因为天气的原因而影响展出效果。通常在露天举办的展览会有农副产品、园艺、大型机械展览等。

（四）大型展览会和小型展览会

按展览会的规模划分，展览会可以分为大型展览会和小型展览会。

大型展览会一般由专门的机构举办，组织必须通过报名参展。这种展览会的规模较大，参展的项目多，涉及面广，技术要求高，办展也需要有较高的专业技术水平。小型展览会一般都是由组织自己举办，展出自己的产品，展出的项目比较单一,展览的地点多选在建筑物的门厅、商场内等,规模较小。此外,还有微型的袖珍展览,即商店的橱窗展览和流动的展览车等。

(五)长期固定展览会、定期更换内容的展览会和一次性展览会

按照展览会的时间长短划分,展览会可分为长期固定展览会、定期更换内容的展览会和一次性展览会。

长期展览会,如北京的故宫博物院、西安兵马俑;定期更换内容的展览会,如北京的工业展览会、农业展览会等;一次性展销会,如食品展销会、服装展览会等。此外,还有巡回展示,如"自贡灯会"、"盆景展览"等。名城街,指具有历史文物价值的历史城街,是重要的旅游地点,也是开放的城街博览。如,北京的文化街"琉璃厂"与"大观园"、天津的"食品街"、开封的"宋城"、西安的"唐城"等,都是一种特殊形式的展览,是一个国家、地区和城市重要的公共关系活动方式和"名片"。

三、展览会的组织工作

1.设计主题,明确展览会内容

旅游组织每次举办或参加展览会都应该有一个明确的主题。如果是举办展览会,首先要确定有吸引力的主题,然后明确展览会的规模、方式、地点、时间和设计展览方案等。如果是参加展览会,首先要弄清楚参展目的,是要宣传组织产品的质量、品种,还是要提高地区或组织的知名度。只有主题明确,才能使展览会的实物、图片、文字等有机地结合起来,收到良好的效果;如果主题不明确,就会造成展品、实物、文字资料不能协调搭配,给人一种无所适从的感觉。

2.制订展览方案,组建工作团队

展览会组织者可根据展览主题、类型等要求,构思展览会总体布局和规划。设计制作总体设计图与各展区的展品、展板布置小样,待确定后再做成实样。还要精心制作好展览会的会标、主题画、宣传海报、说明书、解说词等。展览会的社会影响广泛,宣传效果显著,但支出经费较大,因此旅游组织必须充分论证举办或参加展览会的必要性和可行性。

一旦经过组织决策者或有关领导批准举办或参加某个展览会,应当及时组建工作团队,包括领导与管理人员、设计与工作人员、讲解人员、接待与服务人员、后勤供给与保安人员,以便各司其职,共同搞好展览会工作。

3.选择适当的展览时间和地点

旅游展览会要顾及时间性和季节性,如果选择在旅游旺季时举行,其宣传效果将优于平时。在选择地点上要考虑几点:第一,是否方便参观者,如交通方便,

有公交车直达或停车场，有标志性建筑，易寻找等；第二，展览会地点的周围建筑是否与展览会主题相得益彰；第三，辅助设施是否容易配置和安装。

4. 邀请主要嘉宾

展览会组织者应重点邀请与展览主题相关的各级各类组织负责人、社会知名人士、专家学者、评论专家等作为展览会开幕式的嘉宾，以提高展览会的地位与声誉。同时，还应重点邀请有关新闻媒介的记者采访、报道展览会，以扩大传播效果与影响。

5. 培训工作人员

展览会工作人员素质的好坏，展览技能的掌握熟练与否，对整个展览会的效果或参展效果影响很大。因此，要对展览会的工作人员，包括接待人员、解说人员、服务员等进行良好的公共关系培训，并就展览会的内容进行基本的专业知识培训，这样才能满足展览会的要求，使参观者得到满意的服务。

6. 成立专门的新闻发布机构

新闻发布机构的主要工作是联系新闻媒体，制订信息发布计划，确定信息发布的内容、时机、形式等。旅游组织公关人员应积极发掘展览会上具有新闻价值的信息，主动邀请新闻记者进行采访，以扩大展览会的影响，提高组织的知名度和影响力。

7. 准备宣传资料，布置展厅

准备展览会所需要的各种辅助宣传资料，如录音机、录像带、光碟、幻灯片、各种宣传小册子、展览会目录表、招贴画等。在展厅入口，设置咨询服务台和签到处，并贴出展览会平面图，作为参观指南，展览会布置以突出主题为目的，综合考虑角度、方向、背景、光线等因素，要使展品展出后整齐、美观、富有艺术色彩、给人以美感。

8. 编制预算

通常展览会的费用包括场地和设备的租金、运输费、设计装修费、广告宣传费、劳务费、保险费、食宿费、通讯费等。旅游组织应该具体列出展览会的各种费用项目，估计各项目的费用大小，加以核算，按计划分配展览会的各项经费，防止超支和浪费。

9. 开幕式

展览会的开幕式通常是新闻媒体报道的焦点之一。因此，展览会的开幕式要采取新颖的方式突出主题，邀请各方嘉宾突出展览会的规模和层次等，以提高开幕式的新闻价值。开幕式内容应包括：主办者致辞，说明举办展览会的目的、宗旨，向协办组织致谢，向各位嘉宾、与会者表示欢迎与感谢；来宾代表讲话，表示祝贺之意；嘉宾代表、知名人士剪彩。

10. 展示阶段

展示阶段的主要工作是接待参观者，讲解展品，做好服务咨询工作，并注意利用观展机会向其他组织提出合作意向等。首先，服务人员应该为参观者提供一份图文并茂的展览会说明书或相关资料，让参观者对展览会有一个初步的全面的了解。其次，讲解员提供讲解服务。展品讲解得当与否将影响展览会的展出效果。讲解员一段条理分明、生动具体而又娓娓动听的解说词，能使展览会充满生机，给观众留下深刻的印象。因此，讲解人员应该注重讲解技巧，对不同的参观者采取不同的讲解方式。根据参观者的人员层次、年龄、专业爱好和不同的要求调整解说重心、节奏、语言和方式。

【补充阅读】

参展预算

根据经验，参展的各项费用占总预算比例大致如下：

展位费25%；

展品和设计图示18%；

展会服务（搬运、电力供应、保洁等）14%；

旅行和住宿（包括客人娱乐）13%；

运输9%；

促销（包括展前促销和现场促销、资料、赠品、赞助和广告）10%；

前期管理和投资回报率的衡量5%；

工作人员和展位人员（培训、工资、工作服、注册）5%；

其他开支1%。

四、展览会效果的评估

举办一次展览会需花费较大的人力物力，因此应该测定其效果，以评估其得失。

在展览会期间和展览会结束后，旅游组织应对展览会的效果进行检测，以了解社会公众对组织形象的评价和对组织产品的反应，以及对整个展览会的形式、内容、过程的看法。展览会效果检测的方法有以下几种。

（1）设置留言簿。旅游组织可在展览厅的出口处设置观众留言簿，主动征求参观者的意见，并将意见写在簿上，或请观众自己写。

（2）召开座谈会。在展览会过程中，随机地找一些参观者座谈，以参观展览会的观后感为题，请参观者提出意见、看法及感受。

(3)开展问卷调查。展览会结束后,旅游组织可根据掌握的名单,邮寄问卷调查表,或登门访问,请求参观公众或同行填写问卷调查表,以了解参展的实际效果。

(4)现场交流。在展览会期间,记者或公共关系人员应该活动在参观者之中,随时采访、了解情况,提出一些双方都感兴趣的问题,并进行记录、录音或录像,以留企业备用。

通过以上方法所掌握的展览会效果的记录,实际上是社会公众对主办单位的意见和态度。不管其展览效果如何,观众的意见与态度对主办单位和参展单位都具有重要的参考价值。

五、展览会的注意事项

1.内容要充实

展览会的内容要充实,切忌大而空,华而不实。根据展览会的主题,认真选择展品,精心布置陈列;综合运用文字、图像、声音和视频等多种展示手段;合理配置展品,要求展板、实物与解说词之间,既不要重复,又不能脱节。展览会的整体布置既要突出主题,吸引公众的关注,又要避免使用脱离主题的过分装饰、音响刺激等花招,去分散参观者对展品的注意力。

2.做好宣传广告

无论哪种类型的展览会都要借助宣传手段将相关信息传递给特定公众。不同类型的展览会所面向的公众是有差异的。组织者首先要弄清参观者的类型,然后有针对性地准备展览内容,以求最大程度的吸引参观者,实现展览会的预计效果。

3.提供良好的接待服务

理想的接待人员应具备的条件是:仪表端庄、表情丰富,有较强的口头表达能力和接待能力,懂得专业知识,能提供业务、产品方面的咨询服务。组织者在挑选接待服务人员时需要考虑这些条件。接待服务人员要有公众至上的意识,做到用心服务,耐心讲解,及时判断参观者的的兴趣和需求,有针对性地满足参观者的需要。

4.调查与评估

旅游组织参加展览会时,一定要进行详细的调查和评估,即了解该展览会举办的历史,展览会主办的单位的信誉、展览会的专业性、展览会的地点,以及展览会的收费项目等情况。在对上述的问题有了肯定性结果之后,组织可作出参展决定;反之,则不参展。

5. 做好参展准备

旅游组织在参加展览会前的准备工作中,要印制好参展需要的宣传资料,如景点介绍、公司简介、旅游线路等;确定展示主题,选择展示手法,配置相关展示设备;要在展览会签名处索取参展者的名册、买家名录等展览会资料,提早准备正式商务信件和宣传资料,发给可能的买家,邀请他们在展览会期间光临展览会洽谈。还要选择好重点招徕的目标商,研究其需求结构,能承受的价格水平,可能面对的其他竞争者的压力,然后制定出恰当的公关策略。

6. 尽职尽责

参展人员要坚守展台,尽职尽责做好参展工作。要充分利用展览会组织者举办的各种社交活动、专题报告会、信息交流会、研讨会等,最大可能地叙旧结新,广交朋友,争取主动,推出本旅游组织形象和自己的产品。与人交谈时,所有参展人员要注意行为举止和穿着形象,微笑待客,对买家要认真倾听他们的问题和意见,从中了解行情,搜集信息。

7. 善始善终

展览会结束后,参展人员可多停留一、二天,以便趁热打铁,对本地客户及时追踪;并拜会新旧客户,解决在展览会期间没有来得及处理的问题。另外,及时整理参展时收集到的信息资料,如同行的产品行情,推销手法,不同年龄、性别、职业者的不同旅游需求等最新信息整理出来,反馈给旅游组织,为组织的营销策略及产品开发提供新的参考依据。

【重点提示】

成功的展览会在于吸引更多的客户参展,主要工作有对外宣传、组织和服务,组织工作最重要。

参展的目的在于吸引更多的参观者和同仁,主要工作是主题设计、展厅布置、信息交流和服务,展示最重要。参展是旅游企业开展营销的重要方式之一。通过参展,旅游组织可以宣传自己、调研信息、扩大销售。

参展是一项复杂的系统工程,从市场调研、展位申报和确定、展品征集、报关运输、客户邀请、展位布置、广告宣传、展中交流直至展品运回,形成一个相互影响、相互制约的有机整体,任何一个环节的失误,都会影响参展的效果。参与展览的旅游组织应对展览会有足够的了解,否则,即使花费大量的人力物力,也未必能达到预期的效果。

第四节　社会赞助

赞助活动是旅游组织向某一社会事业或社会活动无偿地提供资金、实物、技术或劳动力支持，以获得一定形象传播目的的公共关系专题活动。这种活动是一种信誉投资和感情投资行为，是一种有效的公共关系手段，可以使提供赞助的组织与赞助的项目同步成名。

一、社会赞助的作用与类型

（一）社会赞助的作用

1. 扩大组织的知名度

社会赞助活动是一种极其有效的广告形式。旅游组织既可以通过赞助活动的具体实施过程扩大影响，又可以通过新闻媒介的报道，进一步扩大组织的知名度。

2. 提高组织的美誉度

旅游组织通过对某些社会慈善事业、社会公益活动的赞助，由于活动明显的利他性，可以使社会公众对组织产生一种关心社会公益事业的美好印象，进而获得社会舆论的好评。

3. 加深与公众的感情

社会赞助活动直接得益的是社会和公众。旅游组织在赞助活动的过程中，与公众或其他组织直接交流，彼此容易建立融洽和睦的关系。同时，社会赞助活动也以事实向社会和公众表明了组织的经济实力，得到社会和公众的信任，进一步加深与公众的感情。

【重点提示】

社会赞助是旅游企业公共关系重要组成部分，有计划、有目的地助一些社会活动，是企业和社会公众沟通的有效手段，既是回报社会又能扩大企业影响。赞助要想达到一定的公关效应，一定要做到以下几点：选择适当的赞助时机和项目；赞助的单位是非赢利性组织；赞助的社会活动要有利于本企业的生存和发展；淡化商业意识；视企业的经营状况量力而行，确定赞助的额度。

（二）社会赞助的类型

1. 赞助体育活动

赞助体育活动是一种最常见的赞助活动方式。体育活动具有喜闻乐见、公众热心参加、拥有广泛群众基础、涉及的公众层面广等特点，体育活动往往同时也是广大新闻媒体报道的热点。所以,赞助体育活动可以大大提高旅游组织的知名度,广泛而深刻地影响社会公众对组织的态度。如果旅游组织需要增加宣传效应、扩大与体育有关的产品的销售、开拓新的市场、提高知名度、提升品牌形象等,可以采取体育赞助形式。

2. 赞助社会文化活动

社会文化活动是公众社会生活的重要组成部分,文化活动吸引的公众层面较宽,影响面较大,品位比较高。组织赞助社会文化活动,不仅可以促进社会文化事业的发展,培养公众高尚的情操,提高公众的文化素质,丰富公众的生活内容,而且可以培养旅游组织与社会公众的良好感情,提高组织的知名度和美誉度,为组织发展创造良好的社会环境。

3. 赞助教育事业

随着社会的进步,科学的发展,社会对人类素质提出了越来越高的要求,教育日益受到社会各界的重视;然而教育是消耗性智力投资,常常陷入经费困扰之中。赞助教育事业既为旅游组织树立了关心教育的良好形象,又和教育界建立了良好的关系,为旅游组织的人才招聘和培训创造了条件。赞助教育事业的方式有提供奖学金、兴建校舍、赠送图书资料和教育仪器,资助学校旅游科研活动,协助学校进行旅游职业培训、共建培训基地,以及支持"希望工程"等。

4. 赞助社会福利和慈善事业

社会福利和慈善事业历来就是社会关注的热点。旅游组织出资赞助社会福利和慈善活动,为社会弱势群体和各种需要社会照顾的人群提供帮助,开展服务活动,这是密切社会组织与政府、社区和公众关系的重要途径。这种举措既能体现旅游组织的高尚风格,又能赢得社会公众的赞美,更为组织的发展创造良好的外部条件。

5. 赞助各类奖励活动

旅游企业可以有选择性地赞助支持某一职业或专业发展的奖励活动,如新闻奖、创作奖、摄像奖、设计奖、发明奖、最佳影视等;也可赞助弘扬某种社会精神的奖励活动,如见义勇为奖、优秀家庭奖、模范母亲奖等;还可以赞助某类社团活动等。

二、社会赞助的原则及步骤

(一)社会赞助的原则

1. 综合效益原则

旅游组织在选择赞助项目时要综合考虑其社会效益和经济效益。被赞助的项目、活动应该具有积极的社会意义和广泛的社会影响，具有良好的社会效果；被赞助的对象必须有可靠及良好的社会背景和社会信誉。同时，旅游组织还应考虑是否通过本次活动能为将来获得客观的经济效益。

2. 传播效果原则

赞助本身是一种直接提供金钱和物质来进行的传播活动，因此必须讲究传播效果。所赞助的项目应有利于扩大旅游组织的知名度和美誉度，同时还要分析公众及新闻媒体对有关赞助项目的关注程度，明确赞助所给予的传播补偿方式和条件。

3. 量力而行原则

旅游组织开展赞助活动应当量力而行。根据自身的经济实力，支出合理的赞助经费。旅游组织所赞助的项目不是越多越好，必须在量力而行的原则下，分析项目的经济意义、社会效果和传播效果等。如果不考虑实际情况，将会使组织陷入釜底抽薪的被动地位。

4. 最佳时机原则

旅游组织进行赞助活动还应该考虑的重要因素是时机。时机选择不当，很可能使赞助活动达不到应有的效果。比如，赞助逆境中的对象比赞助顺境中的对象更有效，"雪中送炭"强于"锦上添花"。

(二)社会赞助的步骤

1. 调查研究

旅游组织要开展赞助活动，预先的调研活动是不可缺少的，也是非常重要的。无论哪一种赞助形式都应进行前期调研工作。调查研究的目的是要了解赞助对象的基本情况、确定组织赞助的方向和政策，分析赞助的成本和可能获得的效果等。

2. 制订赞助计划

在调查研究的基础上，根据旅游组织总的赞助方向和政策，制订具体详尽的赞助计划，这是确保赞助活动取得预期效果的必要条件。旅游组织的赞助计划一般应包括以下几个方面的内容：赞助的目的、赞助对象的范围、赞助费用的预算、赞助形式、赞助活动的组织管理、赞助活动实施的具体步骤等内容。同时，也应该考虑赞助活动中可能出现的一些问题和困难，制订一些必要的应变方案。

3. 核定赞助项目

对每一个具体的赞助项目，都应进行逐项审核评定，确定其可行性，赞助的具体方式、款项、时机等，从而制订出此项赞助活动的具体实施方案。

4.实施赞助项目

旅游组织应委派专门的公共关系人员负责各项赞助方案的具体实施工作。公关人员首先要弄清楚赞助活动的目的、内容和具体细节,所宣传活动的安排、步骤和程序等。为了扩大影响,赞助活动可以举办一定规模的签字仪式。被赞助单位尽可能为旅游组织提供宣传的机会,使宣传与赞助活动同步进行。同时,旅游组织的公共关系人员还应注意充分运用各种有效的公共关系技巧,来扩大组织的社会影响。为了更好地实现赞助目标,旅游组织有必要对赞助项目的落实情况进行监督,以便约束被赞助单位的行为。

5.评估赞助效果

赞助活动完成后,旅游组织应及时对每一项赞助活动的效果进行调查测定。检查和评估工作主要从以下几个方面进行:第一,广泛调查、收集各方面的看法和反应,如社会公众、传播媒体、被赞助单位、组织员工等对此次赞助活动的评价;第二,对照原计划,测定赞助活动的实际效果,分析已达到的目标和未达到的目标,找出活动中的欠缺和不足,总结此次赞助活动的经验和教训;第三,对评价的效果撰写信息反馈报告,在报告中,要反映实际效果与计划的差距、成果与不足、问题出现的原因与弥补措施、今后努力的方向等内容。

三、社会赞助应注意的问题

1.突出主题

赞助活动的形式主要是出资、捐物两种,但赞助活动的主题可能多种多样。活动要突出赞助的目的与主题,突出旅游组织的名称。但不能对旅游组织及旅游产品进行详细的介绍,过于具体就有推销广告的嫌疑。赞助活动要突出的是旅游组织为社会做贡献、参与社会公益事业的这一主题,这样才能真正达到提高组织声誉和树立良好形象的目的。

2.扩大影响

旅游组织要想使其赞助活动获得良好的传播效果,就要特别注意与媒介之间的关系,否则会造成人力物力的浪费。在赞助过程中,还可以采用新颖的方式突出主题,这不仅能吸引新闻媒体的关注,同时也能吸引更多公众的目光。

3.严格审核

旅游组织从事社会赞助活动,出资捐物不能贪图虚名、搞花架子,而是要情真意切、货真价实。活动后要对具体接受单位进行追踪采访并了解实效,避免不法分子从中渔利。另外,在考察活动实施效果、总结活动经验的基础上,考虑是否制订连续的赞助计划,如确有必要则要拟出新的活动计划。

4.淡化商业意识

赞助活动应设计新颖的赞助形式,淡化商业意识,要与做广告区别开来,即使要做广告也要以公关关系广告的形式出现,以免引起公众的反感。

【补充阅读】

赞助对象的选择和赞助活动的宣传

(1)选择好赞助对象。在众多的赞助要求中,准确遴选最佳的赞助对象,是保证赞助达到预定目标的前提。通常的赞助对象从类型上分有文化、艺术、教育、体育、公益、慈善事业,等等。旅游企业所赞助的对象,应该是社会公众最感兴趣的活动,或者是社会公众最乐于支持的事业而且是最需要支持的事业。否则,赞助对象被认为有误。选择好赞助对象还要尽量注意企业、旅游产品与赞助对象的有机联系。

(2)搞好赞助活动的宣传。旅游企业出资赞助某项活动理所当然有被宣传的权利。国际商界把赞助和捐赠区分开来,前者有明显的商业目的,寻求社会和企业的共同利益。搞好赞助活动的宣传要注意适用新闻大众传媒扩大传播企业信息量。国外企业赞助某些活动用于新闻媒介的传播费用一般都高于直接用于活动的经费,并从媒介覆盖面、公众视听率等进行测算。赞助活动的宣传还要注意不可进行直接的促销宣传。旅游企业赞助活动的宣传主要是扩展信息渠道,显示企业的社会责任感,扩大企业知名度、印象度、美誉度,密切客户和潜在客户的联系,争取长远的宣传效果。

第五节 庆典活动

庆典活动是指旅游组织利用自身或社会环境中的有关重大的节日或重大事件所举办的各种仪式、庆祝会和纪念活动的总称,包括节庆活动、纪念活动、典礼仪式和其他活动。通过庆典活动,旅游组织可以吸引公众的关注,扩大其知名度和美誉度,最终获得更大的社会效益和经济效益。

一、庆典活动的作用

美国一位著名的公共关系人员曾经说过:“实际上没有一天、一周、一年是没有特殊事件可供纪念的,而历史上任何事件都有它的一周年、十周年、一百周年等,都是值得纪念的。”对于任何一个旅游组织来说,值得庆祝和纪念的重大事件和日子是很多的。庆典活动是旅游组织为庆祝某一种重大事件而举行的一种公关关系专题活动。庆典形式很多,如奠基典礼、开幕式、节庆、周年纪念、闭幕式等。庆典活动可以是一项单独的活动,也可以是围绕一个主题举行的一系列活动,如一个庆典活动,可能涉及新闻发布、签字仪式、展览、参观、联谊、宴请等多项活动。

成功的庆典活动有助于扩大组织的知名度,提高组织的美誉度,加强组织的凝聚力,显示组织的综合实力,还能广交朋友,化解积怨,增进友谊。

(1)引力效应。旅游组织的经营管理活动是外向型的,离不开外部公众的参与。旅游组织如果不借助一定的公共关系宣传手段,其经营管理活动就无法让公众知晓,工作也难以开展。因此,适时举办庆典活动,可以为旅游组织广造声势,将外部公众的注意力吸引到旅游组织身上来,扩大旅游组织在公众间的影响。

(2)实力效应。庆典活动尤其是大型庆典活动需要以雄厚的经济实力作后盾。通过举行一次大型庆典活动,旅游组织既可以向外界展示自身的强大实力,又可以使外界公众产生和增强对旅游组织的信任感,愿意与旅游组织进行交流和合作。

(3)合力效应。旅游组织举办庆典活动,可以增强组织内部公众的自豪感和凝聚力,从而能形成旅游组织发展的强大合力,为组织的进一步发展壮大奠定坚实的基础。

二、庆典活动的类型

1. 开、闭幕庆典

开幕庆典是旅游组织首次与社会公众见面,展现旅游组织面貌的各种庆典活动。包括各种旅游展览会、博览会和各种文化节日的开幕,旅游企业组织的开业典礼,重要旅游工程项目的开工典礼或奠基典礼等。旅游组织举行一个热烈、隆重、特色鲜明的开幕庆典,会迅速提高组织的知名度,给社会公众留下深刻美好的印象。闭幕典礼是旅游组织重要活动的闭幕仪式,包括各种旅游展览会、博览会和文化节日闭幕典礼,重要旅游工程项目的竣工或落成典礼等。闭幕典礼是各种活动尾声,同开幕典礼相比较,它更多强调的是活动的有始有终。

2. 周年庆典

周年庆典是旅游组织在发展过程中各种内容的周年纪念活动,包括旅游组织自身的周年纪念,旅游组织之间友好关系的周年纪念,某项旅游产品问世的周年纪念活动等。旅游组织利用周年之际举办庆祝活动,对振奋员工士气、扩大宣传、协调与旅游公众的关系都有重要的意义。特别是利用周年庆典举行旅游组织和旅游公众的互动活动,可以与旅游公众沟通感情;也可以制造新闻获取轰动效应，以扩大旅游组织的知名度和影响力。

3. 重大节庆活动

节庆活动是指旅游组织在国际、国家和社会的重要节日举行的庆祝活动或者参与的庆祝活动。重要节日有春节、清明节、端午节、中秋节、重阳节等传统民俗节日；国庆节、建军节等国家节日；五一劳动节、六一儿童节等国际节日；还有我国改革开放后从西方“引进”的节日，如圣诞节、情人节、母亲节等。旅游组织利用节日为旅游公众举办各种娱乐、联谊活动，优惠或者免费提供旅游服务，可以活跃气氛，拉进与旅游公众的感情。另一方面，旅游组织积极参与重要节庆活动，借此可以体现组织的社会责任感。

4. 特别庆典

特别庆典是指旅游组织为了提高其知名度和社会声誉，利用某些具有特殊意义的事件或者为了某个特别的目的而策划的庆典活动。旅游组织可以根据自身的具体情况推出新的内容，尤其是抓住具有重要社会影响和新闻价值的事件进行策划。例如，某国际旅行社接待第一百万个游客、某酒店多年零投诉等事件，都可以举行庆祝活动。可以说，每年、每月都有特殊事件可供纪念，关键是公关人员要具有创新精神，能够创造性地利用各种特殊事件来提高旅游组织的影响力。

三、庆典活动的组织工作

1. 前期调查准备

旅游组织在举办庆典活动之前，要充分了解公众对组织的认同程度和公众对组织的兴趣所在，以便选择活动主题和确定活动形式，为此要对组织所在地区进行广泛的调查研究。调查研究的内容包括认知度、影响力和公众需求等。

2. 精心策划准备

旅游组织在调查研究的基础上，组建专门的庆典工作团队对庆典活动进行周密细致地策划，精心准备。团队成员要分工明确，各负其责，进行充分的物质准备。准备的内容有：场地的选择，会场的布置，宣传品的制作，各种文稿的撰写、打印、摄影、摄像、音响调试，乐队伴奏以及其他庆典活动所必需的物质准备等。

3. 选择最佳时机

时机的选择恰当与否是影响庆典活动成效的一个重要因素。旅游组织若选择最佳时机举办庆典活动，容易产生广泛的社会效应。一般情况下，庆典活动应根据场地、交通、气象、设备等条件，确定活动的时间、地点和规模等，注意不要与社会上重大的节假日或社会活动相冲突，否则将大大降低庆典活动的传播效果。值得注意的是，举办时机的选择关键在于公关人员的灵活运用和创造，善于选择与社会效应巧妙结合的时机开展庆典活动,更能获得公众的广泛关注。

4. 邀请嘉宾光临

庆典活动主题、形式、规模、时间一经确立,便要选择并邀请庆典活动的嘉宾。为烘托气氛,体现规模和档次,同时为了能从一开始就造成与各类公众友好相处的印象,在邀请嘉宾时需要考虑全面性和影响性。一方面,要力争对各界公众的邀请尽量全面,如社区公众、媒体公众、旅游同行、合作伙伴、员工代表、社团代表及其他公众代表;另一方面,要争取邀请政府官员、上级领导、社会名流等有一定社会影响的公众光临,他们在庆典活动中亮相、剪彩、讲话等,会为活动增色,会给公众造成很大的影响。邀请嘉宾的方式可以通过打电话、发请柬、上门邀请等形式,不论何种邀请方式,工作人员的态度要诚恳,言辞要热烈,要力争使各方面的嘉宾都能光临。

5. 确定活动程序

活动程序应当事先印刷好,连同赠送给客人的纪念品一起送给来宾,做到嘉宾人手一份,以便他们了解庆典活动的安排。庆典活动的程序一般是:宣布典礼开始,奏相关乐曲,主持人宣读重要嘉宾名单,领导人和重要嘉宾致辞,奏乐、剪彩、鸣放鞭炮、放飞气球或鸽子,宣布庆典活动结束。

6. 安排接待事宜

为了旅游组织形象的传播,庆典活动结束后,可以安排嘉宾或部分具有影响力的公众参观本组织。参观内容可以因旅游组织的业务性质不同而异,如旅游饭店可以带领嘉宾参观酒店硬件,也可让他们体验酒店服务;旅行社可以安排嘉宾体验新开辟的旅游线路;旅游科研教育机构可以参观校舍、培训基地等。此外,还可以安排有关业务生产的操作性表演,让嘉宾观摩,或举办文艺表演等来联络感情。

7. 总结活动成果

庆典活动结束以后需要对活动的组织工作和产生的效果进行总结和评估。采取的方式有:收集传播媒体以及公众舆论的有关反映;做好新闻报道资料的存档工作;制作庆典活动的声像资料;写好庆典活动的总结报告,为将来的活动积累经验。

四、庆典活动的注意事项

1. 庆典活动安排的计划性

大型庆典活动宾客众多、场面宏大,方方面面都要关照周全。因此,有必要制订详尽和周密的计划,力图使庆典的各项工作有条不紊的进行,同时要注意计划的灵活性，以便遇到突发问题做出相应的调整。一次成功的庆典活动除了需要周密的计划外，还需要一套精干的工作团队。庆典活动工作团队一般要有策划人员、操作人员、后勤人员等组成。策划管理人员对整个庆典活动进行整体构思和策划；实施操作人员主意负责材料准备、美工制作、广告设计、迎宾礼仪等具体工作；后勤人员负责司机、厨师、清洁等后勤工作。

2.突出主题的新颖性

庆典活动的策划设计和制作应当体现新的创意，突出活动的新颖性。一个醒目的标题或一个令人耳目一新的口号，能使庆典活动在公众心目中留下深刻的印象。2008 年 7 月 6 日，第 32 届世界预产大会审议通过，福建土楼进入联合国科教文组织世界遗产名录。在“六群四楼”中拥有两群两楼的南靖县于 7 月 9 日至 7 月 11 日举办首届福建土楼文化节，全方位向社会公众展示土楼的魅力。

3.加强庆典活动的新闻性

新闻媒体对庆典活动的反应是衡量活动成功与否的标尺，因此，努力使庆典活动本身具有新闻价值极其重要，同时要强化新闻制造，争取新闻媒体广泛宣传报道也是值得旅游组织重视的问题。有些旅游组织由于只注意新闻媒体的一般参与，不注重新闻的制造，而造成社会公众对庆典活动反映平平，无法产生轰动效应。

4.避免庆典活动的重复性

一般旅游组织庆典活动要避免年年或每次都围绕着本组织的某个纪念日举办庆典活动，否则容易给人造成“自己给自己过节”的印象。因此，不时地变换一下庆祝的内容是有必要的。

【重点提示】

庆典活动取得良好的社会反响就需要创新。庆典活动的创新可以从时机、内容、形式、宣传手段等方面进行。可以说，庆典活动重在创新。

第六节　旅游公共关系专题活动的策划和现场推出

旅游公共关系专题活动的具体内容和形式是多种多样的，是根据旅游组织自身情况和一定目标而专门设计的，但是专题活动的组织也有其共同的过程和一般的法则。其中，出色的策划是专题活动组织工作的起点。做好公共关系专题活动的策划，需要明确策划的要求、原则和做出具体计划方案。另外，公共关系专题活动效果的好坏，不仅取决于前期的策划和筹备，而且取决于专题活动现场推出时旅游组织公关人员的组织管理能力、调度控制能力，以及即时表现力。

一、旅游公关专题活动的策划

(一)旅游公关专题活动策划的基本要求

1. 明确的主题

明确的主题是公共关系专题活动的灵魂。旅游组织的每一次专题活动都要有一个鲜明的主题,通过主题体现组织的目标及观念,并指导专题活动的具体实施。主题的表达应明确、生动和鲜明,从而在专题活动的实施中使参与者都能具体感受到主题的存在。应该强调的是,主题必须与旅游组织的公关关系目标一致。

2. 恰当的时机

旅游组织公共关系专题活动的时机选择是能否吸引公众进而收到良好效果的重要条件。

3. 鲜明的特色

鲜明的特色是公共关系专题活动的吸引力所在。旅游组织在开展任何一种专题活动时尽量要有鲜明的特色,切忌形式雷同、千篇一律。具体活动安排要注意与主题呼应,既要简明扼要、通俗易懂,又要内涵丰富、鲜明生动、针对性强,这样才容易吸引公众。

4. 公众的认同和支持

旅游组织开展的公共关系专题活动只有赢得公众的认同和支持才能达到策划的目的。

5. 妥善处理意外事件

旅游组织在专题活动实施过程中难免会有意外情况发生。因此,在专题活动策划方案中,要事先做好预防和应急预案,一旦发生意外事故,能够及时采取措施解决。意外事件的妥善处理不仅可以防止出现不良后果,而且可以使公众产生一些新的好感和信任。

(二)旅游公关专题活动策划的原则

1. 目的性原则

旅游公关关系专题活动的整个过程都要始终贯穿既定的目标,在各种形式的具体活动中体现总体目标的要求。目的性越强,专题活动越出色,越能引起社会公众的重视,从而产生轰动性效应。

2. 全局性原则

旅游组织在开展公共关系专题活动时,要有长远的眼光和整体思维,坚持全局性原则。这就要求举办者着眼于未来,将组织利益与社会利益结合起来;从组织整体利益出发，协调组织内部相关部门对具体活动内容及方式做出周到、全面和细致的安排。同时，旅游组织的专题活动还应有长远和持续的考虑，组织的整体利益和总体目标常常在连续的若干次专题活动中实现。

3. 适用性原则

旅游组织的外部环境是不断变化的，因此旅游组织在开展公共关系专题活动时要根据环境的要求作出调整和变化。在公共关系专题活动策划中，旅游组织既要考虑现实的外部环境，又要考虑变化的外部环境。落后于组织发展的活动安排与超越现实的活动安排都不具有适用性。适用性表现在活动目标和程序的可行性、活动策略和手段的可行性以及实现能力的可行性。

4. 反馈性原则

及时掌握信息是公关关系专题活动策划的基础条件。没有必要的信息，就做不出好的策划。成功的专题活动实际上也是旅游组织内外信息交流的过程。因此，公共关系专题活动的开展不仅要求事先掌握充分的信息，而且还要重视活动过程中各种信息的反馈，以便及时调整专题活动的安排。只有做好信息反馈工作，才能实现信息双向沟通。

（三）旅游公共关系专题活动策划的方案

旅游组织要在反复调查和分析的基础上，遵循前述基本要求和原则，制订公共关系专题活动实施的计划方案。具体实施的计划方案主要包括以下内容。

1. 确定主题，选择方案

旅游公共关系专题活动必须确定相应的主题，以使整个专题活动围绕主题来进行。同一主题可以有多种计划方案，制订计划要在若干个体现主题的方案中比较、论证、筛选，形成一个较好的活动计划方案。

2. 确定形式，选择媒介

按照选择的计划方案，确定专题活动的形式。专题活动的形式很多，旅游企业应根据具体情况和需要加以选择，专题活动的形式确定以后，就可以选择适当的媒介。媒介类型或方式涉及活动效果、传播范围、传播对象等问题，也应围绕主题综合考虑。

3. 确定日期，选择场所

公共关系专题活动日期的确定一定要慎重，如果无须以重大日子烘托气氛，则应避开节日或纪念日。确定日期还应做好专题活动的日程安排，保证每天活动井然有序。整个活动日程安排确定以后不要轻易变更。公共关系专题活动场所的选择也很重要，既不可太奢华，也不可太简陋。

4.确定工作人员,选择参与人员

工作人员的素质是决定公共关系专题活动成败的重要因素之一。因为,参与专题活动的公众通常从旅游组织工作人员的能力及表现来认识组织的实力,形成对组织的印象和态度等。因此,企业要恰当地配合有关工作人员,并事先进行专门的短期培训。同时,参加活动的人选安排直接影响专题活动的目的和效果,对参与人员要再三斟酌和选择,使专题活动的针对性更强、效果更好。参与人员的选择确定以后,还应注意提前将请柬送到,并及时获知反馈信息,了解参加活动的实际人选,以便做出相应的安排。

5.确定费用,有效组织

专题活动总要受费用的困扰,因此,要坚持力求节约的原则。活动之前应列出预算,在综合考虑降低活动支出成本和保障活动正常进行的前提下,确定合理的费用支出。

6.反馈信息,调整方案

在公共关系专题活动过程中,旅游组织工作人员应特别注意信息的搜集和整理。涉及现场活动事宜的信息反馈应尽量及时,事关组织经营发展决策的信息反馈应逐级上报,以便调整组织未来的整体决策方案。在专题活动结束后,还应该进行系统的总结,积累活动的经验,以指导今后公共关系专题活动的开展。

(四)旅游公共关系专题活动策划的技巧

1.热点转移

“热点”,即指社会上新颖的、被人们普遍关注的事物或现象。它既具有认知度大的特点,同时又具有社会性的特点。旅游公共关系专题活动的策划如能巧妙地转移热点,必然能产生绝佳的策划创意,策划出独特的公共关系专题活动。

2.借助名人

名人,一般已在很大的范围内为公众所认知,且有较高的美誉度。因此,旅游组织在策划专题活动时,可以通过借助名人来增强活动效果。

3.小题大做

小题大做,就是旅游组织在策划公共关系专题活动时,借助与旅游组织密切相关的、加以利用可给组织带来美誉度的某些小题材,进行渲染、造势,引起新闻界的注意,从而在知名度上得到收获。

4.感情放大

在激励的市场竞争中,任何旅游组织都选择了向公众提供优质服务、树立组织形象的经营之道。而提供优质服务的真谛,就在于向公众呈送真情。因此,真情服务中以情动人、以情感人,则必然会获得公众真情的回报,而新闻媒体自然会予以传播。

【重点提示】

旅游公共关系专题活动的策划既需要原则更需要创意和特色。

旅游公共关系专题活动的前期策划和筹备与现场管理同样重要。

二、旅游公关专题活动的现场推出

旅游公共关系专题活动效果的好坏，不仅取决于前期的策划和筹备，而且取决于专题活动现场推出时的组织管理。要使旅游公关专题活动顺利完成，在活动推出时应当进行以下主要工作。

(1)为保证公关专题活动取得良好效果，在推出前可通过预演、预展、彩排、新闻发布会等形式，发现准备工作的不足，及时加以改进；另一方面，也可通过电台、电视台、报刊等新闻媒介制造舆论，引起社会公众的关注。有的公关专题活动在推出时，可提前在大众传媒上做广告，吸引公众参加。

(2)在公关专题活动现场推出时，现场要设置一名有丰富经验并具有很高组织能力和指挥能力的现场总指挥，把专题活动按工作内容分解到各个岗位，并安排专职人员负责。明确职责，以保证各个岗位的工作相互协调，保证活动的顺利进行。

(3)在公关专题活动推出时，其活动场地应有明显标志，在大门口应设有迎宾员，对来宾表示欢迎并为他们提供方便。在签到处要多设几张桌子和几个签到簿、签到笔，以避免拥挤。为便于交际，有的公关专题活动为来宾事先制作好胸卡，在来宾签到时随宣传材料和纪念品发给来宾。对未持请柬的客人，不得非礼相待，要问明身份和情况，灵活处理。

(4)公关专题活动的主持人必须具备较强的组织能力与控制场面能力，既能使专题活动按原计划方案进行，又能及时利用专题活动过程中出现的各种机会，机智而幽默地活跃专题活动的气氛，提高专题活动的感染力。此外，主持人的服饰设计要妥当，要与公关专题活动的主题相协调。主持人要熟悉主持词并对活动可能出现的情况即兴发挥。主持人在活动中要表现出自信、端庄、热情、礼貌，善于掌握时间进度。主持活动时要照顾到方方面面，遇到意外情况，主持人应保持镇定，并根据情况采取紧急果断措施。

(5)公关专题活动现场推出时，对领导人、社会名流、新闻单位人士等重要公众，应有专门的接待组并用旅游组织负责人或公关经理出面接待。领导人、知名人士在活动结束离开时，要送到门外，对他们能够出席活动进行指导表示谢意。对新闻记者要专人接待、陪伴，尽力满足他们的现场采访等要求，主动为他们的工作提供方便。在公关专题活动结束后,公关人员应通过面访、电访、信访等形式对各界人士,特别是领导人、社会名流、新闻单位人士等重要宾客加以感谢并征询意见。

(6)公关专题活动开始时,应先请一般客人入场,会场稳定后,再由组织负责人陪同领导人、社会名流进入并安排在主席台或突出位置上就座。活动开始后,主持人应首先宣传领导人、知名人士参加活动的消息,使与会者感到这次活动的规格很高,同时也表示对领导人和知名人士的尊重。如果请领导人或知名人士讲话,应事先征求他们同意,不能搞突然袭击。

(7)在公关专题活动现场,应设有专门通信设施,供对外联系和内部指挥使用。要指定专人负责摄影、摄像、录音等方面的工作。活动过后要及时将音像资料归档。灯光、音响要保证在活动中不出问题。在夏季还要保证足够的饮料供应。如有宴请活动,要统计好用餐人数并留有余地,要保证准时开餐。

(8)在公关专题活动推出现场,应有完善的安全措施并由专人负责。要预见可能出现的意外事件并事先准备好应急措施。大型公关专题活动还应设有医疗卫生应急站,以处理急病和意外伤害人员。

【补充阅读】

庆典活动的现场管理——"角色管理"

由于活动现场的参与人员数量大、事务繁杂,所以如何控制好现场的各项工作,保证活动顺利进行,对于活动管理者来说也是一个极大的挑战。为了提高活动实施阶段的管理效率,应该实施操作程序化管理。程序化管理是一种科学的管理意识,只有程序化实施,才能有标准化、科学化管理,因而实施设计,重要的是设计出操作的规范程序。

其实每次庆典活动的参与人员都很固定,根据他们参与活动的不同身份大致可以分为六类,即:活动组织方、场馆方、演员/主持/选手等,舞台/灯光/音响制作方、嘉宾/观众方和媒体记者方。

所以,我们可以根据活动参与者的角色来分配管理工作,分工明确、各负其责。把这个管理暂时从成为"角色管理"。即:根据参与活动者的不同身份把现场的管理任务分为若干方面,每一参与角色群体的相关事务为一方面的管理任务,再分别安排专人来负责每一方面的相关事务,最后由项目负责人来统一管理各个方面的负责人,协调和控制整个现场的工作。

资料来源:卢晓编著,节事活动策划与管理,上海人民出版社,2006。

■ 关键概念

公关谈判　新闻发布会　展览会　社会赞助　庆典活动

■ 复习与思考

1. 简要说明旅游公共关系专题活动的特点和作用。
2. 谈判活动的一般过程分为几个阶段？相应的谈判策略有哪些？
3. 如何举办新闻发布会？
4. 怎样办好展览会？
5. 赞助活动意义何在？怎样搞好赞助工作？
6. 以开幕典礼为例说明庆典的一般组织工作程序。
7. 怎样做好旅游公共关系专题活动的策划？

■ 案例分析

一篇文章，挽救了一个生命

2005 年 3 月初的某一天，上海美丽园龙都大酒店工会接到酒店清洁部员工周胜利的援救申请。周胜利是一位来自安徽的打工者，他出生才 8 个月的女儿周思洁，被医生诊断患有严重的先天性小儿心脏病，心脏上有三处缺损，需要立即进行手术修补。若不做手术，小孩最多活到五六岁。但是 6 万多元的手术费对周胜利来说无疑是一个天文数字。

酒店得知情况后，决定帮助周胜利完成心愿。管理层马上发动全体员工为他捐款，募集了 1 万元现金。经过考虑，酒店尝试通过媒体宣传的方式，呼吁社会关注这个小女孩的生命。酒店公共部与媒体进行接洽，在讲述这个处于危难家庭遭遇的同时，也想争取提高酒店的知名度。上海《申江服务导报》“你我爱心”栏目准备报道此事。栏目记者对这个危难家庭的采访时发现，这个家庭住在一个狭小的房间里，只能容纳一张床，生活艰苦。

2005 年 3 月 23 日，《申江服务导报》刊登了一篇文章，篇幅占了整整半个版面，标题写着：“小思洁——3 万元能救我一命”。

“各位看《申报》的叔叔阿姨：你们好，我姓周，名思洁……”，文章就以小孩子的口吻开始讲述。

“老爷爷说:‘这孩子患有严重先天性小儿心脏病,心脏上有3处缺损,需要手术修补,7个月内最好,年龄越大,风险越大’。妈妈没有那么多钱,她问医生有没有药可以吃,老爷爷摇摇头,说不动手术,她最多活到五六岁,妈妈晕过去了。”

“有一个晚上,我偶尔听到爸爸妈妈的悄悄话,爸爸说实在不行也只有放弃了,反正两人都年轻还能再生一个,妈妈摇头,说难道把我掐死不成?”

“我一出生就给爸妈添烦恼,可我已经来了,而且医生说只要尽早手术,等我长大了完全可以痊愈,现在我还不会说话,不会走路,可说不一定将来哪一天我就会读书、写字、上大学。”

“求求你们,不要抛弃我”,文章的结尾是酒店的名称、地址和电话。

文章刊登两个小时后酒店收到一份没有姓名地址的快递,里面是100元人民币。在接下来的两周里,捐款就像雨后春笋一般,让酒店忙得不亦乐乎,最后酒店安排了一个“周胜利基金”临时接待小组,每天记录捐款情况。

3月底,东方电视台新闻频道了解此事后,要给周胜利、给酒店做采访,媒体的群带连动开始造势了。2005年4月1日晚7点档的“东视新闻”里播出了周胜利和他女儿的故事,《青年报》也在4月初转载了《申报》的这篇文章。

一时间,美丽园龙都大酒店和周胜利的故事,遍地开花。一篇文章,一个公共行动已经成功了,并带来的是捐款,是酒店的知名度和生意。2005年3月23日起至4月13日捐款不断,共募捐7万多元。很多公司都因为周胜利,因为这一篇文章认识了酒店,纷纷前来订房。

酒店的这次公共活动获得非常成功,但是爱心活动远没有结束。为了感谢所有的捐款人,让大家了解小思洁的情况,2005年5月10日,当小思洁在枫林路儿童医院接受手术当天,酒店公关部与《申报》再次携手,将小思洁的手术情况一一记载。小思洁平安度过48小时的术后危险期,在医院的观察室内一天天好起来。2005年5月18日,《申报》又用了半个版面,给小思洁作追踪报道。

(本案例根据《公关人的创意》一书第281页“一篇文章,挽救了一个生命”一文改编而成,毛经权主编,上海外语教育出版社,2006年。)

案例思考：

1. 捐赠活动很常见，上海美丽园龙都大酒店的捐赠活动有什么不同的地方？

2. 上海美丽园龙都大酒店此次公共关系专题活动取得成功的关键因素有哪些？

3. 捐赠活动如何借助新闻媒体扩大社会效果？

第七章　旅游公共关系危机处理

课前导读与体验

外交官傅莹，蒙古族，内蒙古通辽人；北京外国语学院英语系毕业，英国肯特大学国际关系硕士研究生；中国职业外交官。

2007年4月11日，国家主席胡锦涛根据全国人大常委会的决定免去查培新的中华人民共和国驻大不列颠及北爱尔兰联合王国特命全权大使职务，任命傅莹为中华人民共和国驻英国特命全权大使。傅莹也成为继王海容之后中国第二位副部长级的女外交官，而且是第一位独立驻西方大国的女性大使。2008年西藏3·14打砸抢烧事件发生后，英国部分媒体不仅不报道骚乱实情，甚至不顾新闻道德和准则，刻意剪辑录像或加工图片，制造假象。中国政府和驻英使馆向有关媒体提出严正交涉，也陆续收到了一些媒体的致歉。但是，这些迟到的致歉根本无法挽救业已形成的负面影响——中国大使馆遭到暴力威胁，北京奥运会遭媒体唱衰，而更加迫在眉睫的问题是：半个月后奥运圣火将开始海外之行。在伦敦，圣火能不能得以有尊严地传递？傅莹决定正面出击，进行一次媒体公关。

2008年3月28日，傅莹来到英国广播公司(BBC)第一新闻频道收视率最高的节目——《早餐》，接受现场直播的电视采访。傅莹身穿中式服装，一头银色的短发，气质优雅干练，她怀里抱着两只憨态可掬的“福娃”，又使她平添几分亲切。“最近几个星期，人们每天都在议论北京奥运会，但是议论的方式和内容却让人错觉北京奥运变成了联合国首脑峰会，要负责解决全部的重大国际、国内问题。”听到傅莹的这句话，主持人也忍不住笑了起来。显然，时常关注国际新闻的人都有这种感受。傅莹继续说："政治问题当然很重要，但讨论和解决它们有很多合适的方式，政治问题是不可能在足球场和游泳池里解决的。""还奥运一个单纯的意义"——傅莹的这句话，道出了关注奥运会的人们的心声。而谈起即将到来的火炬传递，傅莹既没有表现出忧虑，也没有大谈奥运火炬的神圣意义，而是来了个"换位"思考。她说："不少中国人印象里的英国人，还是穿着黑色风衣、打着雨伞的形象，而透过火炬传递的镜头，没到过英国的中国人可以看到一个真实的英国。"包括主持人在内的很多伦敦市民终于感受到，奥运并不仅仅属于北京一个城市，圣火传递可以把伦敦和北京紧紧连接在一起。

事实上，北京奥运会只是个"由头"。英国人对西藏问题的误解和偏见由来已久。如何让英国民众尽快了解事件的真相呢？傅莹的目光再一次投向了媒体。

2008年4月5日，就在奥运圣火抵达伦敦的前一天，傅莹在英国的主流大报《泰晤士报》上发表了署名文章《奥运火炬不暗淡》(The Olympic torch is undimmed)，细腻地描绘了自己过去在西藏的亲身经历和感受，并佐以翔实的数据，将西藏的历史与现实娓娓道来。"西藏的美丽，曾吸引我数次前往……每次看到大昭寺门前磕长头的善男信女，看到藏族老奶奶摇着转经筒，看到年轻的喇嘛激烈地辩论教义，谁能不深深感动于他们的虔诚呢？"在她的笔下，西藏的形象不再神秘遥远。第二天，伴随着2008年伦敦的最后一场雪，北京奥运火炬传递开始了。伦敦是圣火境外传递中路线最长、时间也最长的一站，但当时谁也没有料到，伦敦也将成为圣火遭到暴力阻截的第一站。傅莹大使作为火炬手参与传递，但很快就发生了"藏独"分子抢夺火炬这令人震惊的一幕。4月13日，傅莹就在英国另一家主流媒体《星期日电讯报》上发表文章《如果西方能够倾听中国》。她以亲历者的视角，讲述了同行的中国志愿者所受的委屈，讲述了中国年轻人的愤慨，还讲述了自己的女儿对整个事件的不解，唯独把愤怒深深地藏在了字里行间。"在那些大声抗议、示威的人当中，很多人可能从来没有见过西藏。而对于中国人来说，西藏是备受喜爱的一片热土。"面对西方媒体不分青红皂白的随意评论，傅莹则毫不客气："在西方，很多人抱怨中国对媒体不够开放。而在中国，我们则认为西方媒体应该学会如何努力获得尊重。”

几天之后,傅莹到英国电讯媒体集团(Telegraph Media Group)与管理层人员座谈。她直言不讳地指出,对3·14事件和奥运火炬传递的歪曲报道已经引起了海内外华人的强烈反感,西方媒体应该恪守职业道德,尽量做到客观公正。而这家集团的高管则坦承,英国媒体普遍对中国缺乏了解,他也表示英国公众对中国并无恶意。眼看北京奥运越来越近,人们对中国的兴趣也不断增长,英国电讯媒体集团的高管趁热打铁,表示愿意加强英中之间的沟通与交流,愿意为英中公众之间的健康辩论提供机会和平台。傅莹感到,这家传媒企业的态度是友善的,便同意将《如果西方能够倾听中国》给他们发表。而《星期日电讯报》果然没有辜负傅莹的信赖,既没有随意删减,也没有断章取义,而是全文刊发。文章以细腻和感性的笔触描述了她对奥运圣火在伦敦、巴黎的传递遭到干扰的心境,进而以数字和事实详尽地介绍了西藏社会和经济发展的现状,打动了不少原本对中国缺乏了解的西方读者。许多英国民众纷纷致信中国大使馆,对反华示威者暴力冲抢火炬的行为表示谴责,认为极少数“藏独”分子企图干扰破坏北京奥运会火炬传递,是对奥运精神的亵渎,是对热爱奥运会的全世界人民的侮辱。傅莹此文被海外媒体评价为是一次“成功的危机公关”。

正如傅莹所说,只有“实事求是,要早说话,要多说话,说明白话”,才能化不利为有利,化消极为积极。

2013年03月04日　来源:深圳广电集团

旅游组织的公共关系状态并非一直能处于理想的状况，旅游组织与各种公众不可避免地会发生摩擦、产生冲突；旅游组织在内、外环境中生存发展，不可避免地会遇到困难、遭受挫折，使旅游组织公共关系失调，旅游组织形象受损，构成旅游公共关系危机。

从广义的角度看，旅游公共关系危机包含了投诉和旅游组织危机两种。平常，旅游组织与公众的摩擦冲突是以投诉的形式表现出来的，强烈的、广泛的、影响力大的投诉也就是旅游组织的公共关系危机。在危机型公共关系活动中，防范和消除危机，维护组织的声誉，对旅游组织的生存和发展有着举足轻重的作用。

第一节 旅游投诉的受理和处理

旅游组织所从事的旅游服务接待工作发生于人与人之间，经常会产生各种各样的投诉。投诉者最多的是旅游者，也会有员工、股东、社区、竞争者、供应商等。本章以旅游者投诉为主展开叙述。

一、妥善处理投诉的重要性

旅游者投诉的原因有两种：一种是旅游组织自身的工作没做好，或是出现差错缺陷，或是服务人员与客人产生摩擦；另一种是旅游者产生误解，或是个别人过于挑剔，甚至恶意诬陷诽谤。两种原因都可造成对旅游组织的损害，妥善处理投诉就要设法澄清事实，扭转偏见，将损失降低至最小程度；灵活地运用投诉处理技巧，还可以将坏事变好事，既维护了组织声誉，又扩大了组织影响。妥善处理投诉，可以达到如下目的。

（一）防止投诉演变为组织危机

妥善处理投诉，是预防旅游组织危机发生的有力措施之一。大多数旅游者，在受到不公正待遇后，他们采取的通常做法是，下次不再选择这家旅游组织；他们还可能把这一不愉快的经历告诉他们的亲朋好友，甚至还会投诉于新闻媒介。如果忽视旅游者的投诉，敷衍了事，不把处理旅游者投诉的过程当做改进管理和服务的机会，就会积小错成大错，最终酿成信誉危机或发生纠纷事件，甚至会造成灾难性事故，导致旅游组织形象严重受损。

不少客人的投诉，是一个从小到大、从息事宁人到忍无可忍的发展过程。显然，旅游组织对投诉的态度和处理的方式方法从中也起了减缓或加剧发展强度的作用。旅游组织如果对投诉不重视,缺乏适当的应对措施,与投诉者所期望的结果相距太大,个性强的投诉者就可能爆发激情,扩大事态。而事态的扩大,首先受损的就是旅游组织的形象。

(二)迅速扭转公众的不良印象

客人发生投诉时,往往在场的还有其他一些中间公众。如果旅游组织对投诉处理不当,中间公众中就有一大部分会转变成逆意公众,与投诉者持相同观点。因为公众往往不了解,也不可能了解投诉发生的来龙去脉,他们只凭投诉发生时旅游组织的处理方法作出判断,由于同是消费公众,较自然地就倾向于投诉者。所以,妥善得当地处理旅游者的投诉,会改善旅游者对旅游组织的印象,使旅游者感到旅游组织是认真贯彻"客人至上"服务宗旨的。投诉者一旦获得满意的结果,反而加深了同旅游组织的感情,从而有利于旅游组织树立良好的形象。

(三)提高服务质量和管理水平

旅游组织理应向客人提供优质服务,但也难免由于设备设施故障、服务项目不尽如人意、个别服务人员的技能或态度较差、主客双方有误会等,导致客人投诉。旅游组织因自身的原因被客人投诉,公关人员应当闻过则喜,将其看成是客人帮助组织改进工作、提高服务质量和管理水平的极好机会,除了向客人道歉,还应真诚地感谢客人。

二、投诉处理的原则

怒气冲冲的投诉客人,一般总是先找来公关人员,倾诉他们的不满和愤懑。受理及处理旅游者的投诉,并非愉快之事,但事关重大,马虎不得。处理旅游者投诉时,应遵循以下原则。

(一)真心诚意帮助投诉者

公关人员接待投诉者,首先应表明自己的身份,让旅游者产生一种信赖感,相信能帮助他解决问题。公关人员对投诉者应有同情心,要理解投诉者当时的心情,同情其所面临的困境,并给予应有的帮助。

(二)绝不与投诉人争辩

接待投诉者,公关人员应保持冷静态度,投诉的旅游者可能情绪激动、态度不善、言语粗鲁、举止无礼,接待人员都应给予理解和谅解,保持冷静和耐心,绝对不可急于辩解或反驳,与投诉者针锋相对;也不能无动于衷,冷落客人。即使是不合理的投诉,也应做到有礼、有理、有节,既要尊重他们,不失投诉人面子,又应作出恰如其分的处理。

(三)维护旅游组织合法的利益

处理投诉不能以无端损害旅游组织的利益为代价,尤其是对于一些复杂问题,切忌在真相不明之前,急于表态或当面贬低旅游组织及其部门或员工。应弄清事实,通过相关渠道了解其来龙去脉,在真相清楚后,再诚恳道歉并作恰当处理。

三、投诉处理的程序

(一)认真倾听投诉者的意见

受理和处理投诉是从听取投诉者的讲话开始的。投诉者希望他的意见能引起旅游组织充分的重视,但投诉者表述意见时又往往由于激动而杂乱无章,公关人员可以通过提问的方式来弄清问题。集中注意力倾听对方的意见能节约对话的时间。

(二)保持冷静

在投诉时,投诉者总是觉得理由充足。因此,不要反驳投诉者的意见,不要争辩。为了不致对其他客人产生不良影响,应当请投诉者到专门的接待室,个别地听取旅游者的投诉。幽雅的环境和私下交谈容易使人趋于平静。

(三)表示同情

公关人员应设身处地地为客人着想,对投诉者的感受要表示理解,用适当的评议给投诉者以安慰。此时,尚未核对旅游者投诉的事实,仅能对旅游者表示理解与同情,语言可采用虚拟语气,如"如果我遇上这种事,也很生气……"。

(四)给予关心

不应该对旅游者的投诉采取"大事化小,小事化了"的态度,应该用"这件事情发生在你身上,我感到十分抱歉"诸如此类的语言来表示对投诉者的关心。在交谈的过程中,注意用尊称来称呼投诉者。

(五)不转移目标

把注意力集中在投诉者提出的问题上,不随便引申,不转嫁他人,不推卸责任。绝对不可因投诉者对于某些细节没弄清而怪罪投诉者。

(六)记录要点

把投诉者投诉的要点记录下来。记录过程中可要求投诉者重复一些词句,这样不但可以使投诉者讲话的速度放慢,缓和客人的情绪,还可以使客人确信,旅游组织对他反映的问题是重视的。此外,记录的资料可以作为解决问题的根据。

（七）告知处理方法

把将要采取的措施，告诉投诉者。如有可能，可请投诉者选择解决问题的方案或补偿措施。绝对不能对投诉者表示，由于权力有限，爱莫能助。但千万不可轻率地向投诉者作出不切实际的许诺。

（八）告知处理时间

要充分估计解决问题所需要的时间。最好能告诉投诉者具体的时间，不含糊其辞。切忌低估解决问题的时间。

（九）解决问题

这是最关键的一环。如果所采取的行动与对投诉者的许诺不一致的话，那么旅游者的投诉不可能得到妥善的处理，旅游组织还将面对两个新出现的问题：其一，就原先的问题，旅游者第二次提出投诉；其二，对旅游组织人员工作的低效率，旅游者表示失望。所以，为了不使问题进一步复杂化，为了节约时间，为了不失信于旅游者，必须抓好这一环节的工作。在执行的过程中如发生意外情况，应及时反馈给旅游者。

（十）检查落实、记录存档

与投诉者联系，检查核实旅游者的投诉是否已圆满地解决了。将整个过程写成报告，存档。

四、处理投诉的技巧

（一）让投诉人“降温”

旅游者投诉时，心中往往充满了怒火，投诉成了维持心理平衡的宣泄机会。在受理投诉者投诉时，应首先耐心倾听，让投诉者通过发泄，使其不平静的心情逐渐平静下来，同时也利于我们弄清事情的来龙去脉。“降温”就是要创造一种环境，让投诉者自由发泄他们受压抑的情感，把火气降下来，恢复理智的状态。“降温”的环境应是安静幽雅的接待室，投诉者在这里可获得受尊重的感受。受理投诉的公关人员最好是女性，因为女性的微笑能平稳投诉者的情绪，有利于事态的解决。公关人员在接受投诉者投诉时，不要争辩和反驳，以免给客人产生不接受意见的判断，盛怒而去，从而影响旅游组织的声誉。

（二）在感情和心理上与投诉者保持一致

旅游者在采取了投诉行动后，都希望别人认为他的投诉是正确的，他们是值得同情的；另一方面，投诉者又对旅游组织的公关人员有一种戒备心理，他们认为，旅游组织的人仅仅是旅游组织利益的代表，胳膊一定是向内拐的。针对投诉者的这种心理，要把投诉者看成是一种需要帮助的人，这样才能造成解决问题的气氛。接受投诉的工作人员要以自己一系列实际行动和话语，使客人感到有关部门和人员是尊重和同情客人的，是站在投诉者立场上，真心实意地处理投诉的，从而把不满的情绪转化为感谢的心情。这是解决旅游者投诉最积极有效的方法。

（三）果断地解决问题

在接受旅游者投诉时，要善于分析，听清客人意见、要求，然后迅速果断地处理。公关人员处理投诉的第一个姿态是：向投诉者表示真诚的感谢，把他的投诉看成是对本组织的爱护。如果是自己能够解决的问题，应迅速回复投诉者，告诉处理意见；对一些投诉合理，明显是服务或管理工作的失误，应立即向投诉者致歉赔礼，在征得投诉者同意后，做出补偿性处理。所有旅游者的投诉，应尽量在投诉人离境前得到圆满解决，要把处理旅游者投诉作为重新建立旅游组织声誉的机会。

【重点提示】

旅游者的挫折感是旅游投诉的根本原因，理解挫折感的心理根源是处理投诉的第一步。

第二节　旅游公共关系的危机意识

一、旅游危机与旅游公共关系危机

世界旅游组织对旅游危机的定义为："影响旅行者对一个目的地信心并扰乱继续正常经营的非预期性事件。这类事件可能以无限多样的形式在许多年中不断发生。"

旅游公共关系危机，简称旅游公关危机，是指旅游组织由于突发事件或重大事故的出现，导致其面临强大的公众舆论压力和危机四伏的社会关系环境，使组织形象遭受损害，组织的公共关系处于危机的状态。

突发事件是指意想不到的突然发生的事或问题。突发事件有良性与恶性之分。恶性突发事件是指突然发生的对旅游组织不利的事件。公共关系讲的突发事件是突发的恶性事件。突发的恶性事件可分为一般突发事件和重大突发事件两大类。一般突发事件，主要指旅游组织在经营管理活动中的公关纠纷，包括组织内部纠纷、组织之间的纠纷等（第一节以处理游客投诉为重点阐述一般突发事件）。重大突发事件，主要指重大的责任事故、重大的经营管理决策失误、天灾造成的严重损失等。其中的一些马上形成危机,如:火灾、水灾、工伤、废气废水的泄漏、重大交通事故、严重自然灾害发生、组织产品的信誉危机等。这些都需要公共关系人员协助组织加以妥善处理,以保持组织的良好形象。

使组织面临公共关系危机的情况主要有三种,即组织自身行为不当、突发事件和失实报道。

二、旅游公关危机事件的特征

旅游公关危机产生的原因多种多样,影响范围和持续时间长短不同,但旅游公关危机也有一些共同特征,掌握其特征可以使我们更好地掌握规律和应对旅游公关危机。

(一)突发性

旅游业是一种敏感度很高的产业,自然、经济、社会环境出现的"非常态"都可能成为引发旅游公关危机的诱因。因此,旅游公关危机往往是在人们意想不到、没有做好充分准备的情况下突然爆发的。如东南亚金融危机、美国"9·11"事件、伊拉克战争、非典疫情、英国口蹄疫疫情、印尼巴厘岛爆炸案、印度洋海啸等都给世界和部分国家地区旅游组织带来严重影响。从国内来看,"千岛湖事件"、"1998 年洪灾"、"2003 年非典疫情"、"2008 年春中国南方雪灾"、"2008 年汶川地震"等,给中国旅游业造成了巨大损失。仅 2003 年的非典疫情,致使中国旅游收入减少 2768 亿元。相对于常态的发展状况而言,这种超出常规的突发性事件,表现为在短时间内给旅游业及相关行业造成措手不及的一系列的、连锁性的破坏,甚至使它们陷入混乱、跌入低谷。

(二)危害性

旅游公关危机的危害性主要是指危机的发生会在短时间内对旅游组织形象造成致命的打击。公关危机事件的发生,可能使组织的各种社会关系朝着不利的方向变化,使组织的社会地位和信誉迅速下降,形成组织发展障碍。在组织内部,它会危害成员之间的团结,挫伤组织成员的积极性,涣散组织的凝聚力;在组织外部,则会给社会公众带来恐慌与损失,也可能给社会生活带来危害。

【补充阅读】

无锡因供水危机引发旅游危机

2007 年 5 月 29 日,无锡市区部分地区发生供水危机,虽然供水的影响仅有几天时间,但由于国际国内的关注度高,新闻报道多,对无锡旅游业产生了重要影响,大量旅游团队退团,一时间来锡游客锐减,各大景区、宾馆饭店和旅行社的正常经营受到很大冲击,在一定程度上引发了旅游危机。据统计,2007 年 6 月,全市接待入境旅游者、国内旅游者同比下降50%左右，市区旅游星级饭店客房率下降30个百分点；7月以后，旅游业主要接待指标同比继续下滑，无锡旅游业面临严峻的考验。

（资料来源：中国旅游报，2007.7）

（三）紧迫性

当危机真正爆发以后，会以非常惊人以及出人意料的速度发展和演变，并引发一系列的后续问题。如旅游组织生存环境的明显恶化、虚假信息的广泛传播以及公众的人心浮动，常常会导致受到冲击的旅游组织面临着反应时间有限的突出问题。在此状况下，决策者如果无法在巨大的压力下用尽可能短的时间做出最终的决策，不仅会使解决危机的最佳机会稍纵即逝，而且将导致一系列短时间内难以彻底根除的消极影响。

（四）关注性

重大突发性事件往往成为社会舆论关注的焦点，成为新闻传播媒介的素材，牵动了社会各界公众。特别是伴随事件而来的强大社会舆论压力，更成为危机处理中最为复杂的棘手问题。

（五）双重性

危机集“危险”与“契机”于一体，旅游公关危机的双重性表现为危险与契机并存，危机在对旅游组织造成各种直接或间接的消极影响的同时也蕴含着前所未有的发展机遇，危中有机。如果处置得当，往往有“来得快”和“恢复快”的双重性。因此，当危机爆发时，要看到不利的方面，更应高瞻远瞩，敢于面对，善于应对，充分认识到这种困难局势之中所包含着的发展机遇，把握机会，在逆境中取得突破，在危险中求得生机，变坏事为好事，化危险为机遇。旅游组织可以重新树立良好形象。

由于危机事件的这些特点，旅游公关危机事件的处理不但事关重大，而且具有相当大的难度。因此，它越来越被人们视为公共关系活动中最具挑战性的工作，也越来越被旅游界所重视。

三、旅游公关危机发生的原因

旅游公关危机产生的时间、地点、涉及的范围不是固定不变的，产生的原因也不尽相同。总的说来，危机产生的原因有二：一是旅游组织可以在事前事后加以控制的内部原因，二是旅游组织不可控制的外部原因（包括突发事件、不实报道等）。

(一)旅游组织内部原因

旅游组织内部的因素一般说来是可以控制的,但是,由于组织自身行为不当,如决策、管理、公关等方面的失误,导致形象恶化,公众反感,使旅游组织的可控因素转化为不可控因素,从而导致危机的发生。

1.管理不善

如过度地追求经济利益而不顾公众利益、社会利益所造成的宾馆酒楼发生的严重的食物中毒,旅游高山缆车坠落等,因这类原因导致的危机事件完全是组织的责任,最易激起公愤,受到公众和社会舆论的强烈抨击,对组织形象的损害极为严重。如上海外滩一家颇有名声的饭店曾发生的一起令人震惊的食物中毒事件。国庆期间,11 对新婚夫妇在这家饭店共举办 103 桌酒席,因熟食卤味食品不卫生,导致 762 人食物中毒,在 42 家医院接受治疗,一时很少有人上门问津。

2.决策失误

主要原因是旅游组织行为短期化,急功近利以及对纷繁复杂的现实情况认识不清,而使旅游组织的总体目标、公共关系目标与内部的现实条件和外部的客观环境严重脱节,其结果势必使组织受挫,产生危机,如 1996 年一哄而上的主题公园人造景观,由于定位不当、投资过多、重复建设等诸多决策的失误,到现在很多景点都在艰难经营,甚至倒闭,造成人财物的重大浪费。

3.疏于沟通

由于旅游组织忽视与公众的信息交流,未能取得公众对组织行为的谅解与支持,或因信息发布不及时,缺乏针对性等,而导致公众对组织形成误会和隔阂,出现对组织不利的社会舆论。

4.公关策略失误

在公共关系工作中必须严守公关原则来制订公关策略。如,以客观事实为基础的原则要求向公众通报的信息必须是真实的;以公众利益为出发点的原则要求旅游组织必须尊重公众。违背这些公关原则而制订的公关策略,即使是权宜策略也必然会遭到失败,给旅游组织带来危机。

(二)旅游组织外部原因

外部的因素一般说来是旅游组织不可控制的,包括突发事件、不实报道等。现代旅游业的命运很难摆脱自然灾害、政治事件等突发事件的影响。发生在其他行业里的危机会波及旅游行业,使旅游业客源骤减、目的地形象受损,如战争、金融风波、恐怖主义、公共卫生危机等,都可能导致旅游公关危机事件突然发生。

1. 自然灾害

自然灾害包括地震、恶劣气候、洪水、疫病流行、火灾等，这是人们难以预料的，一旦发生，对旅游业的影响极大。如2003年的"非典"，对香港旅游业的打击最大，根据香港旅游发展局的资料，2003年5月份，赴港旅客同比下跌68%至谷底，香港旅游收入减少了123亿港元；也给中国旅游业造成总收入减少2768亿元的巨大损失。2008年1月中旬开始，我国南方十多个省市遭受了50年未遇的重大暴雪冰冻灾害，在这场雪灾危机中，旅游业再次受到重挫，南方灾区省市的旅游业一度陷入瘫痪。2008年四川汶川地震，造成四川4000多个旅游景区被损坏了568个，旅游业损失超过700亿元。

2. 社会政治

社会政治因素包括国家的政策、社会资源短缺、环境污染，特别是战争和社会动乱、恐怖事件的发生等等，势必危及旅游组织的经营活动，给一个国家和地区的旅游业造成巨大的损失，带来严重的危机。2008年3月14日，藏独分子在拉萨等地的打砸烧暴乱行为，也使西藏的旅游事业一时遭受很大损失。恐怖事件如劫机、绑架、劫船等对旅游业的打击尤为沉重。1985年6月，环球航空公司劫机事件后，1400万美国人即取消了出国旅行计划。

3. 经济因素

经济因素包括本国经济发展状况和世界经济发展状况以及汇率的变化，特别是世界经济发展状况这个因素对国际旅游业的发展影响很大，1997年5月自泰国发生的金融危机，波及整个东南亚、韩国、日本，各国家地区货币纷纷大幅度贬值，也对我国旅游业带来了较大的冲击。

4. 人为破坏

人为破坏包括某些社会组织或个人出于某种见不得人的目的，采用不正当的竞争手段，如造谣诽谤、转嫁灾祸等；甚至是针对旅游组织的刑事案件等。

四、旅游公关危机发生的过程

危机是一种不稳定的变化过程和状态。全过程从酝酿到解决一般要经历潜伏期、爆发期、处理期和恢复期等四个不同的阶段。

（一）潜伏期

潜伏期又称作"危机发生前"的阶段。在这一阶段，某些导致日后危机爆发的因素已经悄悄产生。如果这些因素不能及时发现或虽得到了警告却遭到忽视，就会迅速扩展，最后引发危机。

危机潜伏期的主要现象，是各种消息模糊不清，谣言四起，前后矛盾，造成社会公众对组织的误解、偏见，甚至敌视。而在这一时期，公共关系人员还没有做具体的危机处理工作，虽然是山雨欲来风满楼，但由于麻痹大意，一再失去机会，最终铸成大错。

旅游组织的各级管理人员(包括公关人员)，要在平时提高警觉，在事前能够发现预兆，使危机在潜伏期就得以制止；同时正视来自各方面的警告，及时采取补救措施，尽力避免危机发生。

(二)爆发期

爆发期又称作“危机发生中”的阶段。积累的危机能量由于某一诱因而爆发，一时间黑云压城城欲摧，使组织管理者和公关人员疲于奔命、捉襟见肘。之后进入这一阶段后期，危机的真相基本上公诸于世，组织和社会公众都比较清楚到底发生了什么；而且，组织也已经开始采取了一定的行动，公共关系人员已将相关资料分发给新闻媒介；各种谣言不攻自破、消息渐趋稳定。

(三)处理期

这是危机发展到顶峰，也是危机得以解决的时期。在这阶段，公共关系人员应设立专门的权威性的“信息发布中心”，及时发表危机抢救工作的最新消息给新闻媒介和社会公众。在发表各种消息时，一定要坚持“公开事实真相”的原则，以避免新闻媒介和社会公众猜疑。处理危机的人员要专心应付危机事件，要勇于在紧急状态下做出正确的决策，采取果断的行动来解决危机。

(四)恢复期

这一时期，危机抢救工作即将结束。政府有关部门会派人进行调查、审核，媒体会披露事件内幕，有关公司和个人的索赔案件不断增多，组织方面应公布组织应承担的责任。这时的组织公共关系人员还应对危机发生的原因进行调查，写出详细的调查报告，并提出防止危机重演的计划与具体措施，同时开始着手修复受损的组织形象。

应该指出，并非所有的危机都是依据上述四个阶段发展(如有的危机在潜伏期就得以发现和解决)，如果组织和公关人员事先有预警，反应迅速，处理讲究策略，危机所造成的损失可以最小化，组织迅速化险为夷转危为安，甚至还有可能转“危”为“机”。

第三节　旅游公共关系的危机防范

危机事件的产生虽有其客观的、人力难以控制的一面，但是就多数的危机来说，又都是可以“预见”的，在一定程度上是可以避免的。因此，组织应根据可预见性，树立危机意识，采取积极而明智的策略，制订出一套预防危机、处理各种危机事件的应急方案或规章制度，这就是危机的预防管理。

对公共关系部门来说，危机的预防有两个环节：一是预测危机，即及时发现产生危机的“萌芽”；二是制订处理危机的对策。即当危机一旦发生不至于手忙脚乱，而是从容不迫地采取有效措施，这就需要平时要有应付危机的准备。

一、建立危机预警系统

“凡事预则立，不预则废。”一般而言，除了一些自然灾害、车船失事等非人为突发的危机事件外，大多数旅游公关危机事件不是一朝一夕就产生爆发，它有一个潜伏期，在这个过程中，无论如何隐蔽，总有一些先兆表现出来。因此，在旅游组织内部建立危机预警系统，对危机潜伏期的信息、情报及时处理，分析危机发生的概率以及危机发生后可能造成的负面影响，做出科学的预测和判断。危机预警系统的一个重要功能就是把许多分散、零星的信息组织到一起，全面地监测、跟踪各种动态，向风险防范指挥部门提供决策的信息基础。它可以使公关人员及早地发现危机的某些早期征兆，使旅游组织有可能将危机消除于它的萌芽状态，这是危机的预防管理的重要对象之一，其核心是善于监测和积极反馈信息。

(1)加强公共关系信息与组织经营信息的收集分析工作，及时掌握公众对组织活动的评价。

(2)密切注意国家经济政策及经济、政治体制改革的方向，使组织经营活动与社会经济大气候相协调。

(3)加强对重点客户的沟通，使重点客户成为组织稳定的支持者，及时关注其变动趋势。

(4)经常分析竞争对手的经营策略和市场需求的发展变化趋势。

(5)定期或不定期地进行自我诊断，分析组织经营和公共关系状态，客观评价组织形象，找出薄弱环节，采取必要措施。

(6)开展多种调研活动，并在此基础上研究及预测可能引起组织危机的突发事件，使组织危机因素消灭在萌芽之中。

【补充阅读】

据著名的零点调查：中国企业危机管理失当具体表现在以下几个方面。

(1)在企业高层管理人员中：

72.2%属于低危机识别能力者；

18%属于较高危机识别能力者。

(2)在危机中的媒体策略失当。对不真实的不利报道：

11.9%的企业听之任之或回避；

36.3%的企业视公众的反应之后再反应；

33.2%的企业要投诉该报道的记者。

(3)处理产品和服务事件的措施不力。当出现产品危机时：

9.2%的企业认为难免，不采取任何措施；

25.5%的企业“观望”，视媒体和公众的反应再制订应对方案；

25.5%的企业根据情况制订方案并采取行动。

二、设立危机处理机构

设立危机事件处理机构，是处理危机的组织保证。尽管危机状态是一种少见的特殊状态，但是它有极大的危害，有的危机事件损害旅游组织形象，有的危机事件会导致旅游企业的破产，有的波及面广，从而冲击整个旅游市场。设立危机处理机构(简称“危机小组”)，通过行之有效的工作，可消除险情，而一旦发生危机即能遏制危机，以减少对旅游组织形象的损害程度。

危机小组可先由组织领导、技术专家、公关主任和法律顾问组成一个核心，然后根据可以预见发生的危机，增加危机小组的人员，如技术方面的危机由某工程师应对，财务方面的危机由某会计师应对。这样，发生某种危机时，可以直接找人负责处理。而在平时，负责处理某项危机的人就应有意识地做好各种应战准备。危机小组应抓好以下几方面工作。

(1)危机小组根据本组织建立以来或相类似的其他组织建立以来发生的危机，对自己组织可能发生各种类型的危机做出预测和分析，哪些危机可能发生，它的性质、规模、影响的范围等。

(2)针对危机的种类、性质、规模、影响的范围制订出应急方案，并有专人负责。

(3)根据危机情况的预测和处理情况的设想及相关负责人的名字印成小册子，发给组织成员，并通过多种方式把处理危机的方法向组织成员介绍，让他们对危机爆发后的应对措施有一个大体的了解。

(4)确定新闻发言人。一旦危机发生，代表组织向内外公众介绍事实真实和组织做出的反应，并和新闻媒介建立好关系。

(5)危机爆发后，负责全权领导处理危机工作。

三、制定危机防范策略

虽然当真实危机发生时，不可能一成不变地遵循危机管理方案的步骤来行事，但制定尽可能详细的危机处理方案是非常有益的。

制定危机防范策略主要是对潜在危机进行分类并评估其特点，然后再确定应采取的对策。对潜在危机进行鉴别分类，包括可能导致危机的现实环境，过去曾困扰过而且有可能再发生的危机，其他类似的组织发生的危机；一旦危机发生，何处、何人可能可以提供紧急援助，他们的姓名和联络方法等。在此基础上要针对每种潜在危机的情况，明确分工责任，制订召集方案，最后形成书面方案。该方案在主要管理人员中散发，让组织中全体人员熟悉其内容。

四、危机防范模拟演习

危机小组在完成危机处理策略的纸上作业后，要举行模拟演习。演习假设一种或多种危机情况，考核危机小组对紧急事件的反应能力、危机处理的知识和决策能力。模拟演习还要使组员接受处理紧张心理的训练，一旦真正危机发生时，能应变不惊。另外，还要学习如何与新闻界打交道，掌握接受记者采访和对外发言等方面的技巧。

第四节　旅游公共关系的危机处理程序和策略

通过妥善处理已发生的危机事件，一方面取得公众谅解，加深组织在公众心目中的印象，为树立良好的组织形象打下基础；另一方面借助社会压力刺激旅游组织自身加强经营管理，弥补缺陷，改正错误，从而树立组织担负社会责任的良好形象。

一、旅游公关危机事件处理的原则

怎样运用公共关系的原理和技巧，制订可靠而有效的危机公关处理方案，变风险为机遇，最大限度地改善组织内外部环境，这是旅游组织及其公关人员必须正视的现实问题。危机发生后，要注意掌握以下几个原则。

(一)“公众利益至上”原则

危机事件发生后，会使组织受到很大损失，然而公关人员首先考虑的应是公众的利益，公关人员要以公众利益代言人的身份出现，把公众放在第一位，一切计划措施都必须首先保障公众利益。只有保护公众利益不受到损害，得到公众的支持，最终才会给组织带来声誉。

（二）公开性原则

旅游组织在发生危机时，不论是否具有主观上过错，都应在事件涉及的范围，向公众公开事件的真相，公布事件的原因、结果及自己的态度，而不能藏头缩尾、含糊其辞，更不能置公众意愿而不顾，封锁消息，自行其是。

（三）真实性原则

"真实性是公关的生命"，社会组织在处理危机事件的过程中，无论是对组织内部公众，还是对新闻记者、受害者、上级领导等，都要实事求是，向各方面的公众如实反映和汇报事件发生的原因，已经和可能造成的后果，以及正在采取和将要采取的补救措施，绝不能故意隐瞒事件真相，更不能嫁祸于人，推诿责任。以真诚争取主动，以真诚求得公众的谅解和信任。

（四）主动性原则

旅游组织发生危及公众利益的环境污染、火灾、爆炸等事故时，不能消极等待上级来调查处理，更不能等上级有关部门出面干预后才勉强被动地做工作。而应在发生事故后，主动向上级主管部门和环保、消防、安全等部门和新闻媒介单位通报情况，进行信息沟通，寻求理解、支持和合作。如已给社会公众造成损失，应主动登门道歉，承担相应的责任。

（五）及时性原则

及时性原则是指对发生的危机事件采取有效措施及时地予以控制。危机事件一旦发生，极易出现人心散乱的危险局面。如何引导舆论，稳定人心，便成为处理危机事件的一项重要任务。因此，对各种可能出现的情况应分别制订应急计划和措施，对正在发展的危机事件要及时处理，及时报告，并与新闻界取得联系，做好报道工作。

（六）连续性原则

当旅游组织发生危机后，不能图省事作简单处理，应组织一个专门处理危机事件的机构，并制订出工作计划（危机公关策划方案）。一方面直接处理有关事务；另一方面应连续不断地通过新闻媒体，向社会公众公布调查取证、事故原因、明确责任，采取的善后措施、改进办法等方面的信息，从而使公众对事件有一个全面、客观的了解，对组织所持的积极态度和工作效果产生良好的印象。

（七）补偿性原则

如因产品质量、环境污染等给用户和社区公众造成人身伤害和经济损失，旅游组织应根据"公众利益至上"原则，不仅要承担道义上的责任，而且要根据所造成的损失大小和企业承受能力，尽可能地为受害者提供经济补偿和物质赔偿；而不能推卸责任，置公众利益于不顾，抱有投机取巧、侥幸过关的心理。

二、旅游公关危机事件处理的工作程序

旅游公关危机事件的处理，还需要有正确的工作程序和要求，这是规范化处理公关危机和事件的前提。

（一）全面调查、收集信息

出现危机事件后，旅游组织应及时组织人员深入公众，了解危机事件的各个方面，收集关于危机事件的综合信息，并形成基本的调查报告，为处理危机事件提供基本依据。

(1)组织人员，奔赴现场。得知发生了危机事件后，组织有关人员，成立专门处理事故的小组，危机处理小组立即开始工作，如果没有预备的危机管理机构，旅游组织应立即奔赴现场。

(2)保护现场，寻求援助。事故调查人员赶到现场后，应该想尽一切办法保护现场，以便迅速、准确地查清事故的原委。如果危机事件还在继续，应及时采取紧急措施，根据现场情况与公安、消防、卫生等部门取得联系，使损失减少到最低程度。

(3)深入细致，了解情况。应该迅速与目击者或当事人取得联系，了解事件发生的时间、地点、原因，了解人员的伤亡程度和人数，了解事态的发展及控制情况，以及公众在事件中的反应情况，调查相关公众在危机事件中的要求，找出处理危机事件的关键。

(4)整理分析，形成报告。要将在现场听到的、看到的所有情况认真记录下来，在可能的情况下可用照相机、摄像机拍摄现场镜头，用录音机录下某些内容，以便帮助分析。在全面搜集有关信息的基础上将材料进行分类整理，组织有关人员进行分析，认真查找事件的真正原因，形成危机事件调查分析报告，并上交有关部门。

（二）分析信息，确定对策

在全面调查了解事件的情况以后，要将所获取的信息进行整理分析，针对不同的对象确定相应的各种对策。制订清除危机事件影响的公关方案，一般包括以下几个方面的对策。

1.旅游组织对策

(1)根据需要，对危机小组进行调整，组建更有权威性、高效率的工作班子。

(2)迅速而准确地把握事态的发展。

(3)制订处理事故的基本方针和基本对策。

(4)把事故的发生和组织对策告知全体职工,使大家同心协力,共渡难关。本组织职工若有伤亡,应立即通知其家属或亲属,并提供一切条件,满足职工家属的探视或吊唁要求,还要组织周到的医疗工作和抚恤工作。

(5)如果是不合格产品和服务不当引起的恶性事故,应立即组织检验队伍。对不合格产品逐个检验。通知销售部门立即停止出售这类产品,或制订改进服务措施。

(6)制订妥善的公关宣传方案,采用新闻公关保护的方式,向外界公布事故的真相。

(7)制订挽回影响和完善组织形象的工作方案与措施。

(8)奖励处理危机事件有功人员,处理有关责任者,并通告有关各方面及事故受害者。

2.受害公众对策

(1)首先考虑受害者利益,全力解决受害者问题,力争将其损失减少到最低限度,以控制危机的扩大,使事态朝有利于旅游组织的方向转化。

(2)如果责任在组织自身,就要公开道歉,认真听取受害者及其家属的意见,主动赔偿受害者的损失,尽量满足受害者的要求。

(3)如果责任在受害者或第三方,也要给予受害者适当的安慰,需要受害者承担责任与后果的话,也不要马上追究,最好等危机事件平息后再妥善处理。

(4)如果双方都有责任,组织要注意避免尽力为组织辩护的言辞,要积极地争取受害者的谅解与合作,承担自身应负的责任,并给予补救。

(5)在危机事件处理过程中,如无特殊情况,不要更换负责处理问题的人员。

3.上级领导部门对策

(1)事故发生后,应及时向政府及上级领导部门汇报,不要文过饰非,更不允许歪曲真相,混淆视听。

(2)在事故处理中,应定期报告事态的发展,求得上级领导部门的指导和支持。

(3)事故处理后,详细报告处理经过、解决方法以及今后的预防措施等。

4.新闻媒体对策

(1)应统一对新闻媒体的口径,注意措辞,尽可能以最有利于组织机构的形式来公布。

(2)成立临时记者接待机构,专人负责发布消息,集中处理与事件有关的新闻采访,给记者提供权威的资料。

(3)一方面主动向新闻界提供真实、准确的消息，公开表明组织机构的立场和态度，以减少新闻记者的各种猜测。帮助新闻记者作出正确的报道。

(4)另一方面，必须谨慎传播，在事实未完全明了之前不要对事发的原因，损失以及其他方面的任何可能性进行推测性的报道。不轻易地表示赞成或反对态度。

(5)对新闻界表示出合作，主动和自信的态度，不可采取隐瞒、搪塞、对抗的态度。对确定不便发表的消息亦不要简单地“无可奉告”而应说明理由，求得记者的同情和理解。

(6)注意以公众的立场和观点来进行报道，不断提供公众所关心的消息，如补偿方法和善后措施等。

(7)除新闻报道外，可在刊登有关事件消息的报刊上发歉意广告，向公众说明事实真相，并向有关公众表示道歉及承担责任。

(8)当记者发表了不符合事实真相的报道时，可以尽快向该媒体提出更正要求，指明失实的地方，并提供全部与事实有关资料，派遣重要发言人接受采访，表明立场，但注意避免产生敌意。

除了上述关系对策外，还应根据具体情况，分别与事件有关的交通、公安、市政等机构，对社区、合作单位、消费者等公众采取适当的对策，通报情况、回答咨询，详细解释。调动各方面力量，协助本组织尽快渡过危机，使组织形象的损害程度降至最低点。

(三)分工协作，落实措施

措施制订后，就要认真组织落实。

(1)全体人员要统一思想、统一认识，尽心尽力减少事件造成的损失，为组织塑造良好的社会形象。

(2)认真领会实施方案，坚持灵活性与原则性相统一的方针，各负责处理事故的人员，要根据各自分工处理项目的特点，选择适当的方式、方法以及恰当的公关传播媒介。

(3)各有关人员在有效分工的基础上进行密切的配合，相互理解和支持，工作中力求果断，干练，以友善的精神风貌，高效率的工作风格获得公众的好感与信任。

(4)在接触公众的过程中，注意观察，了解相关公众的反应与新要求，做好思想劝导工作。

(5)将实施过程中的细节作详细的记录，写成报告，便于向组织负责人、主管部门、新闻单位以及有来往的组织通报。

(四)检测效果,改进工作

措施实施平息危机事件以后,并不能说明事件的善后处理工作已经结束,公关人员要注意从社会效益、经济效益、心理效益和形象效益诸方面的评估消除危机有关措施的合理性与有效性,公关部门对实施对策的效果进行检验,原有的问题,是否彻底解决?公众对于组织形象有何改变?组织不利的局面是否好转?这样,既能使对这次工作效果做到心中有数,又可为今后处理这类事件总结经验教训。

三、旅游公关危机事件处理的艺术与策略

(一)旅游公关危机事件的处理艺术

一般来说,危机事件,有偶发性、突发性、复杂性以及不可估量的危害性等特征。因此在处置突性事件时,既要讲究方法,又要注重实效。

(1)忌"拖"、求"快",争取时间上的主动权。处置危机事件,争取时间极为重要。该决断的时候,还要反复"研究、研究","看看、看看",便会落个"小事闹大,规模扩大,难度增大"。因此,要迅速受理,及时查处。要在众多矛盾之中,指出主要矛盾,不清楚之中,找出清楚之点,抓住火候果断处置,使一些别有用心的人,来不及钻空子,无时间出馊主意。

忌"拖",危机公关如同消防救火,危机刚发生时如火苗初起,如果组织不迅速采取危机公关措施,那么等火势蔓延,事态扩大,原先可能只是一个于组织无大碍的小危机,最终会演变成致组织于死地的灭顶之灾。

求"快",组织在事先应对可能发生的危机做预测,并制订一套切实可行的危机应急方案。当危机发生后,不要等到被媒体揭露,闹得沸沸扬扬时才匆忙进行补救,而应迅速将应急方案付诸实施:以最快的速度处理危机,保证公众的利益不受进一步伤害,防止事态的扩大,及时准确地传达组织的信息,赢得公众对组织的理解和同情,杜绝不利信息的传播。

(2)忌"瞒"、求"坦",争取决断上的主动权。处理危机还要像"包公断案"。包公断案的特点是重调查、重证据、严格依法办事。处置危机事件,同样需要这种艺术和风格。这就要求有关人员要勤于调查,把事件真相搞清楚,严格依法照章处置。在处置中不徇私情,不畏权势,真正做到"不唯书,不唯上,只唯实",这样,决断正确,反响会更好。如果事实掌握不准,决断一错,会增加若干倍的工作量。若是处置事件当中有徇私行为,那更会引起公众不满,把事情弄得更糟。

忌"瞒",有些组织在危机发生后往往试图通过掩盖事实,不让公众了解真相而达到解决危机的目的。其实被公众知道了组织危机并不可怕,真正可怕的是

公众知道了组织在百般掩盖它的危机，这会让公众有被欺骗的感觉，结果丧失了公众对组织的信赖。物质资财的丧失可以再赚回来，信赖一旦丧失就难以挽回了。

求"坦"，危机一旦发生，组织就应掌握信息传播的主动权，选择最恰当、最有效、最便捷的信息传播渠道(或是通过覆盖面广、具有权威性的大众传播媒介，或是通过面对面的人际传播渠道)，主动坦诚地告诉公众到底发生了什么事，组织面对危机采取了哪些积极有效的措施；同时对新闻媒介的采访报道采取积极配合的态度，力求给公众一个坦率真诚的印象，赢得公众好感，让公众了解危机的真相，争取公众的信任，并设法使受危机影响的公众站到组织的一边来，引导舆论向有利于组织的方面发展。

(3)忌"乱"、求"齐"，争取工作上的主动权。处置危机事件，一般"宜粗不宜细"，即要先抓主要矛盾，查主要对象，找主要原因。凡与事件无关的，对于一时难弄清的线索，特别是与事件关系不大的问题，可先搁一搁，必要时再补查。力求抓主要问题，及时公布事件真相，以便争取多数支持者，快速缓解矛盾，平息事端。

忌"乱"，因为很多组织事先对组织有可能发生的危机没有心理准备，所以危机一旦发生，组织领导人往往会手忙脚乱，不知所措，致使组织内部人心涣散，管理失控。在接受外部新闻媒体采访时，组织内部人员说法不一，甚至出现自相矛盾的情况，这就会给公众一个组织内部管理混乱的印象，连内部管理都混乱了，公众当然就得出组织产品不可靠的结论，那么组织的失败也就成为必然了。

求"齐"，在危机面前，组织上上下下要保持一致的状态，有专门部门负责危机公关的整体策划和协调，给公众留下组织在危机发生后仍然有条不紊正常运行的好印象。

(二)旅游公关危机事件的处理策略

尽管危机事件的发生对于旅游组织来说是极大的不幸，但是，如果采取恰当的处理策略，也可能变不利因素为有利因素，同样可以塑造和树立良好的组织形象；相反，处理不当就会使旅游组织的形象更坏，甚至危及组织的生存。

在危机公关工作中，导致危机事件发生的原因不同，危机事件的类型就不同，公关人员要善于判明情况，根据不同诱因、不同情况选择不同的方式、方法，这是提高处理危机事件效果的保障。

(1)对于非人为的灾难事故所引发的危机。由于是由非可控因素造成的，一般来说，容易得到社会和公众的谅解，对组织声誉的损害相应地也小些，造成的影响容易消除。在这类危机事件的处理上，应抓好以下几个环节。①事先对突发事件作出相应的分析、预测,针对性地做好预防工作,树立危机意识,做好应急准备,一般包括制订应急对策,准备应急物资,准备好备用的通讯系统,保证灾难发生后对外联络的畅通,有可能的话,经常进行防灾避难的演习;②要迅速采取补救手段,尽可能做好善后处理工作,让受损害的公众及社会有关方面感到满意,并对组织认真负责的精神留下好的印象;③做好舆论宣传工作,制止各种谣言的流传,确保危机处理有一个较公正、有利的舆论环境。

(2)对于旅游组织在发展过程中由于自身的失职、失误,或因管理工作出现问题,或者产品质量出现问题,由此引发的事故性危机,这种危机的责任完全在旅游组织,因此,公共关系人员处理此类危机事件应采取以下措施。①真诚接受公众批评,诚恳向公众道歉,以期迅速获得公众的谅解、宽容,防止敌意的产生和蔓延;②组织专门人员,立即采取善后措施有效防止事态扩大;③了解公众需求,主动提出合理的赔偿方案,尽量减少弥补公众的损失;④认真检查,切实做好改进工作,借此教育全体员工,避免今后再度出错;⑤适当宣传,将事态的发展情况、改进措施,对公众的承诺和服务等内容通过适当的媒介传播方式公诸于世,以消除公众的不良印象,恢复公众的信任。在实际工作中,公关人员处理这类事故性危机一般要结合运用多种措施,谋求综合效应。

(3)由于被公众误解或怀疑,从而受到公众无端指责,组织陷于危机之中,这种误解性危机的处理应立足于增加沟通,增进信任。并采取以下步骤。①分析此类危机给组织带来损害程度的深浅,组织所处环境的动向;②立即着手调查研究,弄清舆论失实的起因,确定公共关系工作的方向;③采取各种措施,增强本组织的透明度,让真实情况为公众所知;④争取新闻媒体的公众的理解、同情和支持,主动、及时地介绍事实真相,扭转不利的舆论状态;⑤对恶意中伤,歪曲事实的宣传所引发的危机在处理上要持严正态度,及时做出有力的反应,最主要的是要拿出科学有力的证据,公开进行驳斥,并利用一切手段进行正当的商誉防卫,以抑制可能带来的市场快速萎缩的局面。

(4)内部危机事件。组织的内部纠纷事件通常是由于员工的物质利益被忽视、工资奖金分配不合理、福利待遇偏低、员工的后顾之忧无法得以解决、工作环境差、对待员工不能一视同仁、处理问题不公平等引起的,处理要点有以下几点。①认真倾听员工的批评、意见和建议;②尽量化解矛盾,给员工在物质和精神方面给予一定的补偿;③增强组织的透明度,让员工了解组织的难处,求得员工的理解;④对领导者的不法行为做出严肃处理,以平息员工不满情绪;⑤事件平息后将事件处理结果向员工公布,争取员工的谅解。

(5)对于因收购与兼并引发的危机的处理。随着我国旅游产业结构调整步伐的加快和资本市场的发育、发展，以及旅游上市公司的不断发展，收购与兼并行为，作为市场经济不断发展成熟的产物，将不断出现。因此当收购与兼并影响出现时，防御方企业必须进行全力抗争，立即公布令人信服的数据，阐明股东们不能接受收购或兼并的理由；撰写出关于企业经营策略的报告，并向所有与企业业务有关人员进行传达或与股东全面沟通信息，特别是那些机构投资者；还要与证券经纪人和新闻界人士经常举行会议，这有利于企业形象更为完美，并减少意外的麻烦。

此外，对那些敌意的兼并与收购，还可以通过采用下列对策来进行防御。

①经营者收购对策。经营者及其合作人通过获得公司的上市股票，从而终止公司股票的公开交易，这既可以防止敌意接管，也可以提高公司的价值。

②焦土对策。蓄意减少敌意兼并或收购者所预期的目标公司价值，即使在这个过程中损害了股东的利益，也在所不惜。

③公司重组对策。该政策主要是将公司最好的部门划分为若干有吸引力部门或划归本企业集团的其他公司，从而影响其收购或兼并计划；也可采用将股票大量发给现有员工，从公司内部为收购及兼并行为增加阻力。

④还可以采用反收购对策及利用国家的有关法规来保护自己。

■ 关键概念

旅游投诉　旅游危机　旅游公共关系危机　旅游公共关系危机管理

■ 复习与思考

1. 为什么要把旅游投诉作为旅游公关危机来认识？
2. 什么是旅游公关危机事件？其特征和类型是什么？
3. 旅游公关危机事件的防范意识应包含哪些方面内容？
4. 处理旅游公关危机事件有哪几个步骤？
5. 旅游公关危机事件处理的新闻界对策有哪些？
6. 结合一个旅游公关危机事件，谈谈旅游公关危机事件的处理策略？

■ 案例分析

麦当劳——3·15危机借鉴

众所周知，在国际消费者权益日来临的时刻，央视打假行动特别晚会会成为全国民众关注的焦点。与此同时，让国内外企业紧张的一刻也将到来，因为，只有在3·15晚会的现场，你才能知晓谁将成为“被打”的对象，由此将带来一系列对被打对象不利的市场负面影响。我们看到太多在3·15晚会被曝光之后翻船的企业,今年的3·15典型——麦当劳,却是险中求生,很巧妙地化解一场在其他企业眼中实为难熬的危机。因为,在麦当劳被曝光的第二天,虽然国家相关部门已经约见麦当劳相关负责人,并对各个店面展开了前所未有的检查与检验,并发出整改通知,但是从麦当劳入店的消费人群来看,依然是"人满为患"。是消费者忽视了自身的消费安全权益,还是麦当劳被媒体小题大做?从市场的反映来看,显然是麦当劳胜利了。麦当劳并没有因此而陷入"翻船"境地,反而被央视的免费公告又火了一把。化险为夷,还占尽好处,这是国内众多企业需要学习的邮箱公关策略。

案例思考:

第一步:速度制胜。利用最新传播方式,及时向公众公开道歉并向相关监督部门表示感谢,诚意十足。麦当劳在央视曝光后的1个小时,即用微博形式发出第一条官方声明,对曝光事件进行正面对待,并阐明自己观点。这是危机公关速度上的胜利。在国内多数企业都采取找关系、拖时间的解决危机问题时,麦当劳的速度是显而易见的。通过及时的传播和快速的反映,来反映企业对事件的重视度,来表达企业的态度,显然比任何找关系、拖时间的危机公关都有效。

第二步:决策制胜。及时向外界表明企业对事件的处理态度及行动措施。在被央视曝光之后,麦当劳能够就事件形势作出快速决策,这是体现企业管理团队工作效率的一个重要方面。微博致歉与关闭问题店,显然是连贯性的措施,让问题瞬间消失,让消费者看不到所谓的问题,是巧妙的公关手段。微博致歉是正视问题,关闭问题店是解决问题。让这个被曝光的事实在极短的时间内消失,让消费者善于遗忘的大脑,产生不了记忆,那么,这就给借此想制造事端的媒体或者其他舆论机构一个很好的回避。

第三步:感情制胜。争取更多基础消费者的同情心,让个案永远是个案。出了问题并不可怕,可怕的是企业在面对问题时,还依然狡辩或者顾左右而言他,绕开消费者需要正视的问题。这样无疑会让大多数消费者寒心!麦当劳在这次堪称重大的事件面前,既没有新闻发布会,也没有过多的言论反驳,而是精准的微博致歉,让更多的粉丝和受众,看到其真诚的一面,将一个事件交给消费者去认识、去评判。通过消费者对麦当劳的长期认识,感染更多终端去客观认识一个品牌的是与非,通过博得消费者的同情,去传播更多的理解与谅解。

(资料来源:道客巴巴 doc88.com《2012年十大公关事件及案例分析》)

第八章　旅游公共关系语言

课前导读与体验

美国西雅图有一家美籍华人开的餐厅，为招揽顾客，每当客人餐后离座时，总要奉送点心一盒，内附精致“口彩卡”一张，上印“吉祥如意”、“幸福快乐”等吉利话。有两位虔诚的基督徒是这家餐厅的老主顾。他俩结婚后的一天，满怀喜悦来到这家餐厅，在他们期待良好祝愿的时刻，打开点心盒，却意外发现没有往常的“口彩卡”，顿感十分不吉利，心里老大不高兴，他们便向老板“兴师问罪”，不管老板怎样赔礼道歉，都无济于事。老板的弟弟见状，微笑着走到这对顾客的面前，用不熟练的英语说道：“No news is the best news.”（“没有消息就是最好的消息”，美国常用谚语）一句话，说得新娘破颜一笑，新郎转怒为喜，高兴地和他握手拥抱，连连道谢，一个僵局就这么简单地解决了。

评析：老板的弟弟虽是一个初到美国的探亲者，但由于他知识的广博，又谙熟谈话的技巧，避免了从正面去回答问题，巧妙地从话题的反面入手，运用了一句适合于语境和顾客心理又能为对方理解的熟语，作出了一个全新的回答，立即化“干戈”为“玉帛”，不仅得到了顾客的谅解，还大大地满足了顾客感情上的需求，同时也维护了餐厅的声誉。这看似十分简单的交际过程，实际包含着对语言材料的积累、利用，对语境的把握和个人的语言才能等种种因素。

（案例和评析选自孙莲芬等编著《公关语言艺术》）

语言是一种社会现象,是人类最重要的交际工具,是进行思维和传递信息的工具,是人类保存认识成果的载体。文字是语言的视觉形式。文字突破了口语所受空间和时间的限制,能够发挥更大的作用。在旅游公共关系中,语言是旅游组织与公众的沟通的载体,旅游公共关系的三个基本要素和三种基本活动都离不开语言的应用。公关语言的合理运用和正确写作,能够促进组织和公众之间的相互理解和合作。当今,人类已经进入信息社会,旅游公共关系语言也进入网络时代,电子读物以新兴、时尚的姿态走进公众的视野,并以它诸多的优点和快速的普及率,逐渐成为公关语言的重要表现形式。

第一节　旅游公共关系语言技巧

在公共关系中,组织与公众的沟通要以语言作为载体。在旅游公共关系中,旅游组织、组织成员与各种各样的公众更是频繁地运用语言交流信息、沟通感情。合适、得体的语言交流能促进人们之间的相互理解和合作,语言技巧的运用是非常重要的。为使旅游公共关系得以顺利进行,我们必须重视旅游公关的语言技巧。

一、旅游公关语言技巧

(一)语言技巧的功能

语言随着人类文明的进步而不断发展的,在人类长期的社会实践中,语言由单一的交流工具逐步发展成为一门艺术,具备了与其他艺术门类共同的一般特征。语言技巧如同文学艺术、戏剧艺术、绘画艺术一样,表达着人类的思想和感情,反映着现实的社会生活。艺术的最重要特点是生动性和形象性,语言技巧也是如此。

【补充阅读】

无论何种艺术,都需要借助于某种或某几种符号为媒介,才能创造出表达思想和感情的艺术形象,达到艺术的效果。语言技巧是通过文字、声音、体态等媒介来实现其功能的,它是一个社会交往活动的互动过程。这就是说,语言技巧不只是个人语言才能的自我欣赏,它面对的是或多或少的受众,是人与人思想和感情相互交流的表现形式。运用语言技巧,能够有效地促进和谐的人际交往气氛的形成。运用语言技巧,也能反映出一个人的内在的品质和修养,树立个人的良好形象和声誉。

交往活动中语言技巧的功能，大致有以下几方面。

1.促进人际关系的协调发展

人际交往活动中的不同主体之间存在着各种各样的差异，针对不同的群体、不同的个人，就要充分运用语言技巧，采取不同的处理方式。适当地运用语言技巧，以一种宽容、愉快的语言表达方式，往往可以解除交往对象的紧张和不安，消除陌生感和戒备感，使交往变得轻松愉快，在心理上缩短距离，促进人际关系协调发展。而行政命令式、强制式的语言表达方式不仅不能达到预期的效果，反而会加剧交往活动中的矛盾，成为人际交往的障碍。

2.保证信息传播通畅

在信息传播中，语言运用的程度直接影响到信息传播的顺利与否，不恰当的语言表达方式会使信息传播受到阻碍，减弱甚至破坏信息的有效性。而运用语言技巧，就能够疏通信息传播的"管道"，充分考虑到受众的接受能力，使信息传播顺利进行。在现代社会，社会成员间的信息传播和交流具有量大、更新快、信息效用增加等特点，运用语言技巧保证信息畅通更需要予以重视。

3.增强彼此之间的理解

相互尊重和相互理解是交往成功与否的因素之一。发现并弄清彼此之间的认识差距和观点不一致的原因，找出其中的共同语言，并分析能够进一步发展的出发点，就要发挥语言技巧的作用。

4.强化人格形象的塑造

一个人的人格形象可以从多个方面进行塑造，语言技巧是其中之一。一个不能够与他人进行正常语言交流的人，在现代社会中会遇到种种障碍。语言是一种力量，凡是期望提升自己人格形象的人，都不可忽略语言技巧的运用。

(二)旅游公关语言的特点

旅游公关语言与一般公关语言有相同点，也有不同点，这是由旅游行业公关活动的特殊性所决定的。在掌握了一般公关语言特点的前提下，作为旅游组织公关人员更要注重旅游公关语言的以下特点。

1.心理感受性

旅游公关语言需要体察对象的心理状态，引起对方心理上的互动。而要取得心理上的感受效应，语言的情感成分是重要因素。真诚的情感是人与人交往的心理纽带，无情的语言很难打动人心，而有情的语言则易于引发对方的响应，并使对方体验到心理上的快慰和愉悦。真诚情感可以表现在具体的语言符号中。旅游公关语言的心理感受性特征要求旅游公关人员加强多方面的知识修养，如心理学修养、礼节修养、品德修养等。

2. 切境得体性

切境指的是语言运用要与所处的特定语言环境相切合、相适应；得体指的是语言使用要妥当、恰到好处。

旅游公关语言的切境得体，有其具体的针对性。首先，旅游者及其他社会公众千差万别，对于不同的年龄、性别、文化层次、文化背景、个人兴趣及爱好的旅游者及其他社会公众，就要运用不同的背景语言。以最简单、最普遍的握手礼节为例，这种肢体语言一般用于表达友好、感谢、互励、祝贺之意，但对佛教徒则不能运用握手之礼，对穆斯林女性也不可用握手礼。

其次，旅游业的特点决定了旅游公关活动的空间和场所经常处于变动之中。不同的空间和场所，语言的使用也是不同的，应使用与其场所相应的公关语言及礼仪。举服饰语为例，在客房部、餐饮部、娱乐中心的工作人员应穿着与其环境、职业性质相协调的统一规范的服装；陪同游览的导游人员就可以不受上述的限制，着装的轻松、随意反而会给游客以一种亲近感。

3. 语言形式协调性

旅游公关语言的表现形式是多种多样的，使用这些语言表现形式，需要注意语言符号的相互配合，完成传递完整信息的任务；否则就可能出现信息的失误，导致信息传递的障碍，并引起信息接受者的不良反应。在运用旅游公关语言的过程中，语言形式的协调性是旅游公关人员语言素质的重要组成部分。某一具体的公关行为，实际上就是多种语言表达形式综合作用的结果。例如，当我们向一位旅游者表达歉意时，真诚的眼神、内疚的态度和发自内心的话语就是语言形式协调性的表现。做到了这一点，旅游者就会被这种真诚的歉意所打动，易于化解矛盾和纠葛。假如我们一边向旅游者说着道歉的话，一边却左顾右盼，道歉就显得缺乏诚意，原本想传递的信息就会失真，其结果当然不妙。语言形式的协调运用体现着旅游公关语言的魅力，能够收到一种完美的公关效果。

（三）旅游公关语言的形式

旅游公关语言的形式可以作各种不同划分，但总体上说，主要有以下几类：口头语言、书面语言、体态语言和实物语言。

1. 口头语言

口头语言是以“说”和“听”为形式的语言，是发出声音的语言。它是旅游公关语言中最重要、最基本的传播形式之一，口头语言主要有两种，一是会话式二是独白式。

(1)会话式。会话式指的是旅游工作者与一人或一人以上的旅游者或其他社会公众之间进行的交谈、对话。在旅游公关活动中，会话式经常运用在日常接待、沟通性会议、业务谈判等场合。

(2)独白式。独白式指的是旅游工作者一人讲众人听的单向说话方式。在旅游公关活动中,独白式主要用在正规场合,讲话者的语言不能像口语那样随意,必须要有条理性,合乎逻辑地表达出讲话者的意图,帮助听众从多角度、多层次理解讲话的内涵。

2. 书面语言

书面语言是用文字记载的语言,是口头语言的文字表现形式,书面语言打破了口头语言在时空上的限制,扩大了人类语言传播的能力和范围。在旅游公关语言中,书面语可分为公文体、新闻体、广告体和文艺作品等体裁。

(1)公文体。公文体是指社会组织相互往来联系事务的一种常用文书体,它有一定的程式化要求,依照使用的场合形成某些固定的格式。在旅游公关语言中,公文体常常用在谈判决议、会议纪要、社交书信、通知等场合。

(2)新闻体。新闻体是指通讯、消息、公报、简报等书面语言。它面向社会公众,将新信息、新动向通过传媒向社会发布,以引起公众的注意,并提供信息服务。新闻体在旅游公关语言中经常用到。

(3)广告体。广告体是通过多种媒介(报刊、广播电视及公共场所等)传递商业信息和服务信息的书面语言。由于旅游行业的特征,在旅游公关语言中,广告体书面语言的市场需求更为突出,作用越来越大。

(4)文艺作品。是指运用形象思维创作的书面语言。它通过对事物的描述,抒发美好而深远的情感和意境,向公众传达美感。在旅游公关语言中,文艺作品是有效的宣传和促销手法之一,易于为公众所理解和接受。

3. 体态语言

体态语言又称“无声语言”,它通过人的动作、表情、服饰等形式传递信息,表达情感。体态语言所显示的意义,有时比口头语言和书面语言更丰富、更生动和更深刻。在旅游公关语言中,应当重视体态语言的作用。体态语言大致有以下几类:

(1)首语。首语是指头部活动传递的信息,它一般表达致意、肯定、承认、同意、应允、理解和服从等意义,或相反的意义。但在不同的文化背景下,相同的首语可能会有意义上的差异。在旅游公关活动中应予注意。

(2)手势语。手势语是指以手和手指动作传达信息。在日常交往和旅游公关中,手势语是使用频率较高的一种礼节语,如握手礼、合掌礼、招手礼、举手礼等。从握手的方式、握手持续时间的长短、握手力度的大小以及握手的主动与被动等,可以表达不同的含义。手势语还有其他的复杂意义,如以手指表示数目,就存在文化上的差异,在外宾面前不可随意使用。

(3)目光语。人们常说,“眼睛是心灵的窗户”。目光语因视线接触的长度、向度、区域等等的不同而传递着不同的信息。在旅游公关活动中,目光语的使用要充满热情和亲切,热情、诚恳、平静的目光能够给宾客带来精神上和心理上的愉悦,从而达到满意的交际效果。

(4)体态语。体态语是指通过身体的某种姿态传递信息。站姿、坐姿是旅游公关活动中两种常见的体态语,它们反映着一个人的精神状态和修养水平。无论何种姿势,都要切合自己的身份和角色,做到庄重、有礼、谦逊。

(5)空间语。每一个人无论采用什么姿势,都要占有一定的物理空间。他与交往的公众在空间中形成不同的方位布局,这种空间语显示了人的心理状态,影响到人的心理环境。旅游工作人员与游客交往应保持亲疏相当的距离。

(6)微笑语。微笑是以不出声的笑意传达信息的。在旅游公关活动中,微笑是最常用的体态语言,也是最有效的交际方法。微笑是旅游公关人员仪表形象的重要标志,它是发自内心的真情流露,是个人魅力的体现。

(7)服饰语。服饰语是指通过服装和饰品传达信息。一个人的服饰能够展示其气质、修养、爱好、精神状态和民族风情等多方面内容,表明自身的审美情趣和生活追求。在旅游公关活动中,服饰给他人以第一印象之感。

【重点提示】

体态语言与口头语言、书面语言相比,具有以下特点。

一是真实性。由于人的体态是其思想感情和人格特性的直接反映,是一种自觉的、主动的有时甚至是无意识的行为,所以,体态语言大都发自于内心深处,具有无可掩饰的真实性。

二是印象性。一个人的风度、气质、动作等容易给他人留下好与坏的印象。如何运用体态语言,对旅游公关人员来说,关系到个人的形象问题。

三是深刻性。体态语言具有的表现力往往是深刻而感人的,在某一特定的场合,某一具体的体态语言所表达的意味,可能要超过千言万语所传递的信息。

4.实物语言

实物语言通过“实物”传达信息,包括商品实样、图片资料、视听资料、实地展示和表演等。实物语言有具体的形象和实在的内容,在旅游公关活动中,实物语言可传递的信息是大量的和丰富的,而且功效也是明显的。例如,把某一旅游景点制成优美的图片和影像资料,或把旅游景点制成微缩模型,它们展示给宾客的信息是直观的和直接的,这是实物语言优越于书面语言和口头语言的方面。

上述旅游公关语言的形式,不是局限于单一种形式发生作用的,在旅游公关实践中，这些形式总是综合运用、共同传递信息。因此，作为一名合格的旅游公关人员，对旅游公关语言形式的学习、认识、理解、掌握和运用是一个全面的过程，不可偏废。

二、口头语言技巧运用

（一）演讲语言技巧

演讲是结合口头语言和体态语言的一种语言技巧手法，它以向广大听众陈述自己的主张、抒发自我情感的方式，达到感染、说服听众并最终改变听众的认识和态度的目的。公关演讲有其特定的公关目标，是一种常见的人际传播途径，是传递信息、联络感情、树立组织形象的有效的口头语言技巧。

1.演讲的要求

公关演讲有多种类型，常用于各类对外交际的场合，依场合的不同大致有礼仪演讲、喜庆演讲、鼓动演讲等。这些不同场合的不同演讲有各自不同的特色。如在礼仪演讲中，要做到感情真切、言词诚恳；在语言运用、态度和表情等方面符合礼仪风尚，并注意对方的民族文化习俗。在体态语言上，要根据具体的场合选择适宜的服饰。演讲时间的长短要恰当，既不能喧宾夺主，也不能应付了事。一般说来，无论是有准备的演讲还是即席演讲，都要做到以下几方面。

(1)限制话题。确定演讲的话题后，就要紧紧围绕话题展开，并时刻注意将自己的演讲内容限制在话题之内，千万不能信口开河，漫无边际。

(2)多举例证。要使演讲引人入胜，就不能只讲大道理，要多举实例来说明和论证自己的观点。一个生动有趣的小故事常常能使听众较容易地领悟讲演者的思想和主张。

(3)语言通俗和形象。演讲者的语言表述要有形象感，使听众易于接受，要少用抽象语和生僻语，尽可能具体和通俗化。例如，一般作家所说的“多此一举”，在莎士比亚笔下就成了“给金子上光，给百合花着色，给紫罗兰涂香水”这样的名句。

(4)热情感人。演讲者在阐述自己的观点时，如能做到以情动人，听众脑海里就很难容下对立的观点。要使听众信服，打动其感情比启发其思想更富有成果。

(5)尊重听众。演讲获得成功的一个关键之处在于要尊重听众，千万不能把听众当成可以随便应付的傻瓜，而要对听众怀有深深的敬意。演讲者真诚地尊重听众，就会得到听众的尊重，其言谈也就能影响和感染听众。

2.演讲的语言技巧

从结构上说,演讲一般分为开场、主体和结尾三部分。这三部分在语言技巧的运用上有所不同。

(1)开场的语言技巧。演讲的开场白要精心设计,力求新颖、巧妙别致,以达到营造气氛、切入主题、激发感情的效果。公关演讲的开场白并无定式,演讲者应根据不同的公关目的、不同的场景、不同的听众灵活地采用不同的方式。

(2)主体的语言技巧。演讲的主体部分是演讲者观点和感情的充分展示过程。为使演讲获得成功,演讲者应运用多种表现手法和层次过渡手法:表现手法有幽默、抒情、形象、议论四种常见形式;层次过渡手法主要有语音过渡和修辞过渡二种常见形式。

(3)结尾的语言技巧。演讲的结尾至关重要,一个好的结尾能给听众留下深刻的印象,并给听众以意犹未尽之感。公关演讲中的结尾经常使用激励式、祝愿式、诵唱三种方式。

(4)体态语言技巧。体态语言是演讲中不可或缺的,它贯穿于演讲的始终,可以说没有体态语言的有机配合就没有成功的演讲。在公关演讲中要充分运用体态语言的辅助作用。

(二)报告语言技巧

作报告是一种以口头语言形式向公众传递特定信息的手段。报告的语言技巧要注意以下几方面。

1.紧扣主题

人们最反对报告者不着边际的夸夸其谈,这要求报告者密切注意报告的内容应围绕主题展开,以简洁明快的语言阐述自己的意见,用最精练的语言传递最大量的信息。

2.内容有新鲜感

在现代信息社会,公众获得知识和消息的渠道很多,如果报告者仍以陈词滥调面对听众,就不可能引起听众的兴趣。报告内容要选择新的角度,即便是谈论司空见惯的老话题,换一种角度,加入一些时尚元素,也能唤起听众的兴趣。

3.报告要富有激情

报告者充沛的精力、旺盛的激情是感染和吸引听众的基础,一个毫无激情的报告容易使听众感到木然,以至昏昏欲睡。要富有激情,语言本身的感染力是重要的,配合恰当的体态语言,效果会更好。

(三)导游讲解语言技巧

在旅游公关语言中,导游的讲解是达到公关活动目的的一种最直接的手法。

在实际旅游公关活动中，导游在接待中要做到热情周到、有礼有节，给旅游宾客以认真而详尽的讲解，就要注意自身口头语言技巧的修炼。讲解的艺术涉及以下两方面内容。

1. 知识性

导游应对其负责解说景点的相关知识有充分了解，这些知识不仅包括景点本身的内容，还应包括景点所在地的文化习俗、人文地理、民间传说等。导游应将这些知识融会贯通，巧妙地融进解说之中，使游客在轻松的气氛中接受新的知识。知识性要求还包括导游对国家方针政策的认识与理解。

2. 趣味性

枯燥乏味的解说最能引起游客们的厌倦，所以，在解说中不失时机地穿插一些民间故事、神话传说，可增强解说的趣味性，并给游客留下深刻印象；同时，解说用语要形象、生动，富于变化。形象化语言能引发游客的想象力，充满对景点的好奇。

在旅游公关口头语言中，上述内容只是其中的一些主要方面，还有其他的多种口头语言形式，如答记者问、对话、布置工作、表扬与批评以及公关谈判等等。在公关活动中，公关人员通过不同的口头语言形式的运用，可以体会到这些语言形式在运用技巧上的区别之处，并通过进一步的观察、学习和思考，掌握公关口头语言技巧的关键之点，为公关所要达到的目标服务。

【补充阅读】

五十年代，有一次，周总理在中南海勤政殿设宴招待外宾，席间上来的一道汤里的冬笋、蘑菇等都刻成了各种图案，犹如工艺品一般。其中冬笋是按民族图案“卍”刻成的，可在汤里一翻身，恰巧变成了法西斯的“卐”标志。贵宾见此，不禁大吃一惊。周恩来总理也发现了问题，感到很突然。随即，他态度自若地将躺中的那片图案翻过来，解释说：“这不是法西斯的标志，是我们中国传统的一种图案叫‘万’字，象征福寿绵长的意思，是对客人的良好的祝愿。”接着又说，“就算是法西斯也没有关系嘛，我们大家一起来消灭法西斯，把它吃掉！”话音未落，宾主哈哈大笑。周恩来总理凭着他的机智巧妙的言辞，消除了一场意想不到的不愉快事件。

评析：机智善辩是一种智力、知识及语言表达技能的综合运用，是面对面的语言的交流。这就要求在很短时间内，很快抓住事物的特点，多方面地考虑问题，从具体中抽象出本质而不被表面现象所迷惑，不在枝节上作纠缠。认识深刻，是机智善辩的根本，以理服人，是善辩的武器。

（案例和评析选自胡成富等主编《让交往伸向远方》）

三、书面语言技巧运用

书面语言是旅游公关语言的一个重要组成部分。提高书面语言的表达能力,既取决于旅游公关人员的知识水平、文字能力等,同时也要掌握一定的相关技巧。本节选择几种主要的书面语言文体,谈谈其在旅游公关实践中的运用技巧,而具体写作方法将在下节阐述。

(一)新闻稿

要写好新闻稿,就必须了解新闻稿的特点和要求,掌握一定的写作技巧。新闻稿具有真实性、新颖性和简练性三个特点。

新闻稿的写作一般应交代清楚有关的人物、事实、时间、地点、事因和结果,即五个英文字母"W"加上一个英文字母"H"。

【重点提示】

五个"W"是指:When 何时;Where 何地;Who 何人;What 何事;Why 何因。一个"H"是指:How 结果。一篇新闻稿一般都要具备这几个要素,如果缺少其中的某些要素,这篇新闻稿所提供的信息就可能是不完全的,传达信息的功能就不能充分实现。当然,不同内容、不同性质的新闻稿有自己的不同写作要求,有时并不需要以上要素面面俱到。

旅游公关新闻稿与一般新闻稿相比,既有共同点,也有其个性。共同点就在于旅游公关新闻稿必须遵循一般新闻稿的特点和要求,个性就是要针对旅游公关这一目的,撰写具有旅游公关特色的新闻稿。旅游公关新闻稿的写作首先要紧紧围绕旅游这一中心收集新闻素材;其次要注意专业性与普及性的有机结合;第三要写好导语,运用合理的写作结构。

新闻消息的写作结构主要分导语、主体和结尾等部分。其结构形式有以下几种。

(1)倒金字塔式结构。这是最常见的形式,把最重要的事实导语放在最前面,然后再依次将重要的、次要的事实材料一一展开。这种结构符合读者的阅读心理。

(2)并列式结构。这种结构一般适合新闻事实同等重要的题材,或涉及的新闻因素较多的情形。这一齐头并进的结构方式能给人以"大事件"的感受。

此外,还有波浪式结构、顺时结构、场面转换结构和悬念式结构等。写作结构本身无优劣之分,关键在于根据写作的具体内容选用合适的方式。

(二)宣传文稿

宣传文稿是面向公众的一种对外宣传的文字公关语言。它的形式多种多样，如橱窗文稿、宣传册页、书籍和画册等。宣传文稿是旅游公关语言中的一个重要部分，是组织与公众进行双向沟通的一个有效手段。

1. 橱窗文稿

橱窗是一种以实物为载体的宣传形式，用以展示图片、张贴各类文章等。橱窗设置既可以是单个的，又可多个连成一组，可根据本组织的具体公关要求灵活设置。在写作橱窗文稿时，要尽可能选择本组织对公众最具吸引力的内容。结合到旅游公关，就要选择公众最感兴趣和最想了解的本组织的旅游信息。当公众一接触本组织时，就能给他们留下初步的印象。由于橱窗的空间相对较小，橱窗文稿应尽量简明扼要，文字表达要生动活泼。

2. 宣传页文稿

这是一种综合性的专用公关宣传品，主要用来反映本组织的基本情况，如组织的名称、性质、企业理念、员工状况、服务特色以及组织的历史沿革、业绩和荣誉以及与公众的联系方法等。宣传页在旅游公关活动中起着传递信息、联络感情、提高组织形象和声誉的作用。宣传页既可是折叠式，亦可是书册式，印刷力求精美，携带方便，最好用彩色印制。由于旅游业的特点，宣传册页除中文外，还应有其他对照文字，如英、日文等。

【重点提示】

在写作宣传页文稿时，要注意以下几方面。

一是内容全面而简明。文稿篇幅不宜过长，不能给读者增加阅读负担。要在相对较短的篇幅里，全面而简明地介绍组织的相关信息，而且这些信息又是公众想了解的。

二是重点突出，特色鲜明。宣传页文稿并不是都要面面俱到地介绍组织的所有情况，而要视本组织的公关对象的要求，有所侧重，特色明显。例如，公众对旅游业的信息需求就不同于对房地产业的信息需求。因此，旅游公关宣传文稿的写作就要侧重于旅游特色服务的信息。

三是图文并茂。专用的公关宣传页一般既有文字也有图片，二者互相说明、彼此对照。图文并茂对旅游公关宣传品来说尤其显得重要，而且这也是旅游公关活动的优势所在。

3. 书籍和画册

公关书籍和画册较之宣传页而言是更全面、更专业的宣传品，旅游公关书籍和画册有着广泛的服务对象，其影响力是深远的。旅游公关书籍和画册既可是针对旅游景点的，也可是针对组织自身，介绍本组织的发展历程、业务范围、经营理念、服务特色等。

(三)公文

公文在旅游公关活动中经常使用。旅游公关公文有多种,都是为了沟通组织与公众之间的感情,交换当事双方对某些问题的看法和建议,协调组织与内外公众之间的关系,树立本组织的良好形象,以获得公众对本组织的理解、支持、信任和合作。公文体有一定的程式要求,下面结合旅游公关信函的写作谈谈旅游公关公文语言运用的技巧。

1. 用词礼貌

无论组织规模的大小,公关的主客体双方其地位都是平等的。公关行为是文明礼貌之举,使用礼貌语言既是维系公关主客体之间友好交往的纽带和润滑剂,也体现着公关人员的道德素养和本组织的精神风貌。以公关信函为例,要使用得体的语言形式,如自谦语、敬语和委婉语等,创造一个文明的语言氛围。具体来说,在表达自己的意见和请求对方予以理解时要使用自谦语,如"敬请斧正"、"承蒙关照"、"请谅解"等;在与对方商量某事时应使用委婉语,如"是否可以"、"在您认为方便的情况下"等。

2. 语气庄重

公关文书不是私人信件,而是有关双方组织利益的大事,它有着较为明确的公关目的。因此,在写作公关文书时切忌语言粗俗、随便,一定要严肃认真;文意表达要符合公关的要求,文笔要流畅,语言要优美。公关文书还可视对方的文化素质的高低采用不同的公关文体。如对方有较深的文言文功底,则可部分使用或全部使用文言文体,会更体现庄重的态度。

3. 语感富有感情

公关文书是双向性的语言表达形式,而这种双向性就要求交往语言既要文明礼貌、庄重认真,又要富有感情。在公关交往活动中,感情是重要的媒介,它可以赢得对方的尊重和理解,获取对方在心理上的共鸣,诱导对方改变原有的认识和态度。但是,这种感情交流是基于组织之间或组织与公众之间的,它不能夹杂有损于组织利益的个人感情,因此,在公关文书中的感情投入要适时、适当,不可滥用。

4. 表达方式符合程式

公关文书的程式化是在长期的公关实践中形成和发展起来的,以便于在不同组织和部门之间的传递、阅读和回复。这种表达形式上的程式化要求是公关文书的鲜明特征。不同的公关文书有不同的程式化要求,如通知、请柬、邀请书、聘书和书信等都有不同的程式。由于这些程式相沿袭应用至今,在写作公关文书时,要根据对象的不同、内容的不同、情境的不同,选择合理的、相应的表达方式，不便随意改动。

（四）讲话稿

讲话稿对公关人员而言有两种，一是公关人员为其组织的负责人起草的口头讲话文稿；二是公关人员自身对内或对外的讲话文稿。写好讲话稿，应注意以下几点。

1. 针对不同的场合和公众准备

公关人员要根据不同公众场合的不同听众，撰写不同内容、不同风格的讲话稿。如在正式会议、外交场合、小型讨论、社会沙龙等不同的情境下，前两者讲话稿应严肃、正规，后两者讲话稿则可以轻松、随意。

2. 写好开头

无论是正式还是非正式场合，要吸引听众的注意力，开头都是很重要的。最好是开门见山，直接提出问题或亮出自己的见解。

3. 紧扣主题

讲话稿要围绕一个主题展开，不要漫无边际地随意发挥。同时，语言要简洁，意思要明确。

4. 引证实例要恰当、真实

为说明主题而引用的实例，要选择恰当的时机，不要堆砌实例，也不能牵强附会；还要保证实例的完整性与真实性，不可篡改或编造实例。

在公关实践中，还有其他的书面语言形式，如公关说明书、公关标语和口号、公关题词和赠言、公关名片等，它们的语言运用技巧亦各有特点和要求。但无论是哪一种公关书面语言，能否合理、有效地运用，其关键在于公关人员要掌握基本的书面语言表达方式、提高灵活运用书面语言的能力、加强自身的文化素养，并在不断的实践中反复运用和强化。只有这样，我们才能真正地达到艺术地使用公关书面语言的水平。

四、语言技巧在旅游公关活动中的运用

在旅游公关活动中，掌握运用语言技巧的技巧，对旅游公关活动的成败起着重要的作用。

（一）礼仪的语言技巧

在旅游公关活动中，礼仪是相互接近和交往的第一步。对人诚恳、热情、得体是礼仪语言技巧的基础，花言巧语是不可取的。

（1）热情打招呼。与人见面时的招呼语，既有口头语（如“您好”、“您早”等），也有体态语（如握手等）。在旅游公关活动中运用招呼语时要做到热情、自然，但

要注意不同文化背景下的人们在运用招呼语上的差别,尊重不同国家、不同民族的风俗习惯,还要注意男女性别的差异。

(2)规范使用称谓。不同的文化背景下有不同的称呼习惯,最常用的称呼是"先生"、"太太"和"小姐"。在英美文化背景下,如果不知道一位女性是否已婚,都应称为"小姐",在比较严肃的场合,应称为"女士"。即便是已婚者被称为"小姐",在西方女士看来实在是一个令人愉快的错误,而如把小姐误称为太太,则是不可谅解的。"爱人"一词(lover)在我国专指配偶,而在西方指"情人",所以不可误用。

(3)谨慎发问。在旅游公关活动中,彼此相识之后可能会谈些轻松的话题,但要谨慎地询问对方的情况,尤其是对待外宾,个人的工资、年龄、家庭状况等都属于个人隐私,不可随意发问。

(二)说服的语言技巧

在旅游公关活动中,我们经常会碰到说服别人的情形。说服人的语言技巧主要有以下几种。

(1)循循善诱。这是指有步骤、有耐心地诱导对方思考,并用得当巧妙的方法开导对方,使之心悦诚服的一种语言技巧。在旅游公关实践中,劝说别人,寻求双方态度上的一致性是比较常见的语言技巧。

(2)理解对方。这也是说服别人的一个重要条件。理解对方就是在说服之前,要把自己放在对方的立场上,多理解被说服者,这样才能以自己的真情,缩短双方的心理距离,说服、规劝才容易打动对方的心灵。

(3)旁敲侧击。这是指通过曲折、隐晦的语言形式,把自己的思想意见暗示给对方。这样,既可以达到说服引导以至批评的目的,又可以避免发生难堪的场面。

(三)赞扬的语言技巧

期待赞美和尊重,是人类最基本的心理需要之一。在旅游公关活动中,赞扬是深化人际关系的重要手段,能够使宾客感到心情舒畅,有利于融洽双方的感情交流。

(1)赞扬要因人而异。要根据不同对象的年龄、性别、知识层次、个性、文化背景等不同的特点,采取不同的方式赞扬对方。同时,还要注意不同的人对赞扬的要求不同,应区别对待,不可笼而统之、千篇一律。

(2)赞扬要掌握时机和分寸。只有时机恰当、及时,赞扬才能收到应有的效果。如果把握不准时机,赞扬的效果就要大打折扣。赞扬还有一个"度"的界限,不可过度,也不要轻描淡写,否则会引起对方的逆反心理。

(3)赞扬要真诚。真诚的态度是一个人内在心理状态的反映,以真诚的态度赞扬对方就能获得对方真诚的回应,如果态度不真诚,对方会感到你的赞扬是虚假的,是一种做作。

(四)道歉的语言技巧

在旅游公关活动中,难免会产生一些误解和隔阂,甚至会发生一些失误。在这个时候,就要运用道歉的语言技巧,化解对方的情绪和不满,从而获得对方的谅解。在运用道歉语言时要注意以下几点。

(1)态度坦荡。要敢于正视自己说过的错话或做过的错事,勇于向对方表达歉意。旅游公关人员要有豁达的心胸和内在的涵养,切不可遮遮掩掩、支支吾吾,要以坦荡的态度打动对方的心灵。

(2)言词恳切。道歉的语言应当是发自内心的,而不是虚情假意的。恳切的一句话胜过虚伪的万千言语。只有言语恳切,才能赢得对方的谅解和信任,获得对方友好、善意的回报。

(3)适当夸大自己的不足,赞美对方的长处。在旅游公关活动中,道歉不仅是自己或组织对公众的检讨,也是对公众自尊心的一种补偿。因此,在道歉时,要尽量地用自己的不足和对方的优势进行比较,甚至适当地夸大自己的不足,并尽力赞扬对方的优点,这样就能够很容易地消除对方与自己或组织的心理隔阂,使对方觉得自身价值得到了别人的认可和赞许,因而也就较容易原谅别人的过错。

以上从四个方面讨论了旅游公关活动中的语言技巧,但这些讨论也只是概括性的、一般性的,实际的旅游公关活动中语言技巧的有效运用,需要通过旅游公关人员的大量实践才能获得。希望旅游公关人员能够举一反三,在日常的实践中积累经验、不断总结,使自己的语言技巧水平进一步得到完善。

第二节　旅游应用文写作

一、旅游应用文概述

应用文是机关、单位及广大群众,在日常工作、学习和生活中办理公务和个人事务时所常用的具有直接使用价值和某种惯用格式的一类文章总称。它是人们交流思想、互通情况、解决问题、处理事务的工具。

旅游应用文是各旅游单位、部门、从业人员与公众之间办理旅游服务公务,处理旅游服务业务时所使用的应用文;是旅游公共关系活动中,旅游组织向社会公众传递信息的重要工具。旅游应用文除了具备一般应用文的特点外,还具有自己的特点。如旅游应用文并不排斥合理的文学性内容,在格式上没有过于严格的要求,在语言运用上非常灵活。

二、旅游应用文写作

要写好旅游应用文,使之在公共关系中发挥必要的作用,写作者必须熟悉国家的方针政策,具备良好的政治素养,精通本职工作,具有较强的业务水平,具有合理的知识结构和扎实的基本功,具有进行熟练写作和操作的能力以及具有良好的思维能力。以下列举在旅游公共关系中常用的一些旅游应用文写作技巧。

(一)旅游景区、景点介绍

1.景区景点介绍的写作原则

(1)严格的真实性。真实地反映景区景点的自然景观和人文景观是其写作的最基本原则,切忌虚构、编造、伪装、欺骗旅游者。在一些新开发的人文景点,其旅游组织为了扩大知名度,大肆在宣传文字中编造其所谓的悠久历史,欺瞒旅游者,反而在旅游公关活动中造成了很恶劣的影响。

(2)独特的差异性。景区景点介绍在严格遵守真实性原则的前提下,更重要的是要写出当地自然景观和人文景观的独特风貌。这种与众不同的差异性是激发旅游者动机的重要因素,必须明确“人无我有,人有我优”的优势,引发旅游者求奇、求异、求新、求美的心理共鸣。

(3)审美的艺术性。语言美展现景色美,景色美开拓意蕴美,意蕴美将升华为游客公众的审美体验和审美享受。

2.景区景点的写作内容

(1)景区介绍的写作。无论景区还是景点,都可分为自然景观、人文景观和自然人文综合景观。

①自然景区介绍写作包含这样几项内容:景区位置——景区所在的准确地理位置;地貌规模——景区的地质结构、风景规模;风景特色——景区的风景特点、奇异之处;地位评价——景区的游览价值、权威评价。

②人文景观的介绍写作包含这样几项内容:地理位置——人文景观的具体位置;历史变迁——人文景观的始建年代、规模程式、经历变化、现今遗存;景观特色——人文景观的历史性的特色文化背景,蕴涵的民俗风情及相关的历史人物;人文价值——人文景观所揭示的历史文化内涵和文物的存在价值及今天景观的文化地位和影响。

③自然人文综合景观的介绍写作综合了自然景区和人文景区的两项写作内

容，所以综合类景观的写作内容可以概括为：地理位置——风景结构、历史沿革——景观特色——综合价值几个部分。景观价值和评价部分既可以灵活地紧接景区地理位置之后给人一个先入为主的强烈印象，也可以放在最后起特别强调的震撼作用。

(2)景点介绍的写作。景区介绍是一系列景点的概括性的文字，而景点介绍是一个具体景点的介绍性文字。一般景点介绍都是在景区概括性文字之后，并和景区介绍形成一个整体，从而达到彰显景区特色的目的。景点介绍可以使人在很短时间内对一个具体景点产生明确的认识，领略到景点的神韵和魅力。

【重点提示】

景区介绍和景点介绍的区别

景区是由一定范围内的若干景点组合而成。而景区景点介绍基本遵循概述景区、分述景点的原则，融人文精神、地理民俗、典故传说、风物特产于优美文字之中。景区介绍犹如一条美丽的珠串，景点介绍则是一颗颗值得赏玩的珍珠。景区介绍众星荟萃，景点介绍异彩纷呈。

3.景区景点介绍的写作技巧

(1)巧妙引导，先声夺人。可以先明确景区景点的地理位置；也可以评价其景观的价值特色。总之文字开头要有特色，给人们留下深刻的印象，起到引导人们的兴趣和好奇心的作用。

例："6000多年的文化底蕴造就了乌镇不少的名人，从宋元明到清光绪二十七年为止算起，乌镇共有举人103人、进士48人，正应了'中原两圣人，江南千状元'这句俗话。其中，现代作家茅盾、清朝翰林夏同善以及南北朝梁昭明太子萧统的老师沈约名气颇盛。"

例："五大连池'名山如屏障，珠带五湖清'，自然景色优美，素有北国江南之称。五大连池火山风光具有四大特点：山秀、石怪、水幽、泉奇。山，指火山爆发时喷出的岩流和碎屑物；水，指波光粼粼的五个池子；泉，指含有钠、钾、铁、镁离子和多种微量元素及二氧化碳的'药泉'。"

景区景点介绍贵在特色，这是最终吸引旅游者的根本原因。所以写作时需要抓住自然景观和人文景观的独特之处，用最准确、最新奇、最别致的字眼来概括描述。

(2)提炼神韵，彰显特色。人们的认识角度不同，审美层次不同，也会导致介绍文字的水平高低差异。所以需要对景区景点进行多方位、多层面的挖掘，提炼总结出景观的瑰丽奇异、悠远绵长、风情独特之处。

(3)巧妙结束，回味悠长。一个精彩的结束语，可以再次突出全文重点，对文章作精炼的总结和提升。景区介绍的总结方式有以下四种。

①总结式结束。例:“走进澳门,在摩天大楼的夹缝间,既可看到中式建筑的寺庙,又可看到西式建筑的教堂;既可看到人们在求神拜佛,也可看到人们在做礼拜。在现代商住楼宇、豪华酒店、华丽的教堂和飞驰的小轿车之外,传统的风采韵味随处可见:东方式的园林建筑,香火鼎盛的庙宇,沉默的炮台,狭窄的石子街道,黄昏时的三轮车,还有中老年人的唐装……宁静的传统情致与动感十足的现代节拍相互融合补充,形成澳门独特的城市景观。”这段结束语,对澳门的城市景观做了一个全面的总结,这样结束给人一个回味悠长的想象空间。

②畅想式结束。例:“苍山洱海,山水相依,绵延40多公里,就像一幅色彩鲜明的山水画卷。“风花雪月”四景更使苍山洱海风光独具魅力,使人们充满无限向往!这段关于苍山洱海介绍的结束,具有很强的鼓动性,激发人们的游览兴致。”

③提升式结束。例:“风景秀丽的‘女儿国’泸沽湖,风情山水互为熏染,使人一走进泸沽湖畔,便宛然走进了一个秀美的神秘世界。台湾著名学者李森灿先生曾称赞它是极端完美的艺术品。”这是一个对自然景观进行人文挖掘的具有审美延伸效果的结束语,这样结束提升了景观的欣赏价值和美学地位。

④自然结束法。例:“看完乌镇住宿,顺道还可以去‘听鹂馆’参观。那是一座小小的四合院,里面的盆景值得观赏,临时举办的各种展出也很有文化品位。”这小段结尾文字,文字简单而自然。采用随游踪延续的顺理成章的参观结束法。

【补充阅读】

黄山是中国十大风景名胜中唯一的山岳风景区,以奇松、怪石、云海、温泉、冬雪“五绝”著称于世,与埃及金字塔、百慕大三角洲同处于神秘的北纬30度线上。雄峻瑰奇,奇中见雄、奇中藏幽、奇中怀秀、奇中有险。黄山集名山之大成;泰山之雄伟、华山之峻峭、峨嵋之清凉、匡庐之飞瀑、雁荡之巧石、衡山之烟云、黄山无不兼而有之。景区内奇峰耸立,有36大峰、36小峰,其中莲花峰、天都峰、光明顶三大主峰,海拔均在1800米以上。黄山以变取胜,一年四季景各异,山上山下不同天,而且朝夕有别。黄山四季景色各异,晨昏晴雨,瞬息万变,黄山日出、晚霞、云彩、佛光等时令景观各得其趣,真可谓人间仙境。黄山可以说无峰不石,无石不松,无松不奇,并以奇松、怪石、云海、温泉四绝著称于世。黄山独特的花岗岩峰林,遍布的峰壑,千姿百态的黄山松,惟妙惟肖的怪石,变幻莫测的云海,构成了黄山静中有动,动中有静的巨幅画卷,赋予了黄山的艺术魅力,塑造了黄山永恒的灵性、神奇的风采。明代大旅行家徐霞客曾说过“薄海内外无如徽之黄山,登黄山天下无山,观止矣!”后人据此又称为“五岳归来不看山,黄山归来不看岳”。

请您说说，这段景区介绍的结束语是属于哪一种？

（二）导游词的写作

导游词是导游员在引导游客游览观光时所使用的一种旅游专业应用文体。它可以是对名胜古迹的介绍、对文物陈列的解说、对展览标本的说明，还可以是产品展销的推荐等。在旅游公关活动中，导游员通过导游词导引旅游活动，间接达到推广旅游市场的作用。所以导游词的质量，关系到旅游服务的质量，也关系到旅游景区的“名牌”形象。

一般来说导游词没有固定的写作模式，但必然具有以下结构：前言、后语和总说、分述几部分。它是对游览活动的一个很好铺垫。

（1）前言。前言是导游员对游客表示热情欢迎、交代安排游览活动计划、提醒有关事项、联络情感营造良好氛围，向主题过渡的文字。

（2）后语。后语是导游员对游客进行真诚告别，对游览过程进行总结的话语。内容不固定，一般文字比较简洁。在后语部分，导游员可以总结游览的景观，可以请游客留下宝贵意见，可以进行告别祝福，可以自然地介绍下一个参观景点等。

（3）总说。总说部分是对游览对象进行概括介绍的文字。总说包括这样几个内容：游览地的总体概貌、游览地的旅游价值和地位、将要游览的主要内容和特色等。总说的主要作用是给游客一个总的印象，使旅游者对游览地有一个全面的认识，激发其游览的浓厚兴趣，还可以达到提醒旅游者做好游览过程的物质、精神准备的目的。

（4）分述。分述是导游词中对各部分景观进行逐一具体讲解说明的部分，也是一篇导游词的主体部分。一般按照游览线路的先后次序、或者方位，对景观做出具体解说。由于各个景观具有相对的独立性，景观之间要有清晰的段落层次划分（也可用小标题显示），必要时要有过渡性语句进行衔接，免得突兀。另外，对介绍文字要突出重点，忌平分笔墨。还应注意挖掘景观背后的深层文化内涵，使游览者得到审美启迪。

【补充阅读】

导游词的特点

导游词不仅具备一般旅游应用文的特点，还有自己的特点。导游词最终要通过导游员的述说具体地表现出来，所以口头表达是导游词的显著特点。

导游词不仅是让人看，更重要的是让人听。它既作用于人们的视觉，又作用于人们的听觉，并且是在人们欣赏事物的过程中起作用的。所以，导游词要写得通俗易懂,明白流畅。导游词以书面形式成形,却用口语表达来具体实现,因此有转瞬即逝的特点。这就要求导游词的作者在遣词造句时,注意运用准确易懂又凝练生动的词汇,避免晦涩艰深的语句,使旅游者不用反复琢磨就可捕捉到关键信息。

导游词是对具体游览场景的解说,它不仅仅是增长旅游者的知识,开阔旅游者的视野;还起着引领旅游者审美情趣的作用。这就要求在撰写导游词的时候,要对所要介绍的内容进行深入细致的研究,以独特的视角,挖掘内在的审美韵味。切忌不懂装懂,胡乱编造,也不可违反政策法规和导游管理条例。

(三)海报的创意与写作

海报是在一定范围内向公众报道或介绍有关戏剧、电影、比赛、报告会、展销等消息的一种招贴式应用文。它具有张贴性、宣传性和灵活性的特点。

1. 海报的形式和分类

根据内容的不同,海报大致可以分为以下几类。

(1)文艺类海报。这类海报主要是指告知电影、戏剧、文艺演出和大型公众综艺活动的信息海报。这类海报同电影海报大同小异,它的内容是观众可以身临其境进行娱乐观赏的一种演出活动,这类海报一般有较强的参与性。海报的设计往往要新颖别致,引人入胜。

(2)体育类海报。这类海报主要是指介绍体育赛事和活动的海报。

(3)学术报告类海报。这类海报主要是指告知举办各种讲座,如学术报告,英模报告,政治形势、国际形势报告等内容的海报。这是一种为一些学术性的活动而发布的海报,一般张贴在学校或相关的单位。学术类海报具有较强的针对性。

(4)展销类海报。这类海报主要是指告知各种展览活动的海报。比如商品展销、科普展览等。

2. 海报的写作

海报的告知性和宣传性,以及海报文体的特殊形式,决定了海报的整体创意必须在一瞬间留给人们强烈的印象,一目了然、“一见钟情”地了解海报的全部内容,这要求海报既重宣传又重美感。海报写作的内容和结构基本包括:标题、正文、结尾三部分,以及整体创意和美术设计。海报的美术设计,形式灵活多样,讲究新颖独特。

(1)标题。海报的标题相当关键,这是海报的主题和内容的焦点。有两种形式:

一种形式是直接采用“海报”做标题;另一种形式是根据活动内容拟定标题,

适当使用修辞手法可以突出海报的效果，比如“奇异的世界——海洋生物展览”。标题必须醒目、简洁、新颖。设计时要在字体的大小、颜色和形式上下工夫。

(2)正文。正文部分因海报的种类不同而不同。可以有以下两项内容。

①必备内容。明确活动名称种类(电影、报告、比赛等)，简要交代活动具体情况。比如，报告会的内容和报告人；展览的主题和内容等。

②辅助内容。交代举行活动的时间、地点、票价等。时间、地点要写得明白具体，准确清楚，切忌写出大概范围，必要时还要标出乘车路线。比如，报告会只写日而不写具体时间，只写大概位置而不写准确地点，这些都是不可取的。

正文部分的文字可根据版面的大小设计格式和字体，以及文字位置，以清晰、美观为标准。

(3)结尾。海报可以有结语，也可没有。海报结语在正文之后另起一行，书写“欢迎参加”、“机不可失”等。结语之后另起一行靠右下角写落款部分，即举办单位名称；在名称下面一行，右下角书写海报的张贴日期。

【补充阅读】

海报的整体创意与美术设计

整体创意和美术设计在海报这种招贴式的应用文中越来越受到重视。比如电影海报，它就像影片的“名片”，它以影片最精彩的镜头，配以最美的广告语言加以推介，同时具有艺术性和文化特征。电影海报作为电影的一种衍生品，它必将带给人们更多的经典回味。欣赏海报就是欣赏艺术品，海报浓缩了电影的精华。电影是流动艺术，而电影海报是凝固艺术，一幅海报往往浓缩了一部电影的精华。两者互相补充，带给观众完整的艺术体验。

(四)祝词类文体写作

祝词，也作祝辞，是对特定对象表示良好祝愿的言词或讲话稿。祝词有祝人和祝事两大类。

1.祝词的特点

祝词具有四个显著特点：一是主题先行。向谁祝贺什么，开篇就写明；二是表述直白，不需要过多的含蓄，直来直去；三是现场感十分强；四是语言华美工整，通俗精炼。

2.祝词的基本格式

祝词的格式可以分为四个部分：标题、称呼、正文、落款。

①标题。可在第一行正中写上“祝词”的字样。②称呼。在第二行顶格写被祝贺对象的名称。③正文。正文另起一行，空两格写。一般要分以下几个层次：表示祝贺；指出取得的成绩及其意义；表示向祝贺的对象学习、关心等；进一步表

示祝贺或提出希望、表示决心。④落款。在正文右下角署名,在署名下一行相应的位置写日期。如果是在报刊上发表,则将它们写在标题下面。祝词撰写中要注意称谓应礼貌、妥帖,语言表达须准确、感情充沛。

(五)主持词的写作

主持词是主持人在旅游公共关系专题活动中,用于说明活动主旨,引导、推动活动展开,串联和衔接前后内容,总结和概括活动情况的文稿。

1.主持词撰写的一般要求

主持词要求认真准备,周密策划;勇于创新,不拘一格。

2.主持词的撰写技巧

(1)开场精彩,制造场景效应。开场白的方法很多,常见的有:①开门见山,直接入题;②情景交融,以情入题;③委婉曲折,含蓄入题;④幽默风趣,以笑入题。

(2)灵活推进,前后衔接,融为一体。

(3)巧于结尾,留下余韵。

(4)灵活机智,巧于应变。

【重点提示】

主持人三忌

(1)忌假。导演的痕迹使观众无法接受。

(2)忌过分的煽情。主持人在把握稿件时,要把握好度。悲哀的稿件不能泣不成声,情感泛滥;赞颂时不能过分渲染;愤怒时也不能像演讲家那样拍案而起,愤慨激昂。当然也不能所有的稿件都主持得平淡如水,无动于衷。

(3)忌目中无人。主持人应该目中有人,才会心中有情。要善于寻找和观众交流的最佳点,与观众进行思想和情感的交流,热情地为受众服务,才能让观众读懂你,接受你,成为你的忠实朋友。

最后,最重要的是主持人还要有高尚健全的人格,如果人格有了缺陷,那么以上的所有素质也就无从谈起,成了空中楼阁。

【补充阅读】

有人主持一次庆功表彰会,是这样结束的:"庆功结束时我想到了一件事:有人问球王贝利哪个球踢得最好?回答是:下一个!有人问著名导演谢晋哪部片子导得最好?回答是:下一部!有人问一位著名演员哪个角色演得最好?回答是:下一个。看来我们在庆功表彰中也应当牢记:下一个,下一部!散会。"

这位主持人以人所共知的信息,表达了一种寓意深刻的思想,请你说一说这种主持词的结束语有什么特点。假如你在现场,你会用什么样的结束语?

（六）名片的创意与写作

名片是现代社会活动中用来通报姓名、介绍身份和交际、起到自我宣传效果的卡片。从某个意义上说，它是一个人身份、地位的一种外显方式，是个人或组织形象的缩影，也是使用者要求社会认同、获得社会理解与尊重的一种方式。

1. 名片的类型和款式

名片的类型有介绍性名片和写作性名片两种。

（1）介绍性名片。介绍性名片是用来在交际中对他人介绍姓名与身份的。介绍有简有详，有中式、西式，还有两用式名片。有些风景名胜地旅游组织统一把当地代表性风景印在个人名片背面，推销、宣传名胜旅游。

（2）写作性名片。写作性名片是准备在交际活动中作简便的书写字条使用的。这类名片多为本名式名片，正面印有本名，反面是空的，以备在上边书写各种交际文词。

2. 名片的内容写作与设计制作

名片的写作内容单纯，文字简短，且具有书信中使用的称谓语、传达语、问候（或祝颂）、自称署名和末启词等礼貌用语，以及时间词等。名片的制作首先明确名片的用途，然后据此选择名片的款式及所用材料。印制名片，要依据用途加以设计，设计既要规范，又要有自己的风格，体现自己的个性。名片的风格、个性，主要表现在片面布局与字体的选择等设计方面。可以把名片视为取纸款式考究的正面具名的便条，从款式到各个构件的语词选择也都更注重礼节。也有人在名片上印上二维码，方便接受名片者扫描，直接在手机存入己方的信息。

（七）常见公文写作

1. 公文的概念

公文是公务文书的简称，是机关、单位在日常工作中为处理公务而按照特定的体式，经过一定的处理程序制成的文字材料。它是传达贯彻方针、政策，发布行政规章和措施，请示和答复问题，指导、布置和商洽工作，报告情况，交流经验的重要工具。

2. 公文的特点

公文作为一种独特的实用文体，在它产生和发展的漫长历史进程中形成了有别于其他文体的鲜明特点：公文由法定的作者制成和发布，拟写公文是组织行为；公文有严格的政治性和政策性；公文有法定的权威性和约束力；公文有明显的时效性；公文用特定的体式和特别的表达方式表述。

3. 公文的种类

按照国务院办公厅 2000 年 8 月 24 日发布的《国家行政机关公文处理办法》

的规定,国家行政机关的公文分为13类:①命令(令)②决定;③公告;④通告;⑤通知;⑥通报;⑦议案;⑧报告;⑨请示;⑩批复;⑪意见;⑫函;⑬会议纪要。

根据不同的标准,公文有不同的分类,这些公文可以按行文方向分为上行文、平行文和下行文3种;按内容分类,可分为指令性公文、知照性公文和报请性公文3种。

4. 公文的作用

公文具有如下作用:

(1)制定和发布政策法令;

(2)部署、指导,报告、请示,商洽公务;

(3)交流经验、沟通信息;

(4)记载公务活动。

5. 公文的格式

公文的格式分为眉首、主体、版记三部分。

(1)眉首。眉首即文件头,包括公文份数序号、秘密等级、紧急程度、发文机关标识、发文字号、签发人、横隔线等项。

(2)主体。主体包括文件标题、主送机关、正文、附件、发文机关、成文日期、公文生效标识、附注等几部分内容。

(3)版记。版记主要包括题词、抄送机关、印发说明等项目。

第三节 电子读物

一、电子读物定义

1. 电子读物的定义

电子读物(electronic book,简称eBook)又称"电子出版物"或"电子书",是1999年以后出现的十大技术之一。它是指将文字或图像信息通过电子计算机记录在磁盘或光盘上,以数字形式,通过计算机网络进行传播,并借助于计算机或其他电子设备来阅读的电子图书。

网络公共关系随着时代与技术的进步,逐渐成为旅游公共关系活动中的重要组成部分。电子读物作为网络公共关系中的重要沟通工具,因其突出的优点受到旅游组织和公众的重视和关注,它的读者市场和出版规模不断扩大,成为人们的主流阅读工具之一。电子读物具有受众广、传播快、受众学历层次高、成本低、容量大和形式多变等突出优点。在旅游公关中,已经逐渐成为旅游组织和社会大众注目的焦点。

2. 电子读物的构成三要素

(1)内容。电子读物主要以特殊的格式制作而成,可在有线或无线网上传播,如国内通用的 eBook 格式 CEB 等。

(2)阅读器。阅读器包括电脑、个人手持数字设备(如 iPad、手机、MP4 等)、专门的电子设备(如方正科技生产的 eBook 手持阅读器 EBOOK312 等系列产品)。

(3)阅读软件。如 AcrobatReader、CAJViewer 等。

3. 电子读物的类型

电子读物通常以 CD/DVD、软盘、硬盘、互联网站等形式存储,针对不同介质,有可能以几种方式出现。

(1)完全执行文件。这种形式的电子图书一般带有保护性质,资料量大,有保密性,可阅读性比较差,适合于内部刊物等。

(2)专有格式。这种形式的电子图书需要以某种专门的阅读器阅读,功能比较固定,目前仅有国外几种阅读器适用,升级/二次开发依赖国外软件商的升级,不利于国内快速增长的电子图书市场。

(3)通用格式。这种形式的电子图书一般以通用的图文混排格式制作,即使没有阅读器,一般用户也可在自己的电脑上阅读,而定制的增强功能的阅读器则可以发挥更高的阅读效率。

二、电子读物的主要特点和优势

1. 无纸化

电子读物是一种"无纸的书",没有传统书籍的纸质介质。传统书籍的信息是以"原子"形式存在的,而电子读物的信息是以"数字"形式存在的。

2. 传播快

传统书籍从生产到消费的流程是"作者⟶出版者⟶发行者⟶读者",电子读物可极大地简化这个过程,成为"作者⟶读者"的"直销"模式。作家的作品完成后,经过简单的操作变成电子读物,然后轻轻点击鼠标,电子读物就可在瞬间呈现在读者眼前。互联网是电子读物传播的高速公路。

3. 受众学历层次高、年轻化

能够或善于阅读电子读物的读者,一般都具备一定的计算机操作技能和较强的学习能力。懂得使用电脑、手持阅读器等电子设备,才能进行电子读物的阅读及其他操作。大部分的电子读物读者都受过较高的教育。电脑和网络作为

21 世纪的新兴“宠物”，使读者群也具有年轻化的特点。近年来由于网络的普及和电脑设备价格的降低，电子读物的读者群不再独限年轻人，越来越多的中老年人和低学历者也开始接触网络。

4. 多种表现形式

电子读物不仅能展现纸质书上的文字、图片内容，保持纸书的原版原式，同时还可以附带音频、视频等多媒体内容，表现形式比传统书籍更加丰富。这已经不是图文并茂这个词所能形容的了。

5. 易检索

传统书籍内容的查询是十分耗时的、叫人头疼的事情。电子读物以数字形式存储，检索起来十分方便快捷。这为学术研究提供了极大的便利，节省了人们宝贵的劳动和时间，加速了知识的利用、加工和再生产。

6. 易存储

1G 的存储盘可以存储大约 2 万多本电子读物，一台笔记本电脑可以成为你的图书馆。这极大地方便了书籍的保存和阅读，也节约了有限的生活空间。这使普通读者拥有图书馆不再是什么新鲜事。除了可以用电脑存储外，电子读物还可通过移动存储设备保存，这又形成了电子读物的一大优点：易携带，可以十分方便地携带大量的书，甚至是一座图书馆外出。

7. 成本低

电子读物的“出版”、“发行”在时间、物质的消耗上降到了最低点，有很高的性价比。“点击书城”网站销售的书，很多都是一、两元钱的事，十分便宜。

三、电子读物的制作

1. 电子读物的制作结构和元素

电子读物的内容和我们手中的书一样，不论文字或图片，都可以和纸制书籍呈现一样的版式。比如将《旅游公共关系学》这本纸制书籍制作为电子读物之后，它在原有文字和图片内容的基础上，还增加了电子读物制作者以及这个电子产品的相关信息。因其电子产品特性，它带有比纸制书更多的元素。

(1)电子文件名和扩展名。电子读物的文件可由读者随意命名和修改。每一个文件，还有一个扩展名，这表示这个电子文件的格式，是不可以随意修改的。电子读物可以用多种多样的制作软件以不同格式制作而成，不同格式的电子书要用不同的阅读器打开观看。比如中国期刊网上共享的文章，有 CAJ 格式和 PDF 格式，分别要用阅读器 CAJViewer 和 Adobe Acrobat Reader 打开查看。

(2)制作软件版本和软件开发制作者(公司)名称。电子读物都是由某个软件制作而成的。所有的软件必定有一个开发者,这个开发者可以是个人,也可以是一个团体,一个公司。在电子书的制作中,应留下开发者的信息,这是对该软件和开发者的产权保护,也是宣传。

(3)菜单按钮。电子读物基本上模拟传统的阅读习惯,具有纸制书籍所有的操作功能,如翻页功能、书签功能、标记功能等,同时还可具有纸制书籍所没有的许多功能,如文字搜索功能、朗读功能、自动翻页功能、背景自定义功能、多媒体功能、超链接功能、复制功能,等等。在电子读物界面上会设置有相关的菜单按钮,以方便读者进行操作。

(4)界面设计。它决定了电子读物的外观结构和显示方式,好比一本书的版面设计。电子读物的界面设计是为书籍内容服务的,寻求合乎情理的版面视觉语言则显得非常重要,也是达到最佳诉求的体现。电子读物的外观设计风格要与其内容相配,从视觉和听觉上表现其内容的精神。版面框架色图布局和表现形式等是电子书界面设计的核心,也是一个艰辛的创作过程。怎样才能达到意新、形美、变化而又统一,并具有审美情趣,这就要取决于制作者文化的涵养。界面设计是对电子书制作者思想境界、艺术修养、技术知识的全面检验。

(5)主体内容。主体内容是电子读物的核心部分。电子读物的其他所有部分,都是围绕着主体内容而制作的。主体内容决定了电子读物的表现形式,赋予电子读物灵魂和价值。

2.电子读物的制作技巧

(1)应便于进行阅读和管理。制作的电子读物应当方便读者进行“翻阅”,一个较好的电子读物会自带基本浏览(翻页、滚动)功能;而且具有跨平台功能,能在不同系统平台上获得相同的阅读效果。

(2)保护知识产权、商业机密。为保护作者的权利,包含核心商业机密的内容,要避免被他人轻易复制或修改。许多电子书文档都将安全性作为卖点之一,国内的各种独门格式电子书也以防反编译、防内容复制为首要目标。虽然不是100%“防盗”,但可以在技术上提高文字剽窃的难度,最大限度保护电子读物的知识产权。但若在公关活动中,对于那些鼓励读者复制传播、有利于旅游公关活动宣传的内容,则应放开权限,提供复制内容的便利。

(3)便于全文检索。可以毫不夸张地说,一个电子书文件可以容纳下一个图书馆。在文字内容较少的情况下,可以只建立摘要、索引和大纲链接;文字量巨大的情况下,应在电子书中加入快速的全文检索工具,使读者能通过输入关键词快速查找到想要的内容。

(4)尽量控制文件大小,以节省磁盘空间。电子书的内容要精练、简洁。有的电子读物为了外观美感,加入许多装饰图片或音乐,甚至视频,使得原有文件的大小成倍增加,占用了更多的磁盘空间,同时也会降低文档打开的速度和观看速度。与主要表达内容无关的元素,不要过多使用在电子书中。

(5)提高安全性。如今的网络社会中充满了木马和病毒,这些恶意文件经常被捆绑在看似安全的文件之中。在网络法制和安全管理机制还未健全的当今时代,电子书的制作者应有起码的道德观念,不可利用电子读物为工具来传播恶意软件。在旅游公关活动中,更要注意电子读物的安全性,不但所制作的电子读物不能带有恶意文件,而且也在技术上也应做到使电子读物具有较高的安全性,本身不易受到病毒感染。若读者因阅读了电子读物而感染上病毒,反而会给公关活动带来恶劣的负面效应。

【补充阅读】

电子读物的常见格式和制作软件

(一)PDF

PDF 文件格式(Portable Document Format 简称,意思"便携式文件格式")是美国 Adobe 公司开发的电子读物文件格式。PDF 主要由三项技术组成:衍生自 PostScript,可以说是 PostScript 的缩小版;字型嵌入系统;资料压缩及存输系统。

制作软件:PDF 格式的电子图书可以使用该公司出品的 AdobeAcrobat 来制作和编辑。其他可以编辑制作 PDF 的软件还有 PDFCreator、PrimoPDF、CutePDF、Gymnast3.5build 等。

阅读软件:这种文件格式的电子读物需要该公司的 PDF 文件阅读器 Adobe Acrobat Reader 来阅读。所以,要求读者的计算机安装有这个阅读器,这个阅读器完全免费,可以到该公司的站点去下载。其他可以支持阅读它的阅读器还有 Foxit Reader 和 xpdfEvince 等。

优点:PDF 是 Adobe Acrobat 输出得到的一种文件格式,它的优点在于这种格式的电子读物美观、便于浏览、安全性很高,可以跨平台、能保留文件原有格式(layout)、开放标准,能免版税(royalty—free)自由开发 PDF 相容软体。

缺点:这种格式不支持 CSS、Flash、Java、JavaScript 等基于 HTML 的各种技术。所以它只适合于浏览静态的电子图书,不能制作具有动态效果的电子图书。

(二)CAJ

CAJ 格式文件(Chinese academic journal,简称 CAJ)由清华大学光盘国家工程研究中心学术电子出版物编辑部和北京清华信息系统工程公司编辑制作。

CAJViewer 全文浏览器是中国期刊网的专用全文格式阅读器，它支持中国期刊网的 CAJ、NH、KDH 和 PDF 格式文件。它可以在线阅读中国期刊网的原文，也可以阅读下载到本地硬盘的中国期刊网全文。它的打印效果可以达到与原版显示一致的程度。

中国期刊网是我国最大的全文现刊数据库，是目前世界上最大的连续动态更新的中国期刊全文数据库。中心网站及数据库交换服务中心每日更新，各镜像站点通过互联网或卫星传送数据可实现每日更新，专辑光盘每月更新，专题光盘年度更新。

制作软件：现在由清华同方知网（北京）技术有限公司开发和掌握，并未对外销售或共享下载。

阅读软件：CAJViewer 全文浏览器。

优点：该格式可装封装文字和插图信息在单一的文件中，完整保留原刊的版式信息；可以做到文字识别，兼容 CAJ 和 PDF 等文件，功能齐全，操作友好，界面美观。

缺点：须安装专用阅读软件 CAJViewer 方可阅读。

（三）CHM

CHM 文件格式（Compile HTML，简称 CHM）是微软 1998 年推出的基于 HTML 文件特性的帮助文件系统，以替代早先的 WinHelp 帮助系统，在 Windows98中把 CHM 类型文件称作“已编译的 HTML 帮助文件”。被 IE 浏览器支持的 JavaScript、VBScript、ActiveX、JavaApplet、Flash、常见图形文件（GIF、JPEG、PNG）、音频视频文件（MIDI、WAV、AVI）等，CHM 同样支持，并可以通过 URL 与 Internet 联系在一起。

制作软件：MicrosoftHTMLHelpWorkshop、HTMLHelpePublisher、FAR、Web2HTMLHelp、CHMmaker、eTextWizard 等。

阅读软件：不需要特别阅读软件。电脑系统达到 Windows98 或 NT 及以上版本即可随便阅读。

优点：CHM 最好的地方就是对网页、图片的支持——实际上该格式类似于一个简版的 IE 浏览器，有目录、索引；另外 CHM 在全文检索方面最为方便的是结果的高亮显示。

缺点：要求读者的操作系统必须是 Windows98 或 NT 及以上版本，另外，还要求读者的操作系统安装有 MicrosoftInternetExplorer3.0 或以上版本。如果读者的操作系统还是 Window95，那么就需要安装一个被称作 CHM 文件阅读升级包的程序 hhupd.exe，大小约 700KB。CHM 不可以加书签、批注;导航栏的前后页支持的是已经浏览过的内容,这点不如 HLP 格式电子读物方便。

(四)EXE

这是目前比较流行也是被许多人青睐的一种电子读物文件格式。

制作软件:这种格式的相关制作工具也是最多的。如 ActivE－BookCompiler、HyperMakerHTML、E－ditor、ePublisherGold、E－BookHTMLCompilerPro、HTML2EXE、EbookBuilder、InfoCourier、MediaPacker、WebExe、WebCompiler、WebCompiler 等。

阅读软件:这种格式的电子读物对运行环境并无很高的要求,一般可以在电脑设备上独立运行。

优点:阅读方便、制作简单,且制作出来的电子读物相当精美,而且无需专门的阅读器支持就可以阅读。同时,这种格式作出来的书籍界面比较美观。

缺点:这种格式的电子图书也有一些不足之处,如多数相关制作软件制作出来的 EXE 文件都不支持 Flash 和 Java 及常见的音频视频文件,需要 IE 浏览器支持等;易被嵌入恶意意木马程序。

(五)HTML

HTML 格式(Hyper Text Markup Language,简称 HTML,意思为"超文本标记语言"),也就是超文本格式,它作为目前 WWW 上最流行的文件显示格式,许多电子读物式的帮助文档也采用了这种格式。

制作软件:相关网页编辑软件,如 Microsoft Office FrontPage、Dreamweaver、ActivE-BookCompiler、HyperMakerHTML 等。使用 MicrosoftOffice 系列的软件都可以辅助生成 HTML 文件,包括常用的 WORD 和 EXCEL。

阅读软件:要阅读这种格式的文件,必须首先安装浏览器 InternetExplorer、NetscapeCommunicator、Maxthon 或 Opera 等。

优点:由于这种格式支持图像、动画、视频等多媒体形式,所以它具有较强的表现力,尤其是超链接的使用,可以随意跳转,方便了用户阅读;另外,HTML 文件格式的兼容性非常好,完全不用担心他人无法阅读的情况。

缺点:易被嵌入恶意木马程序。

(六)CEB 文件格式

方正集团作为国内在文字、图形、图像数字化处理技术方面的领先研究机构和产品提供商,总结自己在中文排版、印刷、出版领域多年的技术和经验,为适应互联网时代电子出版趋势,解决环境多样化,传播网络化的要求,推出的新的数据格式——版式文件 CEB,同时也是国家相关部门指定的电子公文参照标准,也是国家相关部门基于未来发展的电子公文版式的最新选择。

CEB是英文单词ChineseeBook的缩写，是由北大方正公司独立开发的电子读物格式。

它是一种“文字＋图像”的格式，由于在文档转换过程中采用了“高保真”技术，可以使CEB格式的电子读物最大限度地保持原来的样式，能够保留原文件的字符、字体、版式和色彩等所有信息，包括图片、数学公式、化学公式、表格、棋牌以及乐谱等，CEB对这些信息进行很好的压缩，文件的数据量很小。正是基于这种特点，不少电子读物发行机构和数字化图书馆都已经开始采用这种格式，国家有关部门还把CEB格式作为电子公文传递的标准格式。

方正ApabiReader(阿帕比)是CEB格式的指定阅读软件，ApabiReader还具有字体缩放、书签、作笔记、书籍管理、翻译和文字部分拷贝功能，能尽量符合广大读者传统的阅读习惯。

制作软件：方正DESi、ApabiMaker。

阅读软件：打开、浏览、打印CEB格式的文件，必须使用方正ApabiReader。

优点：方正ApabiReader是一个为中文电子读物环境设计的阅览软件，可阅读CEB、PDF、HTML、TXT和OEB多种数字化的书籍或文件，不论是休闲性的书籍阅读、机密性的企业内部文件、高附加价值的研究报告、专属性质的报价文件等类数字内容，都可经由本软件满足阅读、说明、收藏及保密的需求；看eBook的同时，还可以直接使用翻译软件、关键词查找，还能很方便地在eBook上加着重、圈注、批注、划线，插入书签；亦具备快速点选网上书店、书架管理及网页浏览等功能。

缺点：必须安装专用阅读软件。

(七)EBK文件格式

该格式是Voyager公司的MAC机(也有PC格式)读书软件格式。目前国内某些站点已经开始使用这种格式了。最著名的是“百博电子读物城”(http://www.bbook.net/)率先使用了这种文件格式来发布电子读物。

制作软件：EBKCreative。

阅读软件：需要到特定站点下载一个客户端软件，在本地计算机上安装以后通过软件自身的链接方式打开指定的站点，在站点上登录后可以选购一些电子读物并放入购物车，最后将选定的电子读物通过在线方式下载到本地硬盘上。

优点：可以在制作时加载产权保护信息，可极好的保护电子读物的版权利益。下载的电子读物只能在该台电脑上阅读，若复制到其他电脑上则无法打开观看。

缺点:对于包含产权保护信息的EBK文件,如果重装了系统,那么原来已经下载的电子读物将不能被识别。将该格式电子读物移动到其他电脑上,也将变得无法识别和阅读。它不能方便的携带和共享。

(八)LIT文件格式

LIT格式电子图书是美国微软公司在2000年推出MicrosoftReader阅读器的同时推出的一种电子文档格式。它可以广泛的应用于PC和PDA以及其他掌上型电脑上面。

lit与pdf、pdb等其他格式相比,因为拥有更加完善的证书管理机制,正在被越来越多的出版商采用来出版电子读物。现在已经有许多的lit格式的好书,比如微软著名的百科全书EncartaforPocketPC就只有采用lit格式的版本。

制作软件:MicrosoftReaderplug-inforWord、ReaderWorksStandard、EtextWizard、KeeBookCreatorHome。

阅读软件:LIT格式的电子图书,使用MSReader阅读起来感觉非常好。它模拟真实图书的形式,除了可以采用普通窗口浏览方式以外,还可以采用真正的全屏浏览方式,无论从外观设计还是从字体、功能上来说,都是非常人性化和具有强大便捷性的一种电子图书形式。

优点:该格式最大的优点是它的阅读风格很接近于我们平时阅读纸质书,所以阅读起来十分的亲切,并且支持全屏阅读,这一点上很像国产的电子读物阅览器ReadBook。但是它的特点是没有滚动条,翻页全部使用点击页码来实现,所以更像看一本真正的纸质书。

缺点:该文件格式由于刚刚推出,目前还不支持与HTML相关的各种技术,只是支持图片的浏览。该格式对中文支持得不是很好,目前国内还没有开始大量使用这种文件格式来制作和出版电子读物。

(九)EBX文件格式

这种格式的阅读风格与微软的MicrosoftReader很相似。目前美国BARNES&NOBLE公司提供了大量的关于这种格式的电子读物,该公司站点(http://www.bn.com/)有相关的最新资料。

制作软件:ebookpackexpress。

阅读软件:该格式的电子读物可以使用名为the Glassbook Reader的阅读器来阅读。

优点:该格式还可以包括sound、wave等多媒体文档。这种格式在智能手机上看非常方便,它的目录功能使得阅读时打开速度非常快。

缺点:必须安装专用阅读软件。

（十）WDL 文件格式

WDL 是北京华康信息技术有限公司开发研制的一种电子读物文件格式。目前国内很多大型的电子出版物都使用这种格式。这种格式的文件特点是较好地保留了原来的版面设计，可以通过在线阅读也可以将电子读物下载到本地阅读。该格式对文件图像文字质量和最后成品的大小之间的平衡做了处理，采用该格式的文件一般压缩率都比较高。对大中小电子读物都是一个不错的选择。它支持图片的导入，采用图文混排方式，一个文件就是一本电子图书，阅读、携带都很方便。

制作软件：制作该种格式的电子读物需要使用该公司的软件 DynaDoc 生成器来完成。该软件目前还没有共享版本，读者可以到该公司的站点去查找关于该软件的相关信息。

阅读软件：需要该公司专门的阅读器 DynaDocFreeReader 来阅读。该阅读器可以从该公司的网站免费下载。

优点：WDL 便携格式文件由于对打印和拷贝作了限制，所以适当地保护了作者和出版商的利益。WDL 格式对中文的支持非常好，它可以在任何一个非简体中文系统上正确的显示汉字，其应用范围也非常广泛。这种格式的电子读物较好地保留了原来的版面设计，无论系统的语言、无论是否使用相同的字库、无论使用的系统是否相同都不会出现乱码、无论是否安装了相同版本的应用软件也不会出现版式变化，打印出来的与原稿一模一样，且文件内容不易被篡改，增加了文件一定的安全性，有利于电子文件的长期保存。

缺点：但是与 PDF 格式一样，该格式依然不支持上述的一些效果。

（十一）PDG 文件格式

PDG 文件格式是超星公司开发的电子读物专用格式。须使用该公司开发的专用阅读软件——超星阅览器阅读。除阅读图书外，超星阅览器还可用于扫描资料、采集整理网络资源等。超星图书阅览器（SSReader）是超星公司拥有自主知识产权的图书阅览器，是专门针对数字图书的阅览、下载、打印、版权保护和下载计费而研究开发的，可以阅读网上由全国各大图书馆提供的、总量超过 30 万册的 PDG 格式数字图书，并可阅读其他多种格式的数字图书。该公司建设的超星数字图书馆（www. ssreader. com）便提供了数十万种图书（包含免费阅览室和绝大多数电子书店）的在线阅读、借阅下载等服务。经过多年不断改进，SSReader 阅读器的下载量已经突破 1500 万次，是国内外用户数量最多的专用图书阅览器之一。

制作软件：其专用阅读软件中即包含制作功能。

阅读软件:阅读超星数字图书馆图书(pdg)需要下载并安装专用阅读工具——超星阅览器(ssreader)。

优点:可限制阅览、下载和打印,提供很好的电子读物版权保护。有OCR文字识别功能,可以摘录书中文字,进行文字识别、图片扫描。

缺点:有阅览、下载、打印限制。须安装专用阅读软件。

(十二)NLC文件格式

NLC格式中国国家图书馆的电子图书格式。主要功能是将图书扫描为图片并制作为电子读物。它把扫描的图书图像以JBIG标准压缩(无损压缩)为很小的NLC文件。NLC文件是JBIG格式的一种变种。

制作软件:便携文件专家DynaDoc。

阅读软件:Book Reader for NLC。

优点:阅读器较为小巧。

缺点:NLC文件不能用任何图像浏览软件(包括支持JBIG格式的)查看。阅读器使用既不够方便灵活,有时还需安装IE插件NPBook。

(十三)HLP文件格式

HLP文件格式是早期的操作系统所使用的帮助文件系统。这种格式对读者的操作系统没有太多的要求,Window95及以后的版本都可以运行。现在很多运行于Windows平台的软件,其帮助文件几乎都是HLP格式的。当然,随着微软CHM帮助文件系统的推出和操作系统的发展,因为HLP格式的美观程度不如CHM格式,缺乏"形式美",目前不是很有市场,不远的将来HLP文件格式很可能会被CHM所代替。

制作软件:EtextWizard、WindowsHelpDesigner、WinHelpEdition。

阅读软件:无需特殊阅读软件,Window95及以上操作系统均可直接阅读。

优点:

(1)可以加书签、注解,带索引;

(2)允许全文检索,HLP文件格式的全文检索,用户在拿到一个HLP格式的帮助文档后,可以自定义全文检索的方式及全文数据库的大小等等,这样无形中使得HLP更适合网络传播;

(3)文件体积小,但作为电子读物来说功能很强;

(4)所有与用户的交互资料都保存在用户硬盘上的一个隐藏文件.gid中,不需要的时候可以删除,如果要保留自己的书签、批注等资料,需要保留这个隐藏文件。

(5)HLP格式的电子读物制作简单、获取方便、对阅读者无需特别的要求。

缺点：

(1)HLP格式对图形支持不好，仅支持BMP格式，如果HLP格式的电子读物中带插图，文件体积会膨胀。

(2)HLP文件格式的电子读物美观程度不够好。由于现在很多人对电子读物的美观程度提出了较高的要求，所以这种格式的电子读物目前在网络上不是很有市场。

目前很多软件的帮助文件还是使用这种格式，所以在短时间内HLP格式的电子读物还不会退出历史舞台。

(十四)SWB文件格式

SWB格式是比较少见的一种电子读物文件格式。软件支援TXT、RTF两种档案格式，而且软件可以对页面进行编辑，如插入图片、超链接等。

制作软件：WinEbook Compiler(原软件名称为Super Winbook98 Compiler)。目前只有这个软件方可制作。

阅读软件：这种格式的档案需要WinEbook Compiler Viewer来阅读。

优点：该格式具备其他很多电子读物格式没有的优点。它支援播放背景音乐。这是一个非常好的功能，读者可以设想边看书边听音乐的感觉，而且可以根据书中不同的情节设置不同的音乐。软件的其他显著的特性：档案的页面切换效果独一无二，翻页的时候，下一页会从荧屏右方“滚动”出来并带有音效，还可以控制翻页速度；支援人声朗读文本，但目前还不支援中文朗读；无需返回目录即可通向任意页面(通过下拉功能表实现)；支援放大缩小文本；支援档案加密功能。

缺点：该格式所支持的档案格式只限于TXT和RTF，所以很多目前基于Web的技术都不能够实现。

另外有三个局限：

(1)不可以超过100个章节；

(2)每一个章节的大小最好不要超过312KB，否则打开时将会等待很长时间；

(3)最好不要打开超过5个阅读视窗，否则将会出现某些问题。

由于以上缺点，所以这种格式的电子读物目前市场不是很大。

(十五)电子相册制作

这是传统的印刷书籍扫描到电脑中形成的文件，主要以图片构成主体内容。用户必须借助于图形软件或专用阅读软件才能阅读。这种格式还有一个明显缺点，就是体积比较大，不便于下载和存放，但现在由于技术的进步，网络数据传输的速度和电子存储设备的空间呈飞跃式发展,体积问题已经越不成为传播的瓶颈。但是有时由于扫描的质量问题,图书内容的显示效果往往不能令人满意,相信这也能随着技术的发展而改善。

■ 关键概念

旅游公关语言　公关语言技巧　旅游应用文　电子读物

■ 复习与思考

1. 旅游应用文写作常用的表达方式与一般文章写作有何不同?
2. 语言艺术在旅游公共关系中有哪些功能?
3. 与一般公共关系语言相比,旅游公共关系关语言有哪些更应重视的特点?
4. 试举例说明体态语言"无声胜有声"的深刻作用。
5. 谈谈赞扬和道歉的语言艺术。
6. 旅游公共关系公文的写作有哪些基本要求?
7. 有人说,演讲要做到"凤头、猪肚、豹尾",你以为如何?
8. 如何提高导游讲解的技巧?

■ 案例分析

旅游形象主题词设计

甘肃省临夏回族自治州旅游形象主题词设计:

浓郁的民俗风情(strong custom),灿烂的河州文化(old hezhou culture),神秘的恐龙时代(mysterious dinosaur age),迷人的黄河湿地(enchanting yellow river wet land)。

甘肃省积石山县旅游形象主题词设计:

玩民俗村,探源五朝历史保安族;
游韩陕家,阅尽五千五百公里母亲河;
赏彩陶王,读懂五千五百年古文化;
浪盖新坪,融汇五月初五花儿会。

甘肃省黄河三峡旅游形象主题词设计:

黄河岸上石林耸,炳灵石窟观佛容。
刘盐电站悄悄看,休要惊动古恐龙。

甘肃省和政县生态旅游主题词设计：

寺沟瀑布震天庭，不及松鸣松涛鸣，

悬壶点漏滴珠山，风光无限和政行。

甘肃省积石山县黄草坪景点主题词设计：

羊群似银，牛群似金，蓝天白云，碧草成茵。

黄草坪当一天牧民，放松您的身心！

福建省华安县旅游形象主题词设计：

神机妙算大地土楼，神异诡秘仙字摩崖，

神工鬼斧天然玉雕，神秘天成石狗贡鸭。

福建省宁化县"客家文化城·客祖印象"主题词设计：

文化客祖地，美食客家城。

福建省宁化县"客家文化城·客祖印象"宣传口号：

文化宁化，可鉴可赏解读客家文化；

客家之家，宜居宜游知晓文化客家。

福建省寿宁县旅游形象主题词设计：

寿山宁水，廊桥梦龙

——中国寿宁

理念诠释：寿比南山，享受生活，幸福安宁，似水绵长。中国梦，龙之梦，古老廊桥来见证。梦龙县令赋新篇，美丽寿宁皆名胜。（寿宁多座古代贯木拱廊桥正申报世遗。冯梦龙平生为官仅任寿宁县令3年）

福建泉州市"闽南古镇"丰州旅游形象主题词设计：

一镇识闽南，一天历九朝。

案例思考：

旅游形象是指通过公共关系宣传和市场促销，使公众对旅游目的地（或景区景点）形成总体的、综合的、抽象概括的认识和评价。旅游形象根据目的地旅游资源的特点、特色旅游产品和服务而定位，旅游形象定位最后要落实到形象主题词的提炼上，通过主题词来体现和强化形象定位，并对形象定位作补充说明。因此，主题词须体现旅游目的地旅游形象的精髓和主要特色。主题词要根据人们的认知特点，尽量做到精练、简洁、易记、朗朗上口；主题词设计时须更注意修辞，适当采用譬喻、借代、双关、比拟、夸张等手法，注意语言的音乐美、节奏美（平仄）、对称美（对仗、排比）、回环美（押韵）等。

参考文献

[1] 李祝舜.旅游公共关系学[M].北京:高等教育出版社,1999.

[2] 谢苏.旅游公共关系学[M].武汉:华中师范大学出版社,2006.

[3] 邱伟光.公共关系实务[M].北京:高等教育出版社,2005.

[4] 贺学良.饭店公关原理与应用[M].上海:上海人民出版社,1992.

[5] 张克非.公共关系学[M].北京:高等教育出版社,2002.

[6] 张钦.实用饭店公关技巧[M].北京:中国国际广播出版社,1991.

[7] 孙玉大等.商务谈判制胜艺术[M].济南:山东人民出版社,1995.

[8] 陈先红.公共关系学原理[M].武汉:武汉大学出版社,2007.

[9] 熊源伟.公共关系学[M].合肥:安徽人民出版社,2003.

[10] 何修猛.现代公共关系学[M].上海:复旦大学出版社,2007.

[11] 何建民.现代宾馆管理原理与实务[M].上海:上海外语教育出版社,1995.

[12] 李洁.旅游公共关系学[M].昆明:云南大学出版社,2001.

[13] 李祝舜.旅游心理学[M].北京:高等教育出版社,2005.

[14] 林惠青.公共关系学原理与应用[M].长沙:湖南师范大学出版社,1990.

[15] 付晓蓉.公共关系学[M].北京:高等教育出版社,2004.

[16] 舒伯阳等.旅游实用礼貌礼仪[M].天津:南开大学出版社,2000.

[17] 李莉.实用礼仪教程[M].北京:中国人民大学出版社,2004.

[18] 张在山.公共关系学[M].成都:五洲图书出版公司,2005.

[19] 熊卫平.现代公共关系礼仪[M].北京:高等教育出版社,2004.

[20] 李祝舜.旅游服务礼仪实训[M].北京:机械工业出版社,2008.

[21] 郝长海.旅游文化学概论[M].长春:吉林大学出版社,1996.

[22] 孙莲芬等.公关语言艺术[M].北京:知识出版社,1989.

[23] 胡成富等.让交往伸向远方[M].西安:陕西出版社,1990.

[24] 肖潜辉等.现代饭店实务全书[M].北京:北京燕山出版社,1996.

[25] 史安斌.危机传播与新闻发布[M].广州:南方日报出版社,2004.

[26] 肖北婴等.大众公共关系学[M].南京:南京大学出版社,1996.

[27] 王明景.旅游服务礼仪[M].北京:科学出版社,2006.

[28] 克・格莱泽.旅游业危机管理[M].北京:中国旅游出版社,2004.
[29] 迈克尔・里杰斯特.危机公关[M].上海:复旦大学出版社,1995.
[30] 鲍勇强等.危机管理——当最坏的情况发生时[M].上海:复旦大学出版社,2003.
[31] 杨哲昆.旅游公共关系学[M].大连:东北财经大学出版社,2005.
[32] 苏勇等.管理沟通[M].上海:复旦大学出版社,1999.

修订后记

社会发展进入21世纪，旅游业已经不仅仅是一个简单的经济产业，而是以其在经济和社会发展过程中产生多功能全方位作用的动力产业；旅游经济是特色经济，没有特色就不可能吸引客人，没有特色也无法在市场上形成影响；旅游作为新兴产业，需要新的知识体系，需要新型的人才，只有构筑国家旅游知识创新体系，才能全面推动旅游业增长。旅游公共关系学作为这一创新体系的组成部分，将发挥着越来越大的积极作用。

旅游公共关系学结合了旅游学科的特殊性，对旅游公共关系构成要素的主体、客体和媒介进行了有针对性的讨论；对与旅游业全员公关密切相关的旅游公共关系礼仪作了较系统的介绍；较全面地阐述了旅游公共关系专题活动、旅游投诉和旅游公关危机的处理等旅游公关实务的技术技巧；论述了作为旅游公共关系沟通载体的公关语言。本书侧重对上述基本原理在旅游企业实践中的应用，力争做到理论与实践统一，系统性和实用性结合。各章首有“课前导读”，章末有“关键概念”、“复习与思考”、“案例分析”，便于学生掌握学习的要点和重点；正文中还附有“补充阅读”、“公关案例及简短评析”，必要时有“重点提示”，便于读者从中得到启发。

旅游公共关系学是一门专业性强、适用性强、可操作性强的学科。本书将帮助从事旅游公共关系活动的人员，简明扼要地了解公共关系的基本知识，深刻体会公共关系在旅游业的重要性，提高旅游公共关系的运作水平，以促进旅游业的蓬勃发展。

本书适合高等院校旅游类专业作教材，也可作为高等职业教育、自学考试旅游专业的专业教材，还可作为旅游企业中中高级管理人员、公共关系人员的培训教材。

精彩纷呈的旅游公共关系，实质上由三大要素（主体、客体和传播媒介）构成；旅游组织努力开展的公共关系工作，无非是三大基本活动：旅游公关礼仪、旅游公关专题活动和旅游公关危机应对处理，而公共关系语言则是旅游公共关系沟通的载体。关于旅游公共关系学的这个基本理论框架，本书主编在1999年高等教育出版社出版的《旅游公共关系学》就有系统的阐述，本书延续了这个思路。

本书由华侨大学旅游学院李祝舜教授和侯志强教授、莆田学院管理学院李荔娜讲师、吉首大学旅游学院姜红莹副教授、洛阳（理工）大学工商管理学院任焕琴副教授、漳州师范学院管理科学系王奇讲师、河南理工大学经济管理学院王挺讲师、福建商业高等专科学校旅游系王瑜副教授、湖北工业大学商贸学管理学院魏细玲共同编撰。李祝舜教授、侯志强教授任主编，任焕琴副教授、姜红莹副教授任副主编。各章节初稿编者分别为：李祝舜（第一章、第二章第三节、第七章第一节），王瑜（第二章第一、二节），侯志强（第三章），王挺（第四章），任焕琴（第五章），魏细玲（第六章第一、二节），王奇（第六章第三、四、五、六节），姜红莹（第七章第二、三、四节），李荔娜（第八章），魏细玲还编撰部分"课前导读"和"案例分析"。全书由李祝舜教授提出体系框架，并在初稿完成的基础上统稿。本书在编写中参阅了大量有关公共关系学和旅游学等相关学科的书籍、资料和网络资料，并参考和援引了诸多文字成果和实践成果，这些成果除了在书后的"主要参考书目"中列出，在书中适当的地方也加以注明，在此向有关作者和组织表示衷心的感谢！

编者学识有限，谬误与不足在所难免，希望能得到旅游业界、旅游教育专家和读者指正。

编　者

2013 年 12 月 2 日

图书在版编目(CIP)数据

旅游公共关系学/李祝舜,侯志强主编.—2版.—武汉:华中科技大学出版社,2014.8(2020.8重印)

ISBN 978-7-5609-5015-0

Ⅰ.①旅…　Ⅱ.①李…　②侯…　Ⅲ.①旅游业-公共关系学-高等学校-教材　Ⅳ.①F590.65

中国版本图书馆 CIP 数据核字(2008)第 187080 号

旅游公共关系学(第二版)　　　　李祝舜　侯志强　主编

策划编辑:肖海欧
责任编辑:肖海欧
封面设计:龙文装帧
责任校对:邹　东
责任监印:周治超
出版发行:华中科技大学出版社(中国·武汉)　电话:(027)81321913
　　　　　武汉市东湖新技术开发区华工科技园　邮编:430223
录　　排:武汉楚海文化传播有限公司
印　　刷:武汉洪林印务有限公司
开　　本:710mm×1000mm　1/16
印　　张:17.5　插页:2
字　　数:323 千字
版　　次:2008 年 12 月第 1 版　2020 年 8 月第 2 版第 11 次印刷
定　　价:39.80 元